保险100问系列

吕征 谭啸 著

保险常识
100问

电子工业出版社
Publishing House of Electronics Industry
北京·BEIJING

内 容 简 介

　　这是一本系统讲解人身保险知识的普及读物。本书从认识保险、功能解析、购买指南、常见问题及走出误区5个角度，以大众经常遇到、容易产生误解的100个问题为切入点，通过案例描述、专业解析、思维导图（表格）及延伸阅读，详细介绍人身保险的基本概念、功能、投（退）保及理赔等方面的知识，并针对大众对保险的常见误解进行分析，给出客观的解答。

　　通过阅读本书，保险从业者可以学习保险知识、提升业务能力，从而更好地服务客户；普通读者可以深入了解保险的内涵及其保障作用，从而更合理地配置保险。

图书在版编目（CIP）数据

保险常识100问 / 吕征，谭啸著. —北京：电子工业出版社，2023.2
（保险100问系列）
ISBN 978-7-121-44477-7

Ⅰ. ①保… Ⅱ. ①吕… ②谭… Ⅲ. ①保险 – 问题解答 Ⅳ. ①F84-44

中国版本图书馆CIP数据核字（2022）第200977号

责任编辑：王小聪
印　　　刷：鸿博昊天科技有限公司
装　　　订：鸿博昊天科技有限公司
出版发行：电子工业出版社
　　　　　北京市海淀区万寿路173信箱　　邮编：100036
开　　本：880×1230　1/32　印张：13　字数：326千字
版　　次：2023年2月第1版
印　　次：2025年8月第8次印刷
定　　价：69.00元

前 言
FOREWORD

2013 年，当时的中国保监会决定，把每年的 7 月 8 日定为"全国保险公众宣传日"，主题是"保险，让生活更美好"。彼时，距离 1805 年保险在中国首次出现已经过去 208 年，离 1979 年全国保险工作会议决定恢复保险业务，也已过了 34 个春秋。

作为一种现代金融、法律工具，无论是在国家、社会层面，还是在企业、个人层面，保险都有着重要的、不可替代的价值，发挥着保障人民生命和财产安全的重大作用。根据银保监会 [①] 披露的数据可知，2021 年全国保险业总计赔付保险金 1.6 万亿元，连续六年理赔超过万亿元。与此形成鲜明反差的是，社会上仍有一部分人对保险（尤其是人身保险）有着深深的误解，对基本的保险知识缺乏必要的了解。在我国已经成为全球第二大保险市场、全国保险公众宣传日已启动近 10 年的今天，这种反差需要被抹平。

为了消除大众对保险的误解、普及保险常识，我们策划了这套"保险 100 问系列"图书。

这套书既是工具书，也是知识普及读物。我们根据每本书的主

---

① 银保监会，即中国银行保险监督管理委员会。2023 年 3 月，中共中央、国务院印发的《党和国家机构改革方案》中明确：在中国银行保险监督管理委员会基础上组建国家金融监督管理总局，统一负责除证券业之外的金融业监管，作为国务院直属机构，不再保留中国银行保险监督管理委员会。由于本书引用的文件仍然有效，为了不引起读者的混淆，本书仍保留银保监会的称谓。

题，精选 100 个大众经常遇到、容易产生误解的问题，并给出专业的解答。当你在日常的工作和生活中碰到某个问题时，可以通过检索目录，有针对性地阅读相关章节。书中的案例描述、思维导图（表格）、延伸阅读部分，可以帮助你更好地理解、把握相关内容。你可以像使用字典一样使用这些书，解决遇到的具体问题。

这 100 个问题并不是随意堆放的。在设计每本书的目录时，我们除了考虑它实用、工具的属性，还要求问题与问题之间具有逻辑上的关联，即所有的问题组合在一起，能系统地体现相关主题的整体面貌。可以这么说，书中每个问题的解答都包含至少一个知识点，这些知识点相互结合，构成了这本书相关主题的完整图景。你可以像阅读一本普及读物一样，从第一页读到最后一页，以全面了解、学习相关主题的知识。

这套书既适合保险从业者，也适合保险消费者。经过几十年的发展，我国的商业保险市场正在进行专业化转型。在这个转型浪潮中，保险从业者，尤其是保险营销员这个群体，有的人掉队了，有的人在坚守，有的人取得了骄人的业绩。大浪淘沙，留下的是金子。最后能够在这个行业中闪闪发光的，一定是拥有专业能力的那一批人。这套书不仅是对相关问题的简单解答，还深入阐述了诸多问题背后的保险原理、法律依据、行业规范等。借助这套书，我们相信保险从业者的专业能力定能更上一层楼。

作为保险消费者，你既可以从实用角度阅读这套书，合理配置保险，也可以从"无用之用"的角度阅读这套书，了解保险业务背后的思维模式、科学原理。保险是一种有着诸多功能，因而也有着复杂结构的产品，保险消费者如果自己不了解一些保险知识，又遇到不够专业的保险营销员，就有可能踩到各种"坑"，发生各种理赔纠纷。而遇到相关问题时如果能随手翻一翻这套书，也许就能避开一堆麻烦。从另一个角度讲，作为一种风险管理工具，保险是人类理性智慧的结晶。它是如何看待各种风险的？它是怎样通过巧妙地搭建一个架构，实现风险转移的？……通过保险的视角看世界，你会有惊喜的发现。这种"无用之用"的阅读，能帮你打开一道门，进入新天地。

《论语》里有一句大家耳熟能详的话："学而时习之，不亦说乎？""学"固然重要，更重要的是能"习"，也就是把学到的东西融入我们的精神和人格，应用到实践当中。这样"学"与"习"，才能带来喜悦。对于这套书，我们希望你不仅能从中学到知识，还能把它利用起来，无论是为自己配置合适的保险产品，还是为客户提供更科学合理的保险规划，真正实现"保险，让生活更美好"。

保法城邦编辑部

2022 年 10 月

序 言
Preface

人活在这个世界上，总会遇到各种各样的风险，比如死亡、生病、意外、失业……这些风险的到来不以我们的主观意志为转移，即学术上所说的"客观风险"。

面对客观风险，几千年来人类想出了各种应对办法。比如，传统社会中有个说法叫"远亲不如近邻"，邻里之间有守望相助、扶危济困的道德义务；再比如，在古代地中海地区，有共同海损分摊的规则。在应对风险的各种办法中，最好的就是建立保险制度。从另一个角度说，保险就是人类发明的专门用来应对客观风险的一种金融工具和法律制度。

保险制度起源于西方商业社会，进入中国还不到 200 年时间。在这近 200 年里，中国逐渐从传统农业社会走向现代工业社会。在这个转型过程中，我国保险事业的发展浮浮沉沉，最终，保险以其在风险管理方面的优越性，成为现代社会金融体系的重要组成部分。

从人类社会的历史来看，思想文化的变化往往滞后于经济制度的变革。今天，保险事业虽然有了长足发展，但是大众依旧对保险常识缺乏基本的了解。常识的缺乏不仅体现在广大民众对保险的陌生与误解，即便是保险从业者，也有一部分人缺乏对保险常识的了解。比如，有一位从业十几年的保险销售人员跟我说"保险公司不会倒闭"，某保险销售团队中有几十人都认为"重疾险的重疾保险金应该给予重疾险的身故受益人"……

18 世纪的托马斯·潘恩凭借一本《常识》，推动了美国独立战争的胜利。我跟谭啸老师当然没有这么大的野心，但我们都认为，"常识"对于一个行业的发展具有基础性的作用。如果民众和从业者都不知道这个行业的基本常识，这个行业的发展必然是不够健康的，保险行业也是如此。因此，我们决定写作这本《保险常识 100 问》。

对于这本书的写作，我们有三个追求：

第一，严谨。我们首先要保证书中的每一个说法都是准确的。书中的内容，虽不敢说如杜甫作诗"无一字无来历"，但里面的每一个观点，我们都有所依据，并反复推敲。比如，对于书中的关键概念，我们大都引自《中华人民共和国保险法》《保险术语（GB/T 36687—2018）》《保险学》等权威的法律、国家标准和教材；对于每一节的内容，我们都力求逻辑自洽、结构完整。

第二，通俗。这是一本保险常识的普及读物，而非考试或培训教材，因此，在力求严谨的基础上，我们尽可能让内容更具有可读性。比如，在讲到关键概念时，除了引用权威文本给出严谨定义，我们还会对它进行通俗化解说。此外，我们还在书中添加了大量的案例、思维导图、表格等，就是为了让你阅读时感觉更舒服。

第三，深入。这虽然是一本介绍保险常识的普及读物，但我们希望它不只是停留在常识的表面，而是能探入更深的层次，让你对保险有更深入、透彻的理解。比如，在说到现金价值的时候，我们会介绍"自然费率"和"均衡费率"；在讨论"两年不可抗辩条款"时，我们要看看这项条款诞生的历史背景及其合理性……理解了这些常识背后的逻辑，以后再遇到相关问题时，你就能举一反三、灵活运用了。

当然，由于水平所限，能否实现这三个追求，我们也不免忐忑。书中若有讹误，欢迎你批评指正。本书若能给你带来些许启发，能为保险行业的健康发展略尽绵薄之力，那么，我们所有的努力就都是值得的。知我罪我，可发邮件：lvzheng1302@126.com。

吕征

2022 年 10 月于北京

目　录
CONTENTS

第二章 功能解析：保障、理财和法商

Chapter 2

第三章　**购买指南：投保的正确"姿势"**
Chapter 3

第四章
Chapter 4

常见问题：理赔、投诉和其他

第五章
Chapter 5

走出误区：拨开人云亦云的"迷雾"

Chapter

1

第一章

一

认识保险：
你真的了解保险吗

01 保险是什么？

小周大学刚毕业，就"子承母业"，成了一家寿险公司的代理人。有一天，他与同学小王一起吃饭，聊到各自的工作。小王作为初入职场的新人，对保险一无所知，就和小周说："你朋友圈天天发保险的各种信息，可我看不明白。你今天就给我详细说一说，到底啥是保险。你刚刚还说，你主要卖人身保险，同时也能卖财产保险，它们又有什么不同呢？"

▶▶▶ 专业解析

认识一种事物，从其定义入手，通常都是方便法门。在孙祁祥教授主编的《保险学》（第七版）中，给保险的定义是："保险是一种以经济保障为基础的金融制度安排。它通过对不确定事件发生的数理预测和收取保险费的方法，建立保险基金；以合同的形式，由大多数人来分担少数人的损失，实现保险购买者风险转移和理财计划的目标。"[①]

这个定义涵盖了保险的核心要点——精准、简练、高度概括，知识点很密集，但可能不太容易理解。对大多数人来说，只要从以下几个角度理解保险就行了：

第一，保险是一种风险转移的工具。月有阴晴圆缺，人有旦夕祸福。我们在生活中会面临很多不可预测的风险，这些风险一旦发生，就会给我们带来或大或小的损失。保险就是通过一系列金融制

---

① 孙祁祥. 保险学 [M]. 7 版. 北京: 北京大学出版社，2021: 21.

度的安排，让我们在风险发生时，可以把损失转嫁出去。

第二，保险是一种投资理财的工具。保险，尤其是一些创新型的保险产品，如万能型保险、分红型保险等，在投资理财方面有独到的优势。

第三，保险是一种社会保障的工具。保险在保障人民生命和财产安全、促进经济稳定运行、优化金融资源配置等方面，都具有重大的意义。

保险能够运行，还有两个基础：①精算，其内容比较复杂，我们在本书第 10 节再来专门讨论；②法律保障，即保险合同当事人，也就是投保人和保险公司之间的权利义务关系，是通过合同进行约定、由法律予以保障的。

当然，我们要想通过保险转移风险、投资理财，需要付出一定的代价，那就是交纳保费。

说完了什么是保险，再来说说什么是人身保险。敏锐的读者可能发现了，保险存在的一个前提，是有发生损失的风险。什么东西有可能存在风险、导致损失呢？无非两种：一种是财物，比如现金、汽车、运输的货物等；另一种是人的身体，有可能意外受伤、生病，以及死亡。

由此，根据风险发生对象（保险标的）的不同，保险可分成两大类：以财物等为保障对象的财产保险，以人的身体、寿命为保障对象的人身保险。简单来说，保险保障的内容只要与人的身体和寿命有关，就是人身保险；人身保险之外的其他保险，就是财产保险。[①]在实际生活当中，也有人把保险简单分成"保人的"和"保钱的"。

----

① 有学者根据保险标的的不同，将保险分为人身保险、财产保险和责任保险。依本书采用的分类方法，责任保险包含在财产保险当中。

"保人的"就是我们说的人身保险，"保钱的"就是我们说的财产保险。

我们这本书主要介绍的是人身保险。

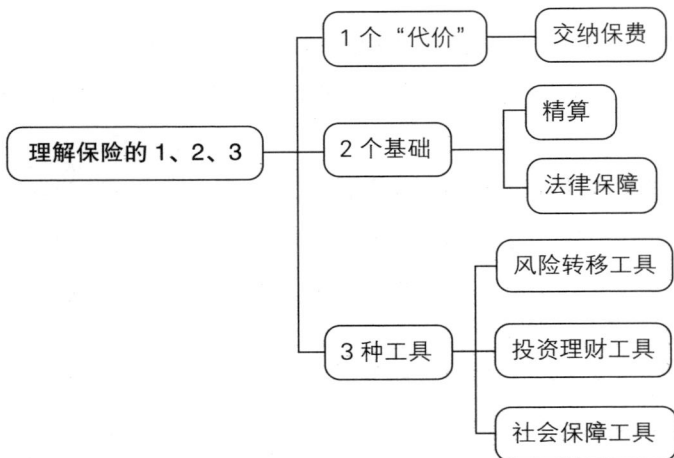

```
                              ┌─ 1 个"代价" ─── 交纳保费
                              │
                              │                ┌─ 精算
理解保险的 1、2、3 ───────────┼─ 2 个基础 ──┤
                              │                └─ 法律保障
                              │
                              │                ┌─ 风险转移工具
                              │                │
                              └─ 3 种工具 ──┼─ 投资理财工具
                                               │
                                               └─ 社会保障工具
```

▶▶▶ **延伸阅读**

教科书上对保险的定义，我们已经了解了。那么，法律上对保险又是怎么规定的呢？

《中华人民共和国保险法》（以下简称《保险法》）第二条规定："本法所称保险，是指投保人根据合同约定，向保险人支付保险费，保险人对于合同约定的可能发生的事故因其发生所造成的财产损失承担赔偿保险金责任，或者当被保险人死亡、伤残、疾病或者达到合同约定的年龄、期限等条件时承担给付保险金责任的商业保险行为。"

需要注意的是，《保险法》规范的对象仅包括商业保险，不包括社会保险等。

02 人身保险有哪些种类?

张先生最近生了一场大病,住院费、医疗费加起来花了大几万元。出院之后,他想起自己买过一份保险,就打电话给保险顾问小王,说要理赔。两人见面后,张先生把一大堆单据和保险合同放在小王面前。小王一看保险合同,为难地说:"张哥,这个……您买的不是医疗保险,赔不了啊。"

张先生一听就火了:"不都是保险吗?买了保险却不给理赔,你们不是骗人吗?"

▶▶▶ **专业解析**

我们买一本《新华字典》,不会指望在里面读到跌宕起伏的爱情故事;买一辆小轿车,不会指望用它来运载大量货物。我们知道,同样是书,一本书和另一本书的内容不同;同样是车,一种车和另一种车的用途有异。可是对于保险,有的人却觉得,只要是保险,就应该什么都保。

出版社出版不同的书,汽车制造厂研发各种类型的车,是为了满足人们的不同需求。同理,为了全面覆盖人们的各种保障需求,保险公司也开发了各种各样的保险产品。

根据不同的标准,人身保险可以分成不同的种类:按照保险期间分,可以分为短期险(一年及以下)和长期险;根据实施方式分,可以分为自愿人身保险和强制人身保险(如社保),等等。我们经常说的养老保险、教育金保险,则是根据投保人投保的特定目的,对某些保险产品进行的命名。

实践当中，人们一般根据保障内容的不同，将人身保险分成四大类：人寿保险、年金保险、健康保险和意外伤害保险。[①]

人寿保险以人的生命为保险标的，当被保险人身故的时候，保险公司会赔付保险金。人寿保险又可以分为定期寿险、终身寿险和两全保险。定期寿险保一段时间，终身寿险保终身。两全保险比较特别，既保生存也保死亡（简称"生死两全"），也就是说，如果被保险人在保险期间发生保险事故（如身故），保险公司要赔付身故保险金；如果没有发生保险事故，保险期满后，保险公司要支付满期生存金。

年金保险是一种生存保险，到了合同约定的时间，如果被保险人仍生存，保险公司就要按约定给付生存保险金。年金保险分为定期年金保险和终身年金保险。只要被保险人活着，被保险人或年金受益人就能一直领钱的，是终身年金保险；其他的就是定期年金保险。

健康保险以人的健康为保险标的，当被保险人的健康出现问题时，可以获得赔付。健康保险又可以分为疾病保险、医疗保险、护理保险、失能保险等。疾病保险就是得了合同约定的疾病并符合赔付的条件，就能获得赔付，典型的就是重大疾病保险；[②] 医疗保险是

---

① 严格来说，年金保险属于人寿保险的一种。但是在实践中，年金保险的功能越来越受重视，市场占比越来越高，因此，行业内普遍将年金保险视为与人寿保险并列的一个险种。比如，中国保险监督管理委员会（简称保监会）于2018年撤销，机构职能并入中国银行保险监督管理委员会，简称银保监会）发布的《人身保险公司保险条款和保险费率管理办法》及孙祁祥教授撰写的《保险学》（第七版），都将年金保险与人寿保险并列。本书中说到的人寿保险，如无特别说明，都不包括年金保险。
② 有学者认为，疾病保险也属于医疗保险的一种，即"特殊疾病医疗保险"。但在实践中，以重大疾病保险为代表的疾病保险，在健康保险中占有特殊的地位，因此，这里我们将疾病保险视为与医疗保险并列的险种。

提供医疗费用保障的保险，简单来说，就是在医院看病花了钱，可以通过医疗保险进行理赔，在现实生活中，商业医疗保险往往和社会医疗保险互为补充；护理保险很容易理解，就是当被保险人生活无法自理，需要他人护理时，护理保险可补偿相应的护理费用；失能保险是以因保险合同约定的疾病或者意外伤害导致工作能力丧失为给付保险金条件，按约定对被保险人在一定时期内收入减少或者中断提供保障的健康保险。

意外伤害保险，是指被保险人因为意外而导致身故、残疾或发生合同约定的其他事故，可以获得意外伤害保险的赔付。意外伤害保险又可以分为三类：一年期意外伤害保险，其保险期间是一年；极短期意外伤害保险，其保险期间不足一年，有的甚至只有几天、几小时，比如旅游保险、索道游客意外伤害保险等；多年期意外伤害保险，其保险期间超过一年。

纲举则目张，这四个类别就是人身保险的"纲"。掌握了这四条"纲"，面对具体的保险产品，我们就能做到胸中有数了。

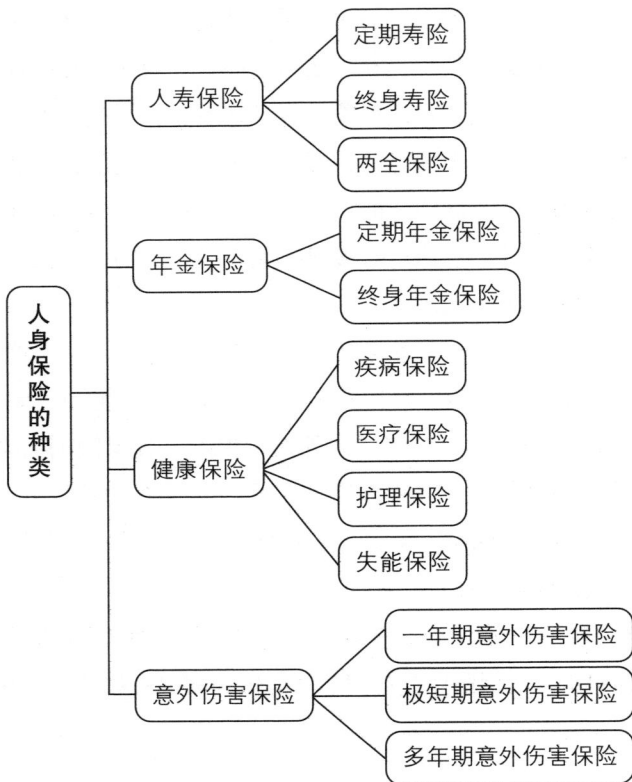

人身保险的种类
- 人寿保险
  - 定期寿险
  - 终身寿险
  - 两全保险
- 年金保险
  - 定期年金保险
  - 终身年金保险
- 健康保险
  - 疾病保险
  - 医疗保险
  - 护理保险
  - 失能保险
- 意外伤害保险
  - 一年期意外伤害保险
  - 极短期意外伤害保险
  - 多年期意外伤害保险

▶▶▶ **延伸阅读**

人身保险产品在实践中常见的分类还有：

按照交费方式分，可以分为期交保险和趸（dǔn）交保险，前者为分期支付保费，后者为一次性交清保费；按照设计类型分，可以分为普通保险和创新型保险，前者更偏重保障功能，典型的如定期寿险、医疗保险，后者更偏重投资理财功能，典型的如分红型保险、投资连结型保险、万能型保险等。

03 什么是给付性保险、补偿型人身险? 有什么不同?

　　岳先生的单位最近发福利，要给所有的员工配置一年期消费型商业保险。员工可以在两款产品中任挑其一：一款是医疗保险，保额为 100 万元；另一款是重大疾病保险，保额只有 10 万元。岳先生想挑医疗保险。他的同事提醒他："你已经买过百万医疗险了，再加上社保，正常情况下保额够了。医疗保险是补偿型人身险，买好几份有些浪费，不如挑重疾险。"

　　那么，什么是补偿型人身险呢? 为何买多份补偿型人身险是浪费呢?

▶▶▶ 专业解析

　　保险行业有一个很重要的原则叫"损失补偿原则"，指的是："保险赔偿的目的是弥补被保险人由于保险标的遭受损失而失去的经济利益，被保险人不能因保险赔偿而获得额外的利益。"[①] 之所以设定这条原则，是为了防止被保险人利用保险谋利，否则就有可能诱使其主动制造保险事故，从而引发道德风险。

　　举个例子来说。在财产保险中，保险金的赔付不能超过保险标的实际发生的损失。比如，你给自己的房子买了火灾险，房子价值 300 万元，那么你能拿到的保险金就不会超过 300 万元。

　　但是在人身保险中，应用这一原则时会面临一个很大的问题：怎么给生命和健康估价?

---

① 魏华林，林宝清. 保险学 [M]. 4 版. 北京：高等教育出版社，2017: 77.

人身保险保的是人的生命和健康。一个人死了，该如何计算损失？一个人残疾了，又该如何计算损失？无论估价多少，都是错误的，因为它违反了现代社会的基本价值观：生命无价，即生命的价值不能以货币衡量。

所以，在人身保险中，以人的死亡、伤残、疾病、生存等为约定事由的保险，就无法适用"损失补偿原则"。那么，这些人身保险的保额又该怎么确定呢？——由投保人和保险公司双方协商约定。这类保险就叫"给付性保险"。人身保险都是给付性保险；相应地，遵照损失补偿原则的保险，就叫"补偿性保险"。财产保险都属于补偿性保险，而人身保险都属于给付性保险。但需要注意的是，人身保险中的一小部分，比如费用补偿型医疗险，虽然从法理上来说也是给付性保险，但在实践中则具有补偿性保险的特点。在这类保险的保险合同中，保险公司通常会有这样两个约定：①理赔的保险金不得超过被保险人的实际花费；②计算保险金时，要先扣除通过医保等其他途径获得的补偿。这类保险可以称为"补偿型人身险"。它与严格遵循损失补偿原则的补偿性保险的最大差异在于，在补偿性保险中，保险公司有代位求偿权；而在补偿型人身险中，保险公司没有代位求偿权。

在人身保险中，人寿保险，年金保险，意外伤害保险中的意外身故和伤残险，健康保险中的疾病保险、护理保险、失能保险，都属于标准的给付性保险；补偿型人身险则主要是费用补偿型医疗险，比如我们常说的"百万医疗险"、各地推出的"惠民保"，以及社会保险中的"医保"等。

关于给付性保险和补偿型人身险，我们还可以从另一个角度来看。只要出现合同约定的事项，比如活到了多少岁、得了什么病、出现了什么意外等，保险公司就得按照合同的约定给钱，这就是给付性保险；要是出了事儿你得找保险公司报销，这就是补偿型人身险。

相应地，因为给付性保险是只要出事就给钱，所以能叠加理赔。比如，投保人在多家保险公司买了好几份重疾险，如果被保险人不幸得了合同约定的重疾，那么几家公司都得按约定的金额给钱。补偿型人身险就不同了，因为赔偿金额不能大于实际的损失，所以不能叠加理赔。比如，某人即使既有社保、惠民保，又有百万医疗险，也只能在看病的实际花费范围之内得到赔偿。

所以，给付性保险，从理论上讲，想买多少就可以买多少；而补偿型人身险，重复购买可能会造成浪费。消费者应该根据自己的实际需求挑选合适的保险产品。我们一般建议采用社会医疗保险搭配商业医疗保险的方式。

给付性保险和补偿型人身险的主要差异

项目	给付性保险	补偿型人身险
赔付原则	按照合同约定金额进行给付	适用损失补偿原则
主要类型	人寿保险，年金保险，意外伤害保险中的意外身故和伤残险，健康保险中的疾病保险、护理保险、失能保险	健康保险中的医疗保险
赔付是否可叠加	可叠加赔付	不可叠加赔付

▶▶▶ **延伸阅读**

对于损失补偿原则为何不适用于人身保险，《保险学》（第四版）中有如下论述：

由于人身保险的保险标的是无法估价的人的生命或身体机能，其保险利益也是无法估价的。被保险人发生伤残、死亡等事件，给其本人及家庭所带来的经济损失和精神上的痛苦都不是保险金所能弥补得了的，保险金只能在一定程度上帮助被保险人及其家庭缓解由于保险事故的发生而带来的经济困难，帮助其摆脱困境，给予精神上的安慰。所以，人身保险合同不是补偿性合同，而是给付性合同，保险金额是根据被保险人的需要和支付保险费的能力来确定的。当保险事故或事件发生时，保险人按双方事先约定的金额给付。所以，损失补偿原则不适用于人身保险。

04 附加险和主险有什么区别？为什么有的保险会有附加险？

两个同事先后确诊为癌症，这使得齐先生开始关注自己的健康和保险配置。于是，齐先生找到很久之前认识的保险顾问吴女士，请她推荐一份重疾险。吴女士在与齐先生沟通后发现，齐先生的工作压力较大，经常出差，却还没有配置商业医疗保险和意外险。于是，吴女士在给齐先生做的投保方案中，增加了商业医疗保险和意外险这两个附加险。齐先生拿到投保方案有些纳闷："附加险是什么？为什么给我的投保方案中要加这两个附加险呢？这是不是捆绑销售？"

▶▶▶ 专业解析

我们点外卖的时候，可能会在某些店铺看到一些小菜。它们的价格往往很低，比如一两元、两三元，而且后面还有个备注：单点不送。也就是说，你只有先点了主菜，才能买这些小菜；如果没点主菜，只点这些小菜，是下不了单的。

保险中的附加险，就相当于外卖中那些单点不送的便宜小菜。而与附加险相对的主险，就相当于外卖中的主菜了。用行话来说，主险又称基本险，就是可以单独投保的保险产品；附加险，则是不能单独投保，只能附加于主险（基本险）的保险产品。

都是保险，为什么搞得这么复杂，要分成主险和附加险呢？换句话说，保险公司为什么要设计附加险呢？

首先是出于合规的要求。比如，我们都熟悉的重疾险，属于疾病保险的一种。根据银保监会在 2019 年发布的《健康保险管理办法》第十四条的规定："医疗保险、疾病保险和医疗意外保险产品不得包含生存保险责任。"可是，我们买的一些保险中，保险责任既有重大疾病赔付，也有生存金给付。也就是说，如果被保险人在保险期间得了合同约定的重疾并符合赔付条件，保险公司要给付重疾保险金；如果被保险人在保险期间没有发生保险事故，保险期满后，保险公司要返钱给被保险人。这里面，生存保险责任的实现，依据的是人寿保险这一主险，而重疾保障的实现，依据的则是重疾险这一附加险。

简单来说，就是保险公司希望让某一个保险产品具有更多的功能。如果把这些功能全放进一个保险产品里，则不符合监管部门的规定。于是，保险公司就采用"主险＋附加险"的形式，以符合合规要求。

如此一来，又有一个问题了：保险公司为什么要这么做，不是给自己找麻烦吗？这是基于两个方面的考虑。一来，这样做可以增加自家保险产品保障的灵活性，增强产品的吸引力。保障内容更多、更灵活的保险产品，更能获得客户的青睐，这一点很好理解，就不多说了。二来，有的客户配置保险的时候嫌麻烦，不想一个一个地买，想用一份保险合同把各种风险都保了。就像在饭店吃饭，有的人喜欢单点，有的人喜欢套餐，保险公司可以通过"主险＋附加险"的形式推出"保险套餐"，满足这部分客户的需求。

相对于主险，附加险有一些自己的特点。

第一，想买不一定能买，不想买就可以不买。想要购买附加险，必须同时购买主险，这一点我们说过了。一般保险公司对附加险的购买都没有强制要求，客户可以选择购买，也可以选择不买。因此，案例中的齐先生如果不想要附加的商业医疗保险和意外险，可以选择不要，吴女士并没有强行捆绑销售。

第二，价格相对便宜。保险公司基于自己的经营策略、精算结果等推出的附加险，一般都比较便宜。比如，相同保障内容的医疗险，单独买可能需要几百元，作为重疾险的附加险，可能只需要几十元。

第三，与便宜相对应的，有的附加险的保障范围有所局限。这表现在：①附加险的保障时长，有的是短期的，有的只保到一定的时间，有的则和主险的保障时间相等，即主险责任结束，附加险的保险责任也同时结束；②有的附加险，续保时会有限制，比如有的健康类的附加险需要重新核保，有的附加险要求在交费期内才能续保；③有的附加险，保障的风险种类较少，或所保风险发生的概率很低；④有的附加险，赔付时会占用主险的保额。在选择附加险的时候，这些都是消费者需要特别关注的点。

需要注意的是，别因为"附加"两个字就轻视了附加险。从可以保障的范围来说，附加险与单独购买的主险其实没有区别，因此附加险涵盖了健康、年金、人寿等人身保险的各个种类。附加险除了可以"花小钱，办大事"，在有的保险产品中，还扮演着重要的角色。其实，从客户的角度来说，保障条款是列在附加险中，还是列在主险中，都不重要；重要的是，这些保障条款能否满足客户的需求。

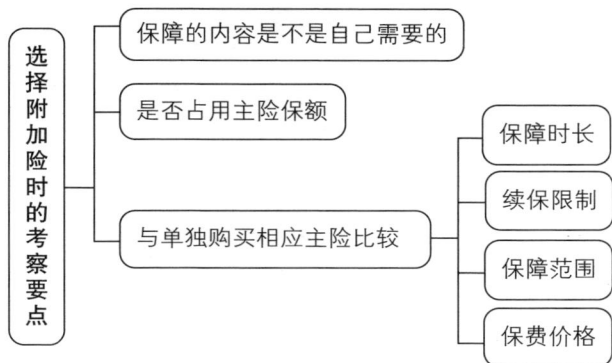

在 2017 年之前，很多带有生存返还功能的保险产品，都会设计一个"万能型保险"（简称万能险）作为附加险，比如"年金保险 + 万能险"，生存年金自动进入万能险的万能账户，以复利的方式累积增值，从而实现较好的投资理财的效果。但这种产品设计的思路，削弱了保险本应重视的"保障"功能，与监管部门"发挥人身保险产品的保险保障功能，回归保险本源"的宗旨有所偏离。因此，原保监会于 2017 年发布了《关于规范人身保险公司产品开发设计行为的通知》，规定"保险公司不得以附加险形式设计万能型保险产品或投资连结型保险产品"。自此之后，曾经红火一时的"主险 + 附加万能险"的产品组合退出了保险舞台。

05 投保人、被保险人、受益人、保险人都是什么"人"？

某天，初出茅庐的代理人小周，给刚进入职场不久的同学小王讲解保险是怎么回事："投保人和保险人签订合同，合同约定，如果被保险人出现合同规定的事项（如身故），那么保险人就要给受益人支付一笔钱。"

对保险一无所知的小王听得有点懵："你让我先捋一捋。这里面一共有四个'人'：投保人、被保险人、受益人、保险人。你先给我解释一下这四个'人'都是怎么回事，不然我越听越迷糊。"

▶▶▶ 专业解析

我们都知道，买保险要签合同。这里说的四个"人"，就是保险合同涉及的主体。

这四个"人"可以分为两类：一类是保险合同的当事人，也就是签合同的双方，即投保人和保险人；另一类是保险合同的关系人，也就是合同涉及的对象，即被保险人和受益人。①

投保人，简单来说就是掏钱买保险，并与保险公司签合同的那个人。和一般的买卖不一样，不是谁都能当保险的买家（投保人）

---

① 在我国学术界的研究和其他国家的保险法规中，保险合同的关系人还包括"保单所有人"，即对保单拥有所有权的个人或机构。一般情况下，投保人就是保单所有人。我国《保险法》中没有"保单所有人"这一概念，对此问题，我们就不在这里详细讨论了。

的。要做投保人，必须满足三个条件：①具有完全的民事权利能力和民事行为能力；②与保险标的（在人身保险中就是被保险人）有保险利益；③具备交费能力，因为投保人要承担交纳保险费的责任。

被保险人，就是投保的对象，一般又称为"保险标的"。保险合同中一般会约定，一旦出现什么事故，保险公司就得赔钱。这些事故出现在谁身上才算呢？答案是被保险人。只有被保险人出现了合同约定的事故（如伤病、死亡等），保险公司才会赔钱。在非死亡保险中，一般被保险人也是领取保险金的人。

受益人，就是保险事故发生后从保险公司拿钱的人。现实生活中，一般说到"受益人"时，特指的是"身故受益人"，就是被保险人身故后有权领取保险金的人，保险合同上一般写作"受益人""身故受益人""身故保险金受益人"。可是，《保险法》第十八条规定，"受益人是指人身保险合同中由被保险人或者投保人指定的享有保险金请求权的人"。可见，法律意义上的受益人含义更广泛，不仅包括身故受益人，还包括被保险人和其他可以领取保险金的人，比如年金受益人。学术上，有人称前者为狭义受益人，后者为广义受益人。实务中，也有人将被保险人、年金受益人称为"生存受益人"，将狭义受益人称为"身故受益人"。年金受益人一般出现在年金保险中，指按照合同约定领取年金的人。他既可以是投保人或被保险人本人，也可以是投保人和被保险人之外的其他人，不过在大部分的年金保险架构中，年金受益人都是被保险人本人。本书中如无特别说明，"受益人"指的都是"身故受益人"，同时默认年金受益人为被保险人本人。

保险人就是保险公司。虽然从理论上讲，保险人也可以是自然人，但各国法律一般都规定，具有法人资格，而且有经营保险业务资质的法人，才可以成为保险人。在保险产品的交易中，投保人是买方，保险公司（保险人）是卖方。保险公司做的事情，简单来讲就两件：一件是收取投保人交的保费，另一件是当被保险人达到合同约定的赔付条件时，支付保险金。

在一份保险合同中，投保人、被保险人、受益人这三个主体，可以是三个不同的人，比如李四是投保人，其妻子是被保险人，其孩子是受益人。投保人也可以是被保险人或受益人，比如李四是投保人和被保险人，其妻子是受益人；或者李四是投保人和受益人，其妻子是被保险人。但是，被保险人和受益人不能是同一个人。

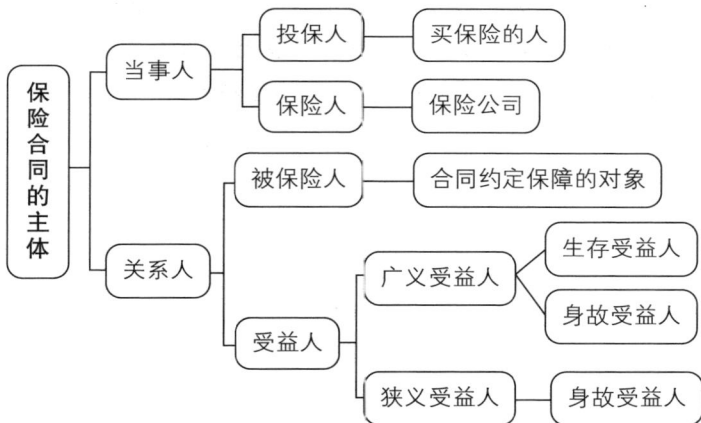

保险合同的主体
- 当事人
  - 投保人 —— 买保险的人
  - 保险人 —— 保险公司
- 关系人
  - 被保险人 —— 合同约定保障的对象
  - 受益人
    - 广义受益人
      - 生存受益人
      - 身故受益人
    - 狭义受益人 —— 身故受益人

▶▶▶ **延伸阅读**

投保人须是完全民事行为能力人。对于完全民事行为能力人，《中华人民共和国民法典》（以下简称《民法典》）的规定如下：

第十七条　十八周岁以上的自然人为成年人。不满十八周岁的自然人为未成年人。

第十八条　成年人为完全民事行为能力人，可以独立实施民事法律行为。

十六周岁以上的未成年人，以自己的劳动收入为主要生活来源的，视为完全民事行为能力人。

第二十一条　不能辨认自己行为的成年人为无民事行为能力人，由其法定代理人代理实施民事法律行为。

八周岁以上的未成年人不能辨认自己行为的，适用前款规定。

第二十二条　不能完全辨认自己行为的成年人为限制民事行为能力人，实施民事法律行为由其法定代理人代理或者经其法定代理人同意、追认；但是，可以独立实施纯获利益的民事法律行为或者与其智力、精神健康状况相适应的民事法律行为。

06 投保人、被保险人、受益人，谁能从保险公司拿到钱？

保险顾问推荐齐先生买一份年金保险，齐先生做投保人，齐先生的女儿做被保险人，齐先生的外孙做受益人，并解释道："五年之后，您女儿每年都能领到一笔生存年金；万一她出了什么事，保险公司会给您外孙一笔钱；您要是急需用钱，也可以用这份保单进行贷款。"

齐先生说："我也能从保险公司拿到钱？我还以为只有被保险人和受益人才能拿到钱呢。"

▶▶▶ 专业解析

投保人、被保险人和受益人都有可能从保险公司拿到钱，但无论谁想拿到钱，都需要满足特定的条件。我们分别看看在以下三种情况下，保险公司会把钱给谁。

第一种情况：出现保险合同约定的保险事故。

保险合同约定的保险事故，在人身保险中，基本都是指向被保险人的，可以是被保险人生病、发生意外、身故，也可以是被保险人活到一定岁数或活到保险合同签订之后的某一年。只要合同约定的条件满足了，保险公司就得给钱。但是这笔钱会给谁呢？得分情况来看。

如果约定的条件满足时，被保险人还活着，在我国当下的保险实践中，拿钱的就是被保险人。[①]年金保险、健康保险和意外险都属于这种情形。

---

① 如果被保险人是未成年人，则由其法定监护人代为领取保险金。

如果约定的条件满足时，被保险人已经身故，大多数时候，拿钱的就是受益人。典型的就是人寿保险。在一些特殊情况下，比如受益人比被保险人先死亡，且没有指定新的受益人，保险金就会成为被保险人的遗产，按照法定继承的规则，由被保险人的继承人领取。在第 36 节，我们会详细介绍这种"小概率事件"。

第二种情况：合同期满时，没有出现合同约定的保险事故。

每一份人身保险，保的都是特定的风险，这些风险的出现是有一定概率的，并不会百分之百地出现。[1] 在合同期内，约定的风险一直没有出现的情况也是屡见不鲜的。比如，李四买了一份定期重疾险，保到 50 周岁，结果他过了 50 周岁也没得过大病，在这种情况下，是不是保险公司就不用给任何人钱了呢？

这需要分两种情形：如果李四买的是消费型的重疾险，保险公司就不用给任何人赔付；如果他买的是返还型的重疾险，保险公司就得按照合同的约定，返还给被保险人一笔钱。关于消费型保险和返还型保险的区别，我们在第 64 节有详细介绍，这里就不多说了。

第三种情况：投保人针对保单做一定的动作。

与现金、股票、汽车一样，保单也是资产。保单资产的所有人，一般就是保单的投保人（保单所有人）。既然保单属于投保人的资产，那么投保人自然能对它进行处置。

一般来说，投保人可以通过退保或减额取现的形式，拿到保单的现金价值或保费；如果保单有现金价值，投保人还可以通过保单贷款的方式，获得一笔可以应急的现金流；如果保单有保单账户价值，比如万能型保险，投保人可以通过申请提取保单账户价值的形式拿到一笔现金。

---

[1] 在终身型寿险中，被保险人身故是确定性事件。

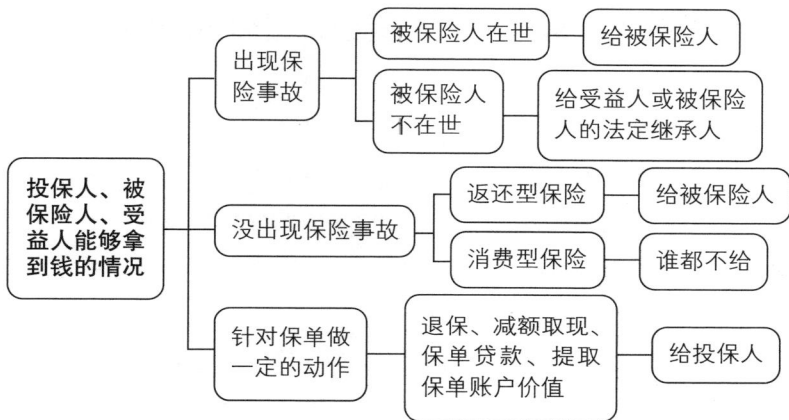

▶▶▶ 延伸阅读

某年金保险合同中有关被保险人领取生存年金的条款如下：

特别年金　若被保险人在第 5 个、第 6 个保单周年日（见释义）当日 24 时仍生存，且本合同有效，则我们于第 5 个、第 6 个保单周年日按本合同期交保险费（见释义）的 50% 给付 1 次特别年金。

年金　　自本合同第 7 个保单周年日（含）起，若被保险人在每个保单周年日（含第 7 个保单周年日）当日 24 时仍生存，且本合同有效，则我们于该保单周年日根据被保险人当时的到达年龄（见释义）按如下约定给付 1 次年金。

到达年龄	年金金额
＜65 周岁	本合同基本保险金额的100%
≥65 周岁	本合同基本保险金额的200%

07 投保人、被保险人、受益人可以更改吗？

　　离婚之前，王女士的丈夫李先生给她投了一份终身寿险，投保人是李先生，被保险人是王女士，受益人是他们的孩子。李先生再婚后，又有了新的孩子。王女士担心：万一李先生把这份终身寿险的受益人改成他再婚后的孩子怎么办。

　　保险顾问张女士知道了王女士的担心，对她说："您放心，没有您的同意，李先生无法更改受益人。不过，李先生是可以退保的。最好的办法是，把投保人改成您。"

　　张女士为什么会这么说呢？这就需要我们先了解投保人、被保险人和受益人的更改规则了。

▶▶▶ 专业解析

　　投保人、被保险人、受益人谁可以更改，我们来逐个进行分析。

　　1. 被保险人能不能更改？

　　我国法律没有规定被保险人能否更改，但是在实务中，个人保险中的被保险人是无法更改的。[①] 这很好理解，即投保人递交投保申请，保险公司会进行核保，决定是否承保、收取多少保费，依据的都是被保险人的情况，如果更换被保险人，保险公司此前的核保就失去了意义。

[①] 在中国香港地区，一些个人保险的受保人（被保险人）可以更改。内地个别个人保险的保险产品也有此功能，但这种情况并不多见，此处我们就不做讨论了。

现实中，如果非要更换被保险人，常规做法就是退保后买一份新的保险。

不过在团体保险中，一般可以更改被保险人。比如，公司给员工上了团体意外险，老员工离职、新员工入职，公司作为投保人，可以向保险公司申请更换被保险人。有的团体保险在更换被保险人时，需要对新的被保险人进行核保。

2. 投保人能不能更改？

我国法律并未禁止投保人变更，在保险实务中，各家保险公司一般都允许变更投保人。投保人的变更涉及以下几个问题：

第一，谁可以要求变更？保单属于投保人的资产，所以，只要投保人在世，就只有投保人自己有权要求变更投保人，其他人没有权利处置属于投保人的这笔保单资产。如果投保人去世，且没有第二投保人，这份保单就成了投保人的遗产，其继承人有资格要求变更投保人；如果继承人就保单变更无法达成一致意见，可能就需要退保，由法定继承人分割退保的现金价值。

所以，为了保单的延续性，避免继承纠纷，我们一般建议客户在保险公司允许的情况下设置第二投保人。[1] 如果在保险事故发生之前投保人发生意外，第二投保人就自动成为这张保单的投保人，享有这份保单的权利并承担相应的义务。

第二，谁可以当新的投保人？一般来说，变更投保人时，要求新的投保人与被保险人具有保险利益。如果这张保单还在交费期（保费还没交完），并且需要继续交费（如果保单本身有保费豁免功能，新的投保人有可能无须交费），那么还要求新的投

---

[1] 在我国当下的保险实践中，多数情况下只能设定被保险人为第二投保人。

保人具有交费能力。同时，新的投保人必须是完全民事行为能力人。

第三，变更投保人需要谁的同意？一般情况下，变更后的投保人只要和被保险人有保险利益即可，无须被保险人同意；但是，以死亡为给付条件的保险合同，在变更投保人时，必须获得被保险人的同意，如被保险人未满18周岁，则变更投保人需要获得其监护人的同意。

同时，变更投保人也需要经过保险公司的审核与同意。

本节案例中，只要前夫李先生同意，王女士就可以把保单的投保人变更为自己。这样的话，王女士就不用担心李先生退保导致保单失效了。

第四，其他特殊情况。在一些特殊情况下，投保人也可以变更，比如保险金信托、保单贴现等。

保险金信托，就是以保单和保险金请求权为信托财产的资产服务信托。保险金信托的设立有这样一种模式：投保人（同时是信托的委托人）在购买大额保单后，将投保人和受益人变更为信托公司，由信托公司持有保单、交纳续期保费并领取保险金。

保单贴现，简单来说就是投保人把保单卖了，谁买了这份保单，就继续交保费，并在保险事故发生后获得保险金。在这种情况下，投保人、受益人都可以变成保单贴现机构。不过，截至本书出版时，我们国家尚未正式启动保单贴现的业务。

3. 受益人能不能更改？

我国《保险法》明确赋予了投保人和被保险人更改受益人的权利。

根据《保险法》的规定，投保人和被保险人都有权利更改受益人，但是两者中被保险人的权利更大。也就是说，被保险人可以自已决定更改受益人；投保人要想更改受益人，必须获得被保险人的同意。本节案例中，被保险人是王女士，只要她不同意，她的前夫李先生作为投保人，无权擅自更改受益人。

投保人或被保险人更改受益人，理论上不需要获得保险公司的同意，只需要书面通知保险公司。但在实务中，变更受益人一般需要和保险公司协商确定。

那么，更改受益人包含哪些内容呢？第一，可以撤销原受益人，指定新的受益人；第二，可以减少或者增加受益人的数量；第三，可以变更受益人的受益顺序和受益份额。

当然，受益人的变更也存在保险金信托、保单贴现等特殊情况。这两种情况在讲投保人的变更时已经说过，这里就不再赘述了。

投保人、被保险人、受益人的变更

保险合同主体	可否变更	谁有权变更	可变更为谁	是否需保险公司同意	特殊情况
投保人	可以	原投保人及其继承人	与被保险人有保险利益的人	需要	保险金信托、保单贴现
被保险人	个人保险中不可，团体保险中可以	团体保险中为投保人	团体保险中为团体成员	一般不需要，但需通知保险公司，有的保险公司需要核保	—
受益人	可以	投保人或被保险人，被保险人权利更大	一般要求是被保险人的法定继承人	实务中一般需要	保险金信托、保单贴现

《保险法》第四十一条规定："被保险人或者投保人可以变更受益人并书面通知保险人。保险人收到变更受益人的书面通知后，应当在保险单或者其他保险凭证上批注或者附贴批单。投保人变更受益人时须经被保险人同意。"

根据这一规定可知，变更受益人无须获得保险公司的同意。但在实务中，保险公司出于风险防范等考虑，一般会对受益人的范围做出一定限制。

08 保险公司有什么权利和义务?

张先生购买了一份重疾险,一年后做了冠状动脉搭桥手术,就找保险公司理赔。保险公司调查后得知,张先生在购买这份重疾险时,没有告知此前有过心脏病史,就以张先生没有如实告知为由,要求解除合同,拒绝赔付。张先生却说:"你们之前也没问过我,我怎么知道要和你们说这些?是你们没有尽到提示说明的义务,不能怪我。"

保险公司有权解除合同吗?提示说明的义务又是什么呢?这一节,我们来看看保险公司都有哪些权利,又需要承担什么义务。

▶▶▶ 专业解析

经营人身保险的保险公司,主要包括人寿保险公司、健康保险公司和养老保险公司,这里我们统称为人身保险公司。人身保险公司具有的权利和义务有很多,这里只讲与保险消费者密切相关的部分。

1. 人身保险公司的权利有哪些?

第一,收取保费的权利。这是保险公司最主要、最基础的权利,不用多说。

需要特别说明的是,与一般商品买卖不同,如果投保人拖欠保费,保险公司不能以诉讼方式要求投保人支付保费。那么,投保人不交续期保费,保险合同就会失效吗?也没有这么简单,我们会在第 73 节对这个问题做详细讨论。

第二,特殊情况下解除合同的权利。

保险合同与其他合同不同，买了之后还可以撤销，也就是"解除合同"。不过，这项权利主要掌握在投保人手里，作为保险公司，只有在特殊情况下才能解除合同。比如，投保人不履行如实告知义务，被保险人或受益人谎报保险事故，投保人或被保险人故意制造保险事故，投保人谎报被保险人真实年龄，保险合同中止满两年而投保人仍不补交保费。

此外，保险公司的合同解除权还有两条限制：①如果在知道有解除事由之日起 30 天内没有解除合同，保险公司就不能解除合同了；②只要合同成立超过两年，保险公司就不能解除合同了。

第三，特殊情况下不赔付的权利。

法律对保险公司解除合同的权利做了许多限制，对保险公司不赔付的限制就更多了。通常来说，保险公司依法可以不赔付的情况有以下几种：

（1）事故不属于保险责任。也就是说，被保险人出了事故，但出的这个事故不在保险合同约定的保险责任范围内，或属于保险合同中的免责范围。通常来说，疾病保险、医疗保险、意外伤害保险中相对容易出现这种情况。

（2）投保人在投保的时候隐瞒了情况，没有履行如实告知的义务。但是，即便投保人没有如实告知，也要满足以下条件，保险公司才可以不赔付：保险公司能证明自己对"应如实告知事项"提出过询问，投保人隐瞒的情况足以影响费率或承保决策；保险公司知情后 30 天内解除合同且保险合同签订不满两年（但不意味着合同满两年保险公司就肯定会赔，关于这个问题我们在第 68 节再做详细讨论）。

（3）投保人、被保险人或受益人索赔时无法提供相应材料，或者索赔的证据不足。向保险公司索赔，要拿出发生了保险事故的证据，如果没有证据，或者证据不够充足，保险公司就有权拒赔。

（4）等待期、中止期发生保险事故。在等待期和中止期，保险公司不承担保险责任，所以在保险合同的这两个期间内发生事故的，保险公司不用赔付。

（5）"骗保"。被保险人或者受益人故意制造保险事故，或谎称发生保险事故（如伪造理赔材料），保险公司查明后，可以拒赔。

（6）被保险人自杀。被保险人如果在保险合同成立或恢复效力的两年内自杀，保险公司无须支付身故保险金。但如果被保险人自杀时为无民事行为能力人，或合同订立已经超过两年，则要看保险合同的具体约定。

（7）被保险人因违法犯罪导致的事故。比如，被保险人犯罪或抗拒依法采取的刑事措施，吸毒、酒后驾车等导致的事故等，保险公司不承担赔偿责任。

（8）其他不赔付的情况。一般包括因战争、军事冲突、暴乱或武装叛乱，核爆炸、核辐射或核污染等导致的事故。

2. 保险公司的义务有哪些?

第一，赔付保险金。保险事故发生后，保险公司要按照合同约定，向被保险人或受益人赔付保险金，这是保险公司最基本、最重要的义务。

对此，《保险法》第二十三条有明确而严格的规定："保险人收到被保险人或者受益人的赔偿或者给付保险金的请求后，应当及时作出核定；情形复杂的，应当在三十日内作出核定，但合同另有约定的除外。保险人应当将核定结果通知被保险人或者受益人；对属于保险责任的，在与被保险人或者受益人达成赔偿或者给付保险金的协议后十日内，履行赔偿或者给付保险金义务。保险合同对赔偿或者给付保险金的期限有约定的，保险人应当按照约定履行赔偿或者给付保险金义务。"实际上，很多保险公司的赔付周期远比法律规定的要短。

第二，提示说明的义务。保险合同是由保险公司提供的制式合同，不仅内容多，而且有很多专业术语，许多投保人在买保险时，要么没耐心看，要么看不懂。因此，法律严格规定了保险公司的"提示说明义务"。

提示说明义务指的是，对于合同中的格式条款，尤其是其中的免责条款，保险公司必须加以明确的提示或说明。如果理赔时投保人和保险公司发生争议，保险公司需要拿出证据证明自己的确提示或说明了，否则保险合同中的免责条款无效。本节案例中，如果保险公司拿不出证据证明其履行了提示说明义务，就需要赔付。

我们在买保险的时候，有时要抄一段话，有时要在重点提示条款上签名，还有时要进行"双录"（录音和录像），这些都是保险公司在履行提示说明义务。为了避免理赔纠纷，保险顾问应该切实做好提示说明的工作，投保人对这些条款也应仔细阅读，不要随随便便就抄写或签名。

第三，其他义务。除了上面两项主要义务，保险公司还有及时签发保险单证（人身保险合同中一般指的就是保险合同），对投保人、被保险人及受益人的信息进行保密等义务。

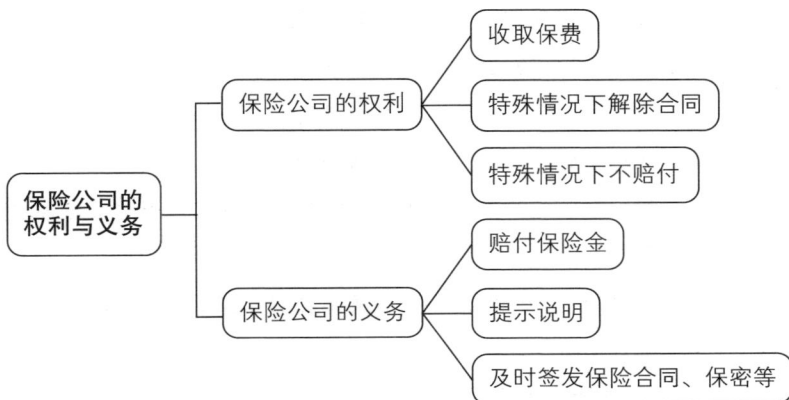

▶▶▶ 延伸阅读

《保险法》

第六十八条 设立保险公司应当具备下列条件：

（一）主要股东具有持续盈利能力，信誉良好，最近三年内无重大违法违规记录，净资产不低于人民币二亿元；

（二）有符合本法和《中华人民共和国公司法》规定的章程；

（三）有符合本法规定的注册资本；

（四）有具备任职专业知识和业务工作经验的董事、监事和高级管理人员；

（五）有健全的组织机构和管理制度；

（六）有符合要求的营业场所和与经营业务有关的其他设施；

（七）法律、行政法规和国务院保险监督管理机构规定的其他条件。

第六十九条 设立保险公司，其注册资本的最低限额为人民币二亿元。

国务院保险监督管理机构根据保险公司的业务范围、经营规模，可以调整其注册资本的最低限额，但不得低于本条第一款规定的限额。

保险公司的注册资本必须为实缴货币资本。

第七十条　申请设立保险公司，应当向国务院保险监督管理机构提出书面申请，并提交下列材料：

（一）设立申请书，申请书应当载明拟设立的保险公司的名称、注册资本、业务范围等；

（二）可行性研究报告；

（三）筹建方案；

（四）投资人的营业执照或者其他背景资料，经会计师事务所审计的上一年度财务会计报告；

（五）投资人认可的筹备组负责人和拟任董事长、经理名单及本人认可证明；

（六）国务院保险监督管理机构规定的其他材料。

09 有的保险肯定会赔付，还有杠杆，保险公司靠什么赚钱呢？

有的人在购买保险时，会为保险公司担心："有的保险，比如终身寿险，保险公司肯定是要赔付的，因为人总是会死的。终身寿险都有杠杆效应，即保险公司收 10 万元的保费，最后要给付 30 万元乃至 100 万元的保险金。收得少、付得多，保险公司不就亏本了吗？"

客户为保险公司担心，归根结底还是为自己担心：保险公司要是不赚钱，最后肯定没法按约定给付保险金，自己买的保险就打了水漂。客户的这种担心是多余的吗？

▶▶▶ 专业解析

基本上所有的保险产品都是有杠杆的。所谓杠杆，就是投入的钱少，返还的钱多。我们买的所有保险产品，除了个别保费倒挂的情况，合同上的保险金额，也就是我们最后可能拿到的钱，肯定会比交的保费要多。对于一些没有返还功能或者并非百分之百给付的保险产品，我们可以理解：有的人会赔付，有的人不会赔付，只要赔付的人不是特别多，保险公司就可以维持、盈利。

可是，有些保险产品，保险公司会百分之百地返钱：有的是到期返给被保险人，比如年金保险；有的是保险事故肯定会发生，比如终身寿险。这样的产品，保险公司又是怎么赚钱的呢？

保险公司的利润来源有三种。第一是死差益。在给保险产品定价的时候，精算师会预估一个未来被保险人的死亡概率，并根据这个概率给保险产品确定价格。如果实际发生的死亡率低于预估的死亡率，保险公司赔付的钱就比预期的少，自然就能赚钱。"死差益"是保险行业通常的说法，而我们认为更准确的说法应该是"事故差益"，即只要实际出现的保险事故比预估的保险事故少，保险公司就能获得利润。

第二是费差益。这里的"费"指的是保险公司的运营费用，比如办公费用、人员开支、营销费用等。给保险产品定价时，精算师会对运营费用进行估算，并把这些费用分摊进保费里。如果实际产生的运营费用低于预估的运营费用，保险公司就有利润。

第三是利差益。"利"指的是保险资金的投资收益。收取保费之后，一般不会立即发生保险事故，而要过一段时间才需要赔付保险金。在这段时间内，保险公司可以用收到的保费（当然要先提取保险准备金等）进行投资，从中获得收益。

为了维护客户的利益，维持社会稳定，降低保险行业的风险，我国《保险法》对保险资金的使用有严格限制，以安全性为首要要求。但即便如此，因为保险资金的体量巨大，依旧能获得较高的收益。以去银行存钱为例，存一万元与存一亿元所获得的投资收益率肯定是不一样的。

实际上，保险公司利润的主要来源就是利差益。利差益又取决于什么呢？有两个因素：一是投资回报率，这和每家保险公司的投资能力有关；二是时间，时间越长，获得的投资回报自然就越多。

这就回到本节开头提出的问题了：为什么一些返还型的、百分之百赔付的保险产品，依然可以有杠杆，而且有的杠杆率还很高？原因就是，在收到保费和给付保险金之间的这段时间，保险公司可以通过投资收益获得回报，这些投资回报就支撑起了这类产品的杠杆。

以终身寿险为例。保险公司会预估被保险人的寿命，比如预估被保险人 80 岁身故，并结合预估利率等，确定保费和保额。假如被保险人 80 岁之前就去世了，保险资金获得投资收益的时间太短，保险公司就亏了；假如被保险人很长寿，活到了 99 岁，保险资金获得投资收益的时间足够长，保险公司就赚了。这就是为什么投保终身寿险时，年龄小的比年龄大的杠杆率更高。

很多保险产品都具有"越早投保杠杆越高"的特点，其中一个重要原因（不是唯一原因）就是：越早投保，保险资金可以进行投资的时间就越长，而时间的长短与杠杆率的高低是成正比的。

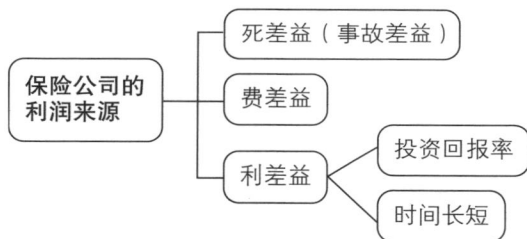

▶▶▶ **延伸阅读**

《保险法》

第一百零六条　保险公司的资金运用必须稳健，遵循安全性原则。

保险公司的资金运用限于下列形式：

（一）银行存款；

（二）买卖债券、股票、证券投资基金份额等有价证券；

（三）投资不动产；

（四）国务院规定的其他资金运用形式。

保险公司资金运用的具体管理办法，由国务院保险监督管理机构依照前两款的规定制定。

10 为什么说保险公司的命脉是精算师？

2021 年，央视网推出了一部全景记录中国保险业发展的纪录片《大国保险》。在这部纪录片里，中央财经大学保险学院的李晓林院长说："精算师，实际上是一个保险公司的命脉。夸张一点讲，保险公司可以没有总经理，不可以没有精算师。"

精算师，这个并不为大众所周知的职业，在保险公司里为什么这么重要呢？

▶▶▶ 专业解析

精算师，顾名思义，就是"在保险公司专司精算职责的人"[1]。精算，"就是运用数学、统计学、金融学及人口学等学科的知识和原理，去解决工作中的实际问题，进而为决策提供科学依据"[2]。

简单来说，所谓精算，就是基于已知的条件，对未来可能发生的情况进行预测，并根据这个预测的结果，指导当下的决策。"精算"听上去很高深，其实生活中经常遇到，比如我们在做家庭财务决策的时候，不仅要看现在手头上有多少钱，还要看将来有多少收入、可能面临什么花销。经营企业也要做精算，比如公司决定是否招聘新人，不仅要考虑当下公司的业务和现金流，还要预测将来的市场行情。

相对于其他企业，保险公司对精算更为依赖。我们从最简单的

---

① 魏华林，林宝清.保险学 [M]. 4 版.北京：高等教育出版社，2017: 256.
② 魏华林，林宝清.保险学 [M]. 4 版.北京：高等教育出版社，2017: 255.

逻辑讲起。

保险公司不是慈善组织，而是以盈利为目标的商业组织。所有的公司，只要以盈利为目标，其底层商业逻辑就是：公司生产产品（可以是有形的物质产品，也可以是无形的产品，比如某项服务），然后把产品拿到市场上销售。产品的生产成本和销售价格的差价，一部分用于维持公司的日常运营和再生产，剩下的就是利润。

保险公司遵循的是同样的逻辑：低价生产，高价卖出，赚取差价。但保险公司和其他公司有很大的不同：不知道确切的生产成本，只能预测；甚至连自己收到的钱是多少，也不能确切知道。

保险公司的主要成本，是在保险事故发生后赔付给被保险人或受益人的保险金。可是，被保险人是否发生保险事故、什么时候发生保险事故、保险事故造成的损失大小，都具有偶然性，只有将来确实发生的时候才知道。因此，卖出一份保单，保险公司对于是否需要赔付保险金、什么时候赔付、赔付多少，这些与成本直接相关的要素，都无法确切知道，只能预测。

保险公司收到的钱是多少，怎么也无法确切知道呢？这是因为，保险公司收取保费和赔付保险金之间有一个时间差，在这个时间差内，收取的保费可通过投资等实现增值。因此，一份保单的真实销售价格，是收到的保费加上它在赔付之前实现的增值。可是，保险金什么时候赔付，不确定；在此期间的投资收益能达到多少，也不确定。这两个不确定因素，使得保险公司无法确切知道自己收到了多少钱。

也就是说，保险公司的生产成本是多少，得靠猜；收到的钱是多少，也得靠猜。如果猜不准的话，就会产生两种结果：产品定价太高，没人买，经营不下去；产品定价太低，收入小于支出，赔钱。[①]

那么，保险公司猜得准不准，看谁呢？看精算师的精算结果。到了这里，相信你就明白，为什么说精算师是保险公司的命脉了。

当然，保险精算和我们日常生活中的简单预测不一样，它是以收支相等原则和大数法则为基本原理的科学。收支相等原则，"就是使保险期内纯保费收入的现金价值与支出保险金的现金价值相等"；大数法则，"是用来说明大量的随机现象由于偶然性相互抵消所呈现的必然数量规律的一系列定理的统称"。[②] 这里面涉及的内容非常专业，我们只需大概了解，此处就不展开说了。

精算涉及的知识十分庞杂，对从业者的综合要求很高，因此精算师资格的获取也十分困难。

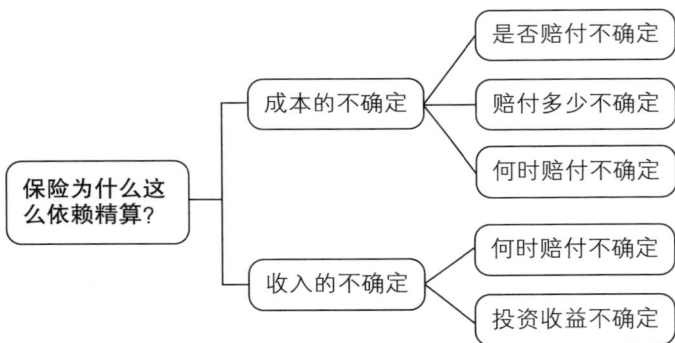

▶▶▶ 延伸阅读

作为保险行业的核心人才，精算师的发展历史，在一定程度上

---

① 除此之外，保险公司的日常运营成本、代理人的佣金、营销费用等，也会影响保险产品的定价及保险公司的盈利。但这些问题不是保险公司特有的，其他类型的公司也会遇到。

② 魏华林，林宝清. 保险学 [M]. 4 版. 北京：高等教育出版社，2017: 257–258.

也反映了我国保险行业的发展历史。

中华人民共和国成立前，中国只有三个人——陈思度、陶汉生、李守坤——获得了北美精算学会准精算师的资格，是中国仅有的精算人才。1949年之后，中国的精算事业陷入停顿。改革开放后，精算事业才又重新恢复。

1983年，乌通元兼任中国人保公司的海外机构精算师，"精算师"这个职位重新出现；1983年，万峰被派到美国友邦保险有限公司学习精算业务，并于1988年根据讲义写了国内第一本精算教材《寿险基础数理》；1988年9月，北美精算学会与南开大学联合开办了首届精算研究生班。至此，中国正式开始了精算教育。此后，中央财经大学、湖南大学、复旦大学等相继开设了精算专业，中国精算师队伍才伴随着中国保险行业一起逐渐成长、壮大。

11 万一保险公司破产了，我买的保险怎么办？

张女士给孩子报了一个益智类培训班，共 144 节课，总计 2 万元。课才上了 1/3，培训班就突然关门了，培训公司随即宣布倒闭。眼看 1 万多元就要打水漂了，张女士就想，自己买的人寿保险，要到几十年后才赔付，万一那时候保险公司倒闭了，保费岂不是白交了？于是她打电话给自己的保险顾问小王。小王在电话里说："张姐，您放心，保险公司和培训公司不一样，是不会倒闭的。"

那么，张女士的担心有必要吗？小王的说法是对的吗？

▶▶▶ 专业解析

很多保险的保障时间很长，动辄十几年、几十年，乃至与被保险人的寿命等长。在市场经济环境下，公司破产已经成为一种常态化现象。因此，在购买保险产品时，很多人会像张女士一样心有疑虑：万一保险公司破产了，我现在买的保险，不就成了一堆废纸吗？

对于这个问题，我们可以从两个方面来看。

第一，保险公司很难破产。

与市场经济的其他主体不同，保险公司虽然也要参与市场竞争、赚取利润，但它对保障国计民生、维护社会稳定具有重大作用，因此，国家对保险行业的监管和保护都异常严格。

首先，国家强制要求保险公司提取责任准备金。保险公司要把收到的保费，按一定比例存到特定账户，以应对万一出现的大规模理赔。除了责任准备金，保险公司还需要缴纳保险保障基金、保险保证金、保险公积金等。这些资金的存在，保障了整个保险行业的稳健运行。

其次，保险资金的运用受到严格限制。保险公司收到保费后，要进行投资理财以保值增值。但是，国家规定保险公司的资金运用"必须稳健，遵循安全性原则"，只能投资到几个风险较低的领域，所以出现较大亏损的可能性自然就很小了。

再次，中国银保监会对保险公司有着严格的监管，一旦发现保险公司及其人员有违法违规行为，或保险公司的运营出现风险，就会及时提醒或干预。比如，保险公司每个季度都要公布"偿付能力充足率"，这就是银保监会严格监控的一个指标。

最后，在我国，设立一家保险公司要符合严格的条件，并且即使符合这些条件，也不一定就能得到批准，因此，保险公司的牌照（经营许可证）十分稀缺、珍贵。如此一来，拥有这个牌照的保险公司会倍加珍惜；相应地，保险公司一旦发生风险，想要引入外部资金化解风险，也相对容易。同时，很多保险公司还会通过向再保险公司投保，为自己分摊风险。

第二，万一保险公司破产了，怎么办？

很难破产，不意味着肯定不会破产，也不意味着不能破产。案例中的保险顾问小王，就误听误信了坊间"保险公司不会破产"的说法，对消费者构成了误导。《保险法》第九十条规定："保险公司有《中华人民共和国企业破产法》第二条规定情形的，经国务院保险监督管理机构同意，保险公司或者其债权人可以依法向人民法院申请重整、和解或者破产清算；国务院保险监督管理机构也可以依法向人民法院申请对该保险公司进行重整或者破产清算。"

那么，万一保险公司破产了，客户的利益还能得到保护吗？这里也要分两类情形。

对其中一些保险产品，比如人寿保险，国家规定了"强制接盘制度"。举个例子来说，根据《保险法》第九十二条的规定，假设李四在 A 保险公司买了一份人寿保险，而这家公司破产了，李四的保险就会被转让给 B 保险公司，由 B 保险公司继续履行这份人寿保险的义务。有人可能会说，万一 A 保险公司的状况很不好，没有公司愿意接手，怎么办呢？没关系，如果实在没有公司愿意接手，国务院保险监督管理机构（银保监会）会强制指定一家 C 保险公司接手。

总体来说，如果你买的是这类保险，就算保险公司破产了也没关系，你的利益不会受到损害。所以，案例中的张女士大可不必有对保险公司可能破产的担忧。

根据 2022 年公布的《保险保障基金管理办法》第二十一条的规定，这类得到"强制接盘制度"保护的保险产品，主要为"人寿保险产品"。"除人寿保险合同外的其他长期人身保险合同，其救助方式依照法律、行政法规和国务院有关规定办理。"

对除此之外的人身保险，2022 年《保险保障基金管理办法》第二十条规定了"救济制度"："保险公司被依法撤销或者依法实施破产，其清算财产不足以偿付保单利益的，保险保障基金按照下列规则对财产保险、短期健康保险、短期意外伤害保险的保单持有人提供救助：（一）保单持有人的保单利益在人民币 5 万元以内的部分，保险保障基金予以全额救助。（二）保单持有人为个人的，对其保单利益超过人民币 5 万元的部分，保险保障基金的救助金额为超过部分金额的 90%；保单持有人为机构的，对其保单利益超过人民币 5 万元的部分，保险保障基金的救助金额为超过部分金额的 80%。

"本办法所称保单利益，是指解除保险合同时，保单持有人有权请求保险人退还的保险费、现金价值；保险事故发生或者达到保险合同约定的条件时，被保险人、受益人有权请求保险人赔偿或者给付的保险金。"

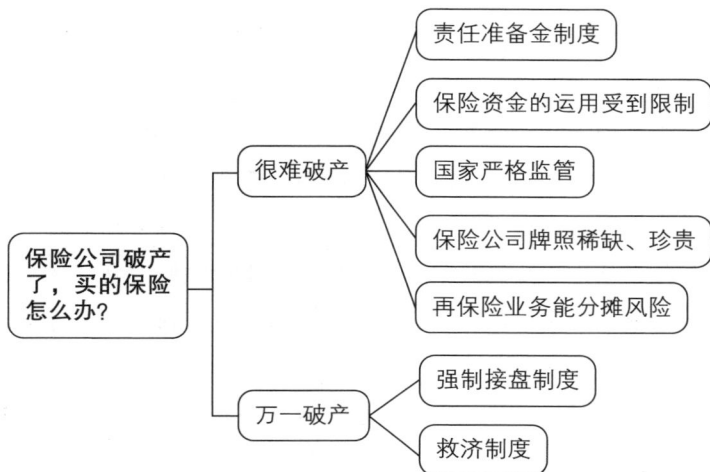

▶▶▶ **延伸阅读**

《保险法》

第九十二条　经营有人寿保险业务的保险公司被依法撤销或者被依法宣告破产的，其持有的人寿保险合同及责任准备金，必须转让给其他经营有人寿保险业务的保险公司；不能同其他保险公司达成转让协议的，由国务院保险监督管理机构指定经营有人寿保险业务的保险公司接受转让。

转让或者由国务院保险监督管理机构指定接受转让前款规定的人寿保险合同及责任准备金的，应当维护被保险人、受益人的合法权益。

12 犹豫期、等待期、保障期，哪个时间出险能理赔？

　　李先生购买了一份重疾险，合同规定这份保险的犹豫期为 15 天，等待期为 90 天。合同生效 10 天后，李先生确诊得了肺癌，去找保险公司理赔，而保险公司以"在等待期内出现保险事故"为由拒绝赔付。李先生表示不能接受，保险顾问告诉他："您的保险合同还在犹豫期，如果您实在不能接受，可以选择退保，我们将全额退给您之前所交的保费。"

　　正常情况下，一份保险合同生效后，会有三个"期间"需要消费者特别注意，分别是犹豫期、等待期、保障期。这一节，我们就来详细了解这三个"期间"。

▶▶▶ **专业解析**

　　投保人与保险公司签订保险合同后，这份保险就算买成了。在一份保险合同中，有几个重要的时间阶段，是大家需要了解的。

　　1. 犹豫期：投保人"反悔"的时间

　　某保险公司的某人身保险合同上有这么一条内容："自您签收本主险合同次日起，有 15 日的犹豫期。在此期间请您认真审视本主险合同，如果您认为本主险合同与您的需求不相符，您可以在此期间提出解除本主险合同，我们将无息退还您所支付的全部保险费。"

　　绝大多数的人身保险合同中都会有类似的内容。这里说的"犹豫期"是什么意思呢？就是在投保人收到合同后的一段时间内，可以"反悔"，也就是退保。在这段时间内退保，保险公司会退还投保人已经交纳的保费。——过了这段时间再退保，保险公司退还的就不是保费，而是保单的现金价值了。

保险合同中之所以要设置犹豫期，是考虑到有的投保人投保是出于一时冲动，因此给他们一个"反悔"的机会，尽量让投保人做到慎重、理性投保。

关于犹豫期的时间，每家保险公司的规定不同，一般在 10 ~ 20 天。犹豫期属于保险期间，如果被保险人在犹豫期内出现保险事故，保险公司要承担赔付责任。

但是需要注意的是，如果这份保险设置了等待期，那么一般来说，犹豫期的时间与等待期是重合的。如果出现保险事故的时间在犹豫期内，同时也在等待期内，则保险公司不需要赔付；如果出现保险事故的时间在犹豫期内，但不在等待期内（如有的保险合同没有等待期），则保险公司需要赔付。下面我们就看看有关保险等待期的规定。

2. 等待期：保险公司可以不赔付的时间

等待期，又称观察期、免责期，就是从保险合同生效日（或复效日）后的那一天开始，到某个规定的时间，如果被保险人出现了保险事故，保险公司不用赔付。比如，某个人买了一份重疾险，合同规定等待期为 90 天，合同生效后的第 35 天，他确诊得了重度恶性肿瘤，因为确诊时间在等待期内，保险公司不会赔付他保险金。

之所以会有这个规定，是为了避免逆选择的风险。所谓逆选择，指的是投保人所做的不利于保险人的选择。假设有两个人，一个人很健康，另一个人感觉自己最近很不舒服，好像要得一场大病；很显然，后者会更愿意购买保险。在逆选择之下，风险越大的人越倾向于购买保险。这样一来，保险公司势必会提升保费，这对身体健康的参保者来说不公平。

但是，在同一份保险合同中，也不是等待期内发生的所有保险事故，保险公司都可以不赔付。等待期的设置主要是为了避免逆选择，所以医疗保险、疾病保险等大都会设置等待期，而对于那些与逆选择无关的风险，保险合同中一般不设置等待期，比如意外伤害风险等。

各保险公司的不同保险产品，其等待期的时间不同。年金保险、人寿保险大都没有等待期，医疗保险的等待期多为 30 天，疾病保险（如重疾险）的等待期一般为 90~180 天，人身意外险一般没有等待期，即便有，一般也不超过 3 天。

那么，如果等待期内出现保险事故怎么办呢？一般有三种结果：①合同终止，保险公司退还保费；②合同终止，退还保单现金价值；③合同有效，但将部分保险事故（如等待期内所患疾病）作为除外责任。

3. 保障期：保险公司承担责任的时间

保障期，又称保险期限、保险责任期间、保险期间，就是保险责任从开始到结束的那段时间，是保险合同约定的主要内容之一。在这段时间出现保险事故，并且出现保险事故的时间不在等待期之内的，保险公司要承担赔付责任。我们通常说的保终身、保 20 年、保到 60 岁，都是针对保障期而言的。

需要注意的是，保障期的起点，即保险责任的开始时间，不一定就是买保险的那个时间；保障期的终点，即保险责任的结束时间，也不一定是保险合同中约定的那个时间。关于保险合同的生效和终止，可以参看本书第 14 节、第 15 节。

期间	含义	期间发生事故是否赔付	时间
犹豫期	投保人可以无损失退保的时间	赔付	合同生效后10～20天
等待期	保险公司不承担保险责任的时间	不赔付	合同生效后0～180天
保障期	保险公司承担保险责任的时间	赔付（不在等待期）不赔付（在等待期）	根据合同约定而定

▶▶▶ 延伸阅读

某保险公司某款重疾险产品对等待期的规定如下：

从本合同生效（或每次合同效力恢复）之日起 90 日内，被保险人首次发病并经医院确诊为本合同约定的"特定轻度重疾"或"重大疾病"，我们不承担保险责任，将退还您所支付的本合同的保险费，本合同终止。这 90 日的时间称为等待期；被保险人因意外伤害发生上述情形的，无等待期。

13 交费期间、宽限期、中止期，保费断交了保险公司还赔吗？

　　黄女士的保险交费账户绑定的是自己的工资卡，最近她换了一份工作，并且换了一张新的工资卡。由于原工资卡里的钱不够交纳续期保费，保险公司发的提醒续费的短信也被手机当成骚扰短信自动拦截了，所以黄女士当期的保费就没有扣款成功。没想到刚过几天，她就生病住院了。她抱着试试看的心态打电话给保险公司申请理赔，没想到理赔非常顺利，一天之内理赔款就下来了。她高兴之余，也有些纳闷：保险公司真奇怪啊，怎么保费断交了还能理赔？

▶▶▶ 专业解析

　　很多人买保险都是期交的。所谓期交，简单来说就是分期交费，一般是一年交一次。有很多保险的交费时间很长，有的长达数十年。在这几十年时间中，投保人难免会遇到手头不宽裕，没钱交续期保费的情况；或者像案例中的黄女士一样，忘了续交保费。这时如果出现保险事故，保险公司还赔吗？要回答这个问题，先要搞清楚三个概念。

1. 交费期间

　　交费期间，就是合同中规定的交纳保险费的时间段。一般只有在期交保单中才会存在这个概念，如果是趸交（一次性交清保费）的，就不存在交费期间了。

比如，我们常说的三年期保单，交费期间就是三年；十年期保单，交费期间就是十年。也有的保单，交费期间不是约定交够多少年，而是约定交到多少岁，比如被保险人年满60周岁后，终止交费。

期交保单中，第一次交的保费叫"首期保费"，后面按期交纳的保费叫"续期保费"。

交费期间的概念比较简单，这里就不多说了。

2. 宽限期

日常生活中，要是我们找朋友借钱，到了该还钱的日子，手头实在没钱，往往会和朋友说："对不起，最近手头紧，你再给我宽限几天。"朋友是不是会宽限你几天，不一定，但是在保险实践中，如果你没钱交续期保费，保险公司必须宽限。

根据《保险法》第三十六条的规定，到了该交保费的日子，投保人没交钱，保险公司要给投保人一定的宽限期。这个宽限期的时间，可以是保险公司催告之日起的30天，也可以是约定保费交纳之日起的60天。具体适用哪个标准，要看保险合同的约定。但不管保险合同怎么约定，投保人都有至少30天的宽限期。

在宽限期内发生保险事故的，保险公司要履行赔付责任，不过在赔付保险金之前，保险公司可以扣掉投保人欠交的保费。案例中的黄女士就是这种情况，她之所以能得到理赔，就是因为她是在宽限期内出现的保险事故。

3. 中止期

宽限期结束之后，如果投保人还是没钱交保费，保险就失效了吗？并非如此。根据《保险法》第三十六条的规定，如果在宽限期结束时投保人依旧没有交纳保费，则保险效力中止——而非终止。

简单来说，即使经过催告或者过了 60 天投保人还是不交保费，保险公司也不能以投保人欠费为由单方面解除合同，但可以把这份保单"冻结"起来。《保险法》第三十七条规定，"自合同效力中止之日起满二年双方未达成协议的，保险人有权解除合同"。从中止之日开始，到保险公司解除合同的这段时间，就是保险合同的"中止期"。

在中止期内发生保险事故的，保险公司不承担赔偿责任。案例中的黄女士如果是在中止期内发生的保险事故，就无法得到理赔了。如果在两年的中止期内，投保人补交了续期保费，这份保单就能"解冻"，用行话说就叫"复效"，即恢复合同效力，保险公司继续承担保险责任。[1]

如果中止期结束时，投保人还是没有交纳保费，那么保险公司有权解除保险合同。这时，保险公司会退还投保人保单的现金价值，合同终止，投保人和保险公司不再有权利义务关系。

保险的交费期间、宽限期与中止期

期间	含义	时间	期间发生事故是否赔付
交费期间	合同中规定的交纳保险费的时间段	依合同规定	—
宽限期	保险人对投保人未时交纳续期保费所给予的宽限时间	30天或60天	赔付
中止期	宽限期结束后、保险合同解除前的时间	一般是宽限期后2年	不赔付

---

① 需要注意的是，有的保险合同中约定，复效后也有等待期。

▶▶▶ 延伸阅读

《保险法》中有关宽限期和中止期的规定如下：

第三十六条　合同约定分期支付保险费，投保人支付首期保险费后，除合同另有约定外，投保人自保险人催告之日起超过三十日未支付当期保险费，或者超过约定的期限六十日未支付当期保险费的，合同效力中止，或者由保险人按照合同约定的条件减少保险金额。

被保险人在前款规定期限内发生保险事故的，保险人应当按照合同约定给付保险金，但可以扣减欠交的保险费。

第三十七条　合同效力依照本法第三十六条规定中止的，经保险人与投保人协商并达成协议，在投保人补交保险费后，合同效力恢复。但是，自合同效力中止之日起满二年双方未达成协议的，保险人有权解除合同。

保险人依照前款规定解除合同的，应当按照合同约定退还保险单的现金价值。

14 只要交了钱，我买的保险就生效了吗？

小李在网上买了一份意外险，并在线上付了款，付款之后几分钟，邮箱里就收到了电子保单。第二天他被一辆摩托车撞倒，造成右小臂骨折。出院后，小李找保险公司理赔，却被拒赔了。保险公司拒赔的原因不是等待期（这份意外险没有等待期），而是因为事故发生时，这份保险还没有生效。原来，保险合同里明确约定："本保障计划的保险期限为 1 年，生效日期最早为自签发保单后第三个零时起（不包括投保当日）。"小李不理解：买保险，不是交了钱就生效了吗？

▶▶▶ 专业解析

要解答小李的问题，需要先了解保险合同的三个时间：保险合同成立时间、保险合同生效时间、保险责任开始时间。

保险合同成立，指的是投保人提出保险要求，经保险公司同意承保，并就合同内容达成一致的行为。简单地说，就是投保人在合同上签字，保险公司盖章，合同就成立了。

保险合同生效，指的是合同开始对投保人和保险公司具有法律约束力，也就是双方必须按照合同的约定，承担相应权利与义务，否则就是违约。《保险法》第十三条规定，"依法成立的合同，自成立起生效"，也就是说，一般情况下，保险合同的成立与保险合同的生效，在同一个时间节点。

但是，《保险法》第十三条同样说了："投保人和保险人可以对合同的效力约定附条件或者附期限。"根据这条规定可知，保险合同中可以约定合同生效的附加条件。实务中常见的附加条件，是以投保人交纳首期保费为合同生效的前提条件，也就是说，如果没交保费，虽然合同已经成立，但是没有生效。同样，保险合同中也可以约定保险合同生效的时间，比如案例中的那份意外险，就是从合同成立后第三天开始生效的。

保险责任开始，就是保险公司从这个时间开始承担保险责任，被保险人出了事，保险公司有赔付义务。根据《保险法》第十八条的规定，保险合同应当列明"保险责任开始时间"。保险责任开始时间不一定就是保险合同生效时间。比如，一份保险合同可以是 6 月 1 日成立，6 月 8 日生效，6 月 10 日为保险责任开始时间。

不过，如果一份保险有等待期，哪怕保险责任已经开始，保险公司依旧可以不用赔付。[①]

在当下的保险实践中，一些保险公司为了避免引起客户的误解，会将"保险合同成立时间""保险合同生效时间""保险责任开始时间"约定为同一个时间。

有几种特殊情况值得说一说。

第一，"空白期"。在保险实践中，很多投保人在递交投保申请的同时，会一并交纳首期保费，然后保险顾问再去办理核保、走流程，大约 7 天之后，保单才能下来（保险公司出具正式保单）。交费之后、保单下来之前的这段时间，就叫"空白期"。投保人在这个时间段要是出了事，保险公司要不要赔呢？

根据《最高人民法院关于适用〈中华人民共和国保险法〉若干

[①] 有观点认为，"等待期"不属于"保险期间"。我们认为，等待期与免赔额等一样，属于保险合同中的"免责条款"，因此，等待期也属于保险期间。

问题的解释（二）》（以下简称《保险法司法解释（二）》）第四条的规定，如果投保人符合承保条件，保险公司就要赔付；如果投保人不符合承保条件，则不用赔付，只需退还保费，但是保险公司要对不符合承保条件承担举证责任。

第二，合同已经成立并生效，且生效时间就是保险责任开始的时间，但投保人还没交保费，保险事故就发生了。这时，保险公司应该赔付，只是赔付时可扣除应付保费。这种情况，可以视为特殊的宽限期。

第三，合同已经成立，且合同约定"交保费是合同生效的前提条件"，但投保人还没交保费，就出现了保险事故，赔不赔？按照合同约定，保费没交，意味着保险合同还没生效，保险公司不承担赔偿责任。但是，如果双方出现纠纷，法院一般会认为"交保费是合同生效的前提条件"，属于《保险法》第十七条规定的"免除保险人责任的条款"，保险公司有提示说明义务。保险公司要是不能证明自己对投保人就这一点做过提示说明，法官会倾向于认定保险公司需要赔付。

第四，保险合同成立并生效了，投保人也交了钱，但出现事故的时间不在保险责任期限内，或者发生事故的时间处于等待期（一般认为，等待期也属于保险公司需要提示说明的内容），保险公司就不用赔付。

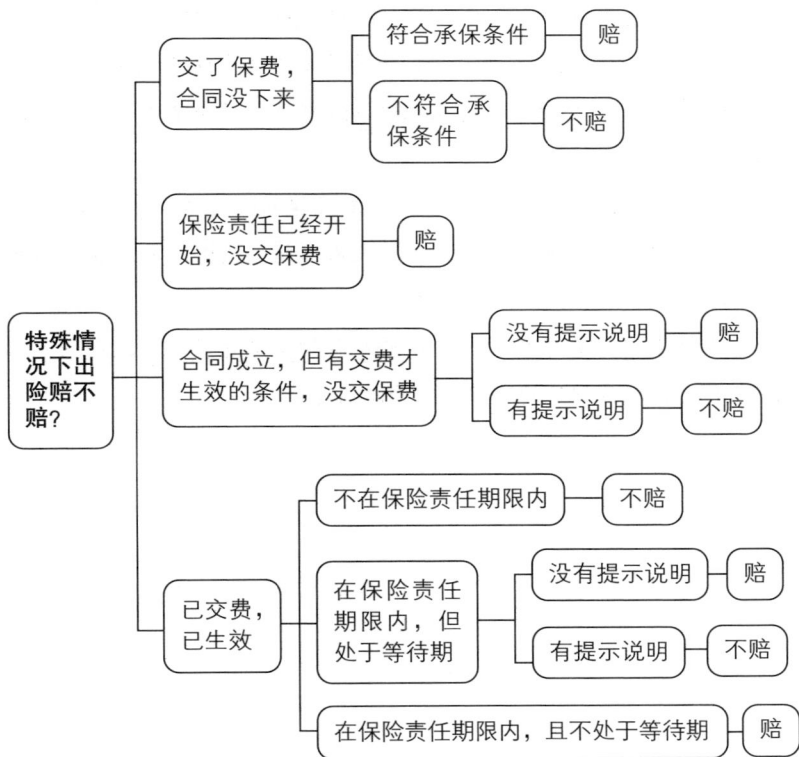

特殊情况下出险赔不赔？

- 交了保费，合同没下来
  - 符合承保条件 → 赔
  - 不符合承保条件 → 不赔
- 保险责任已经开始，没交保费 → 赔
- 合同成立，但有交费才生效的条件，没交保费
  - 没有提示说明 → 赔
  - 有提示说明 → 不赔
- 已交费，已生效
  - 不在保险责任期限内 → 不赔
  - 在保险责任期限内，但处于等待期
    - 没有提示说明 → 赔
    - 有提示说明 → 不赔
  - 在保险责任期限内，且不处于等待期 → 赔

▶▶▶ **延伸阅读**

"空白期"出现保险事故是否赔付，在 2013 年最高人民法院颁布《保险法司法解释（二）》之前，也是法律上的"空白"，存在很大的争议。但是在《保险法司法解释（二）》颁布后，这个问题就很明晰了。《保险法司法解释（二）》第四条规定了保险人承保前发生保险事故的处理方法。

保险人接受了投保人递交的投保单并收取了保险费，在合理期间内尚未作出是否承保的意思表示，发生保险事故的，按下列情形处理：

（一）符合承保条件，被保险人或者受益人要求保险人按照投保单载明的险种、保险金额等约定承担赔偿或者给付保险金责任的，人民法院应予支持。

（二）不符合承保条件，保险人没有过错的，可不承担保险责任，但应当退还已经收取的保险费；保险人有过错，投保人要求其承担相应赔偿责任的，人民法院应予支持。

主张不符合承保条件的，由保险人承担举证责任。人民法院可以根据保险行业核保规范的通常标准予以判定。

15 保险合同在什么情况下会终止？谁能终止保险合同？

陈女士刚刚投保了一份终身重疾险，分 20 年交费，年交 7834 元。保险顾问小齐给陈女士送保单时，陈女士拿着保单感叹了一句："本来就有两套房子的房贷，现在又多了每年的保费，往后 20 年，我得时时背着这'三座大山'喽！"

小齐与陈女士是多年的朋友，就开玩笑地对陈女士说："陈姐，保费和房贷不一样，也许不用交 20 年，合同就已经终止了。"陈女士好奇地问道："哦，合同没到期也能终止？你跟我说说，保险合同的终止，都有什么情况？"

▶▶▶ 专业解析

一份保险合同，有生效之日，自然也有终止之时。保险合同终止，指的是保险合同的当事人（投保人和保险公司）相互之间权利义务关系的结束。有三类情形会导致保险合同终止。

1. 保险合同正常终止

保险合同正常终止可以分为两种情况。第一种情况，保险期间被保险人发生保险事故，保险公司按照合同约定，完成了全部赔付责任，保险合同终止。需要注意的是，即便保险公司已经赔付过，保险合同也不一定就此终止，保险公司有可能还需要履行其他保障责任。

第二种情况，保险期间没有发生保险事故，保险期间届满，即合同约定的保障时间到了，保险合同终止。这个时候，保险公司需不需要赔付呢？具体要看保险合同的约定。如果保险是返还型的，保险公司需要按照合同约定向被保险人赔付满期保险金；如果保险是消费型的，保险公司无须进行任何赔付（如短期医疗险、意外险）。

终身寿险比较特殊，因为在终身寿险中，保险期限届满日就是事故发生日，此时，保险公司按照合同约定给付身故保险金，保险合同终止。

2. 保险合同非正常终止

保险合同非正常终止，指的是保险事故没有发生，保险期间也没到，保险合同就终止了。有三种情况可能导致保险合同非正常终止。

第一种情况，保险合同的当事人或关系人解除保险合同。投保人、被保险人和保险公司都有权解除保险合同。首先，投保人可以随时解除保险合同，无须被保险人和保险公司同意。其次，以死亡为保险标的的保险合同，被保险人可以要求撤销之前同意的意思表示，解除保险合同的依据为《最高人民法院关于适用〈中华人民共和国保险法〉若干问题的解释（三）》（以下简称《保险法司法解释（三）》）第二条。被保险人解除合同，保险公司一般会退还保单的现金价值给投保人。最后，保险公司解除保险合同的权利是受到严格限制的，我们在本书第 8 节已有介绍。

第二种情况，被保险人死亡。人身保险以被保险人的生命和健康为保险标的，如果被保险人死亡，保险标的不存在，保险合同终止。此时，如果保险合同含有身故责任，则保险公司需要赔付身故保险金；如果保险合同没有身故责任，比如常见的不含身故责任的健康险，则保险合同终止——有的保险合同直接终止，有的保险公司会退还保单的现金价值给投保人。

第三种情况，保单被强制执行、因离婚或继承被分割。具有现金价值的保单属于投保人的资产。如果投保人负债，法院有可能对保单进行强制执行，即强制退保并提取其现金价值。

类似的情况还有因投保人离婚、死亡，导致保单被分割。这种情况下，也有可能导致保单退保，其现金价值被分割。

3. 保险合同被认定无效

有一种情形比较特殊，严格地说不是"合同终止"，而是"合同从一开始就是无效的"，不过在实践中的结果是一样的：投保人和被保险人的权利与义务关系不存在了。

保险合同从一开始就无效的原因有很多，比如《保险法》第三十一条规定的"订立合同时，投保人对被保险人不具有保险利益的，合同无效"，第三十四条规定的"以死亡为给付保险金条件的合同，未经被保险人同意并认可保险金额的，合同无效"；保险合同也是合同的一种，受到《民法典》的约束，比如《民法典》第一百五十四条规定"行为人与相对人恶意串通，损害他人合法权益的民事法律行为无效"。

现实中，导致保险合同无效的原因，主要有三种：第一种是保费来源有问题，比如以非法所得购买保险；第二种是投保目的为非法，比如在负债的情况下，为规避债务购买保险；第三种是代签字，比如投保人代替被保险人签字，保险代理人代替投保人签字，且没有得到追认。

如果保险合同被判定为无效，保险公司一般会退还投保人已交纳的保费，保险合同终止。

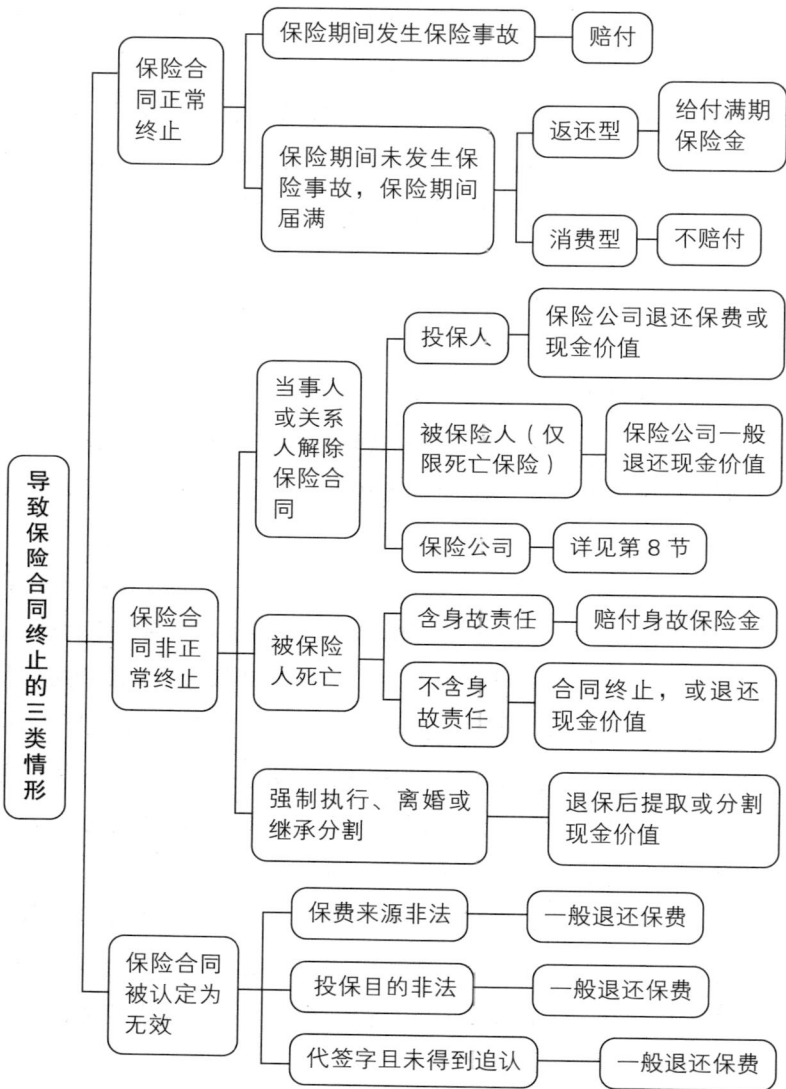

```
                          ┌─ 保险期间发生保险事故 ─── 赔付
          ┌─ 保险合同正常 ─┤
          │   终止         │                      ┌─ 返还型 ─── 给付满期
          │               └─ 保险期间未发生保 ─────┤            保险金
          │                  险事故，保险期间       │
          │                  届满                  └─ 消费型 ─── 不赔付
          │
          │                              ┌─ 投保人 ─────── 保险公司退还保费或
          │                              │                现金价值
          │               ┌─ 当事人     │
          │               │  或关系     ├─ 被保险人（仅 ─── 保险公司一般
          │               │  人解除     │  限死亡保险）    退还现金价值
          │               │  保险合      │
          │               │  同         └─ 保险公司 ───── 详见第8节
导致保险合  │               │
同终止的三 ─┼─ 保险合同非 ─┤               ┌─ 含身故责任 ─── 赔付身故保险金
类情形    │   常终止      ├─ 被保险 ────┤
          │               │  人死亡     └─ 不含身 ─────── 合同终止，或退还
          │               │                故责任         现金价值
          │               │
          │               └─ 强制执行、离婚或 ──── 退保后提取或分割
          │                  继承分割              现金价值
          │
          │               ┌─ 保费来源非法 ─────── 一般退还保费
          │               │
          └─ 保险合同     ├─ 投保目的非法 ─────── 一般退还保费
             被认定为     │
             无效         └─ 代签字且未得到追认 ─── 一般退还保费
```

▶▶▶ 延伸阅读

《保险法司法解释（三）》

第二条　被保险人以书面形式通知保险人和投保人撤销其依据保险法第三十四条第一款规定所作出的同意意思表示的，可认定为保险合同解除。

《保险法》

第三十四条　以死亡为给付保险金条件的合同，未经被保险人同意并认可保险金额的，合同无效。

16 保险公司为什么要设置免赔额、除外责任？是不是就是不想赔付？

陈女士给孩子投保了一份少儿意外险，含意外医疗险。前几天，孩子因为打球意外骨折，前前后后花了几百元。随后，陈女士拿着医疗单据进行理赔，却被保险公司拒赔了。拒赔理由是，陈女士购买的这份意外医疗险，有 1000 元的免赔额。陈女士很不忿：保险公司为什么要设置免赔额，是不是就是不想赔钱啊？

▶▶▶ **专业解析**

有的保险合同中会约定，保险事故发生后，如果损失在一定额度内，由被保险人自行承担，保险公司不予赔付。这个约定不赔的额度，就是免赔额，也叫自负额。比如，有的少儿意外保险会设置单次 1000 元的免赔额。孩子因为意外受伤去医院看病，花的钱不超过 1000 元（含），保险公司不赔；超过 1000 元的部分，保险公司才会按照合同约定的赔付比例进行赔偿。

一般来说，免赔额只会出现在补偿型人身险中，给付性保险中则没有。人身保险中，常见的设置免赔额的保险有医疗保险、意外伤害保险中的意外医疗险、住院医疗险，等等。

免赔额的常见类型有三种。第一种是绝对免赔额，又叫扣除式自负额，就是约定一个免赔的数额，比如 1000 元，损失在 1000元及以下的，不赔付；损失超过 1000 元的，才按约定的比例进行赔付。

第二种是相对免赔额，又叫起赔式自负额，就是约定一个数额或百分比，没有达到这个额度或百分比，不赔付；超过这个额度或百分比，全赔。比如，约定免赔额1000元，赔付比例为80%，那么，如果损失是1000元，不赔付；如果损失是1001元，就赔付800.8元（1001×80%）。

第三种是总计免赔额，又叫累积式自负额，就是在一定的周期内（一般为一个保单年度），每次损失加计在一起超过一定的额度，保险公司才对超出的部分进行赔偿。比如，约定免赔额3000元（一个保单年度内），赔付比例为80%，被保险人第一次住院花了2000元，保险公司不赔付；第二次去医院看病又花了1500元，那么，保险公司就要赔付400元［（2000+1500-3000）×80%］。

作为保险消费者，很多人会有一个疑惑：保险公司设计保险产品的时候，为什么要设置免赔额，是不是就是不想赔钱啊？并非如此。

设置免赔额，主要有两个目的。第一个目的，节省成本，从而降低保费。我们可以设想，如果没有免赔额，去医院看病花了三元、五元都去找保险公司理赔。保险公司只要接到理赔申请，就要走全套的理赔流程，包括查勘保险事故、审核材料、核定保险责任等，势必增加很多运营成本。这些成本，最终会反映到保费上，导致保费价格上涨。

第二个目的，增强被保险人的责任心。有的人会有这样的心理：如果出了事故，保险公司全都赔，其安全意识就会下降；可如果出了事故自己也要负担一部分损失，其安全意识就会加强。从这个角度讲，设置免赔额，有助于提高被保险人的主观安全意识，减少保险事故的发生。

除了免赔额，在保险合同中，我们还经常看到"责任免除"条款。保险合同中约定，如果出现了某些事故，保险公司不承担保险责任。这些条款规定的就是保险公司的"除外责任"。

《保险学》（第七版）给"除外责任"下的定义是："保险标的的损失不属于由保险责任范围内的保险事故所导致的结果，因而保险人不予承担赔偿的责任。"[①] 通俗地说，就是保险公司不用赔钱的那些保险事故。

除外责任有两种。一种是法定除外责任。这类除外责任是法律赋予保险公司的，哪怕没写在合同里，保险公司也不用赔，比如骗保。我们在第 8 节讲到的保险公司可以依法不赔付的情况，都属于法定除外责任。

另一种是约定除外责任。这类除外责任只有在保险合同中明确约定了，保险公司才可以不赔，比如前面讲的免赔额，就属于约定除外责任的一种。投保重疾险时，如果已经得了某种疾病，保险公司会要求将这种疾病及其相关联的疾病作为除外责任。此外，战争、核爆炸等造成的损失，也是常见的约定除外责任。在医疗险中，通常保险合同中还会对就诊医院进行限制，在合同约定之外的医院就诊不予理赔，这也属于约定除外责任。之所以要指定医院，是为了排除某些不正规医院联合被保险人恶意骗保或收费虚高的风险。

设置除外责任，原因主要有三点。第一，降低保险公司的风险和经营成本。第二，避免逆选择，限制对非偶然事故的赔偿。比如，某人已经得了肝癌，投保重疾险时如果保险公司不将这项疾病的保险责任免除，依旧对他进行赔付的话，保的就不是"偶然事故"而是"必然事故"了。这不符合保险的本意，也对其他投保人不公平。

---

① 孙祁祥. 保险学 [M]. 7 版. 北京：北京大学出版社，2021: 63.

第三，规避道德风险。比如，谎报保险事故、故意制造保险事故等。

需要注意的是，保险中的约定除外责任，包括免赔额，都属于《保险法》第十七条规定的保险公司负有提示说明义务的条款。如果保险公司没有向投保人提示说明，或者保险公司无法证明自己向投保人做了提示说明，那么，哪怕合同中约定了除外责任，保险公司依旧要赔付。

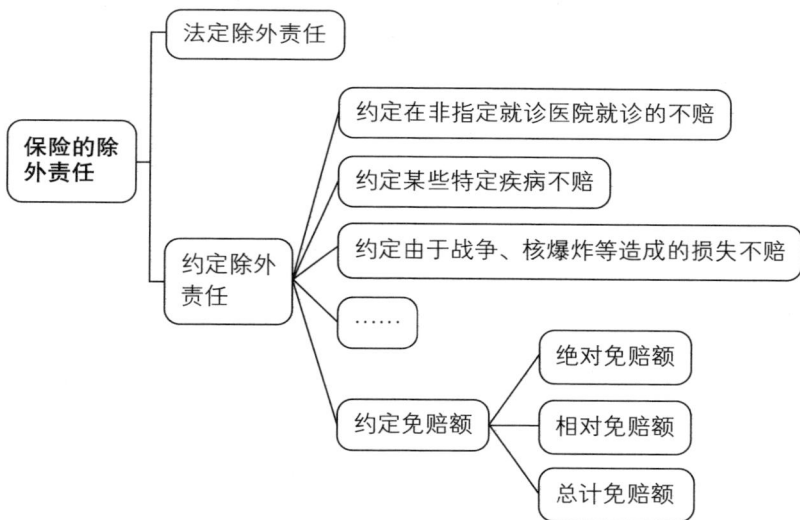

▶▶▶ **延伸阅读**

2010 年 12 月，《北京日报》报道过一起骗保案件：

明明没有糖尿病，住院期间却屡次通过门诊开阿卡波糖等糖尿病病人用药。近日，某区一名社保参保对象，被初步认定为骗保对象，列入骗保"黑名单"，并将接受审查。为杜绝利用社保卡骗保，某区人力社保部门成立"骗保行为核查小组"，全区已有 93 名参保人员被列入审查"黑名单"。

据人保部门介绍，便民的社保卡正成为一些人骗保、套现的工具。由于有些人达不到1800元的门诊实时报销起付线（职工退休后降为1300元），便打起了共用一张社保卡的主意，或子女使用父母的社保卡就诊配药，或一家人合用支付比例最高的社保卡。

此事导致一些商业保险公司将在某医院就诊做了除外约定。

17 保费、保额、基本保额都是什么?

钱先生前几年购买了一份重疾险,年交保费 3576 元,交费期 20 年。前段时间,钱先生确诊得了恶性肿瘤,顺利得到了理赔。保险金到账后,钱先生却觉得很奇怪:"我买的重疾险,基本保额明明是 30 万元,为什么给了我 33 万元呢?不会是保险公司搞错了吧?"咨询保险顾问后,钱先生才知道,购买重疾险后,钱先生达到了合同规定的"运动标准二"。按照合同约定,除了应赔付基本保额 30 万元,还应额外给付基本保额的 10%,即 3 万元,加起来就是应该给钱先生赔付的金额,保险公司没有搞错。

▶▶▶ 专业解析

保费,又称保险费,就是投保人按照合同约定支付给保险公司的费用。保费的交纳一般有两种方式:第一种是趸交,就是一次性支付;第二种是期交,按一定的周期(如每年、每季度、每月)支付。一般来说,对于保费的金额和交纳方式,保险合同中都有明确的约定。

在阅读有关保险行业的新闻或报告时,我们可能会遇到一个词,叫"原保费"。原保费是和再保险费相对的概念,又称原保险费。简单来说,投保人交给保险公司的保费,就是原保费;保险公司为了分摊风险,会将自己承担的风险向再保险公司投保,保险公司交给再保险公司的保费,就叫再保险费。

基本保额和保额,是一对很多人都弄不清楚的概念。

基本保额,又称基本保险金额,是"保险合同条款费率表中载明的单位保额"[1]，在投保时会有明确约定。它是保险合同中约定的一个数值，是一个"计算单位"。比如，某保险合同中约定，被保险人身故，受益人可以获得"基本保险金额 × 2"，即 2 倍基本保险金额；被保险人因意外导致 6 级伤残，可获得"基本保险金额 × 50%"，即 50% 的基本保险金额。

保额，又称保险金额，是"保险人承担赔偿或者给付保险金责任的最高限额"。比如，某保险合同中约定保额为 200 万元，基本保额为 100 万元，被保险人受到意外伤害导致伤残，可根据伤残等级获得一定比例的赔付；因意外伤害而产生的医疗费用，可获得最高100 万元赔偿；如意外身故，可获得基本保额 1.5 倍的赔付，但所有赔付金额不得超过 200 万元。

假如李四买了这份保险，不幸发生意外事故，被鉴定为 6 级伤残，保险公司就应该赔付他 50 万元（基本保额 100 万元 × 6 级伤残对应比例 50%）；住院治疗总共花了若干万元，扣除医保报销、免赔额度后，保险公司按照合同约定的比例，还应赔偿李四 40 万元；过了几年，李四又因意外身故了，此时保险公司应该赔付身故受益人多少钱呢？答案是 110 万元（保额 200 万元 – 已经赔付的 90 万元），而不是 1.5 倍的基本保额 150 万元。

那么，假如李四之前没有意外伤残，也没有因为意外住院治疗，换句话说，保险公司没有进行任何赔付，李四就因意外身故了，保险公司应该赔付多少钱呢？答案是 150 万元，即合同约定的 1.5 倍的基本保额。

总结来说，基本保额就是投保时确定的单位保额；保额就是保

---

[1] 本书中的多数定义均摘自《保险术语（GB/T 36687—2018）》（以下简称《保险术语》），下文将不再进行说明。

险公司可能赔付的总额度。

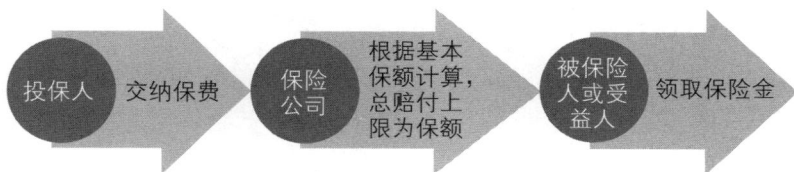

▶▶▶ **延伸阅读**

在实践中，有的保险产品不使用"保额"这个概念，而以其他形式规定最终赔付的保险金。比如，某终身寿险就规定：

如果被保险人于年满18周岁后的首个年生效对应日之后（含当日）身故，且身故在交费期满日之后（含当日）的，身故保险金的数额等于以下三项的较大者：

（1）被保险人身故时您已交纳的本合同的保险费数额的一定比例。

被保险人身故时的到达年龄	比例
18~40岁	160%
41~60岁	140%
61岁及以上	120%

（2）被保险人身故时本合同的有效保险金额：

第 n 保单年度的有效保险金额 = 基本保险金额 × $(1+3.5\%)^{n-1}$

（3）被保险人身故时本合同的现金价值。

18 保险金、赔偿金、理赔款、年金、身故保险金都是什么？

保险顾问小姜给周女士解释一份年金保险："被保险人到 60 岁还生存，则从第 60 周岁开始，可以每年领取一笔养老年金；如果不幸身故，受益人可以领取身故保险金，身故保险金的金额是实际交纳保费与身故时保单现金价值二者中的较大者……"

周女士听着有点迷糊："又是年金，又是身故保险金，听说保险还有什么赔偿金、理赔款，这些'款'啊'金'的，都是什么意思啊？"

▶▶▶ **专业解析**

理赔完成后，保险公司付给被保险人或受益人的钱，到底应该叫什么，不仅客户搞不清楚，很多保险从业人员也闹不明白。这是因为，行业中对此也无统一规范。

在《保险法》中，只有"保险金"这一概念。保险公司因保险事故的发生而赔付的钱，在《保险法》中统一叫"保险金"。国家市场监督管理总局、中国国家标准化管理委员会发布的《保险术语》中，对"保险金"的定义是："保险事故发生后，保险人根据保险合同的约定的方式、数额或标准，向被保险人或受益人赔偿或给付的金额。"

同时，在《保险术语》中，也解释了"赔款"这个概念："保险人对保险事故造成的损失，根据保险合同约定向被保险人或受益人给予的经济补偿。"

行业中大家经常说的理赔款、理赔金、赔偿金等，在《保险法》和《保险术语》中都没有出现，只能说是大家口头习惯的称呼。

由此，我们认为，保险公司赔付的钱的规范的叫法应该是"保险金"和"赔款"。同时，我们认为，"赔款"的叫法应仅限于补偿性保险和补偿型人身险，比如财产保险和费用补偿型医疗险；"保险金"的叫法适用于所有保险，但应更偏重于给付性保险。

与"赔款"搭配的动词应该是"赔偿"，以强调赔款的补偿性质；与"保险金"搭配的动词应该是"给付"，以强调保险金的给付性质。如果是对补偿性保险、补偿型人身险和给付性保险的统称，则应该像《保险法》一样，说"赔付保险金"。

人身保险大部分是给付性保险，根据给付条件、投保目的的不同，保险金又衍生出一些不同的称呼。

满期保险金，指的是保险期限届满时，保险公司按照保险合同约定给付的保险金。满期保险金一般出现在返还型保险中。

残疾保险金，又称伤残保险金，指的是因为保险事故造成被保险人伤残，保险公司按照合同约定给付的保险金。残疾保险金多出现于意外伤害保险中。

身故保险金，指的是被保险人死亡，保险公司按照合同约定给付给身故受益人的保险金。含有身故责任的保险都会有身故保险金，典型的就是终身寿险。

生存保险金，指的是被保险人到了一定的年龄或时间还活着，保险公司按照合同约定给付的保险金。生存保险金可以一次性给付，也可以按一定的周期给付。按一定周期给付的生存保险金，因为给付周期大都以年度为单位，所以此类保险金统称为"年金"。

基于不同的投保目的，生存保险金也有不同的叫法。比如，以养老为目的的生存保险金，又称为"养老金"；以子女教育费用准备为目的的生存保险金，又称为"教育金"，等等。

最后要说的是，保险金与保额、基本保额是不同的概念。简单来说，基本保额是用以确定保险金的单位；保额是一份保险合同最多可以赔付的保险金；保险金是被保险人或受益人理赔到手的钱。

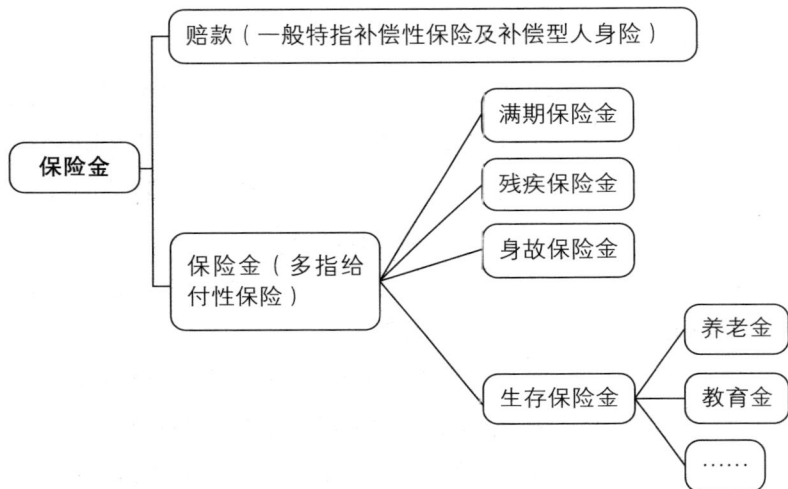

▶▶▶ **延伸阅读**

在中国保险行业协会编写的《保险基础知识》一书中，将理赔方式分为"赔偿"和"给付"两种，这有助于我们理解"赔款"和"保险金"的区别：

赔偿是指保险公司根据保险财产出险时的受损情况，在保险额的基础上对被保险人的损失进行的赔偿。保险赔偿是补偿性质的，即它只对实际损失的部分进行赔偿，最多与受损财产的价值相当，而永远不会多于其价值。

　　给付是指保险公司在保单约定的额度内对被保险人或受益人给付保险金。人身保险以人的生命或身体作为保险标的，因人的生命和身体是不能用金钱衡量的，所以，人身保险出险而使生命或身体所受到的损害，是不能用金钱衡量的。因此在出险时，人身保险是以给付的方式支付保险金的。[①]

---

① 作者在这里是就大部分人身保险而言的。人身保险中的医疗险大都是补偿性质的，而非给付性质的。

19 分红险和保单分红、万能险和万能账户，分别是什么？

2022年年初，几位太太一起喝下午茶，聊起最近的股票市场，大家都愁眉不展，只有曾太太比较淡定。原来，曾太太没有把资金都投入股票、基金等市场，而是同时配置了一份大额万能险。于是，曾太太就开始给大家普及万能险的好处："万能险有最低保证收益，且每年都会涨，我的万能账户价值现在已涨到大几百万元了……"

▶▶▶ **专业解析**

保险不仅具有保障功能，一些创新型的保险产品还有很强的投资理财功能。传统的投资理财类保险主要有分红型保险、万能型保险和投资连结型保险。

分红型保险，简称分红保险、分红险，"是指保险公司将其实际经营成果优于定价假设的盈余，按照一定比例向保单持有人进行分配的人寿保险"，这是保监会于2008年发布的《人身保险产品基础知识问答手册》中对分红险的介绍。2018年发布的《保险术语》中，将上述定义中的"人寿保险"改成了"人身保险"，更为准确。这是因为，分红险不仅可以是寿险、年金险的形态，也可以是分红型重疾险等其他人身保险的形态。

前面我们介绍过，保险公司的利润来源于费差益、死差益（事故差益）和利差益。在给保险产品定价时，精算师会对这"三差益"做一个预估，但这个预估的数字不一定准。在实际经营过程中，三差益很可能比精算师之前预估的要高，这样一来，保险公司实际上的利润就更多，从而产生了盈余。

分红型保险最大的特点，就是保险公司会将盈余按照一定的比例（我国规定一般不低于 70%），分配给购买分红保险的保单持有人。分给保单持有人的钱，就叫"保单分红"（又称保单红利）。

保单分红有两种形式。一种是现金分红（又称美式分红）。在这种分红形式下，投保人可以领取现金、放在保险公司累积生息或抵交保费。另一种是保额分红（又称英式分红）。在这种分红形式下，保单红利会增加到保额中，如果发生保险事故，保单分红就作为保险金的一部分付给被保险人或受益人；如果投保人退保，保单分红会成为保单现金价值的一部分，回到投保人手里。

分红保险因为兼具保障和投资理财功能，一度受到市场的青睐。2008 年，分红保险的保费收入占到当年我国全部寿险保费收入的50%。不过，分红保险的保单持有人要承担一定的投资风险，那就是万一保险公司的经营状况不好，投保人的分红就会很少乃至没有；并且，分红保险在定价时的精算假设比较保守。

万能型保险，简称万能保险、万能险，是"具有保险保障功能并设立有单独保单账户，且保单账户价值提供最低收益保证的人身保险"。目前市面上的万能保险产品，主要有终身寿险型和年金保险型。万能保险的运作原理是：投保人向保险公司交纳保费，保险公司在扣除初始费用和风险保障成本后，将剩下的钱全都放进万能账户进行投资理财。——保费的一部分不是用于保障，而是进入万能账户，是万能型保险与其他保险产品的主要区别。

万能型保险之所以叫"万能"，主要是因为它的功能比较灵活：

首先是交费灵活，投保人可以自己决定交费的时间和数额；其次是保额可以调整；最后是万能账户价值可以灵活地领取（但年金型万能险每年只能领取万能账户价值的 20%）。

保险公司一般都会给出万能账户的最低保证收益，哪怕当年保险公司的实际投资亏本了，也得自己拿钱补上，按照最低保证收益付给万能账户。购买万能险的人，一般比较看好保险公司的投资理财能力，希望通过万能账户价值的增加，实现财富的保值增值。万能险的劣势在于初始费用一般比较高，前几年退保的话，风险会比较大，实际收益能否达到投保人的预期也有不确定性。

万能账户价值可以由投保人自己提取，或在保险事故发生后给予生存受益人或身故受益人。

投资连结型保险，简称投连险，是"具有保险保障功能并至少一个投资账户拥有一定资产价值，而不保证最低收益的人身保险"。投连险的基本原理与万能险相似，有两点主要区别：①购买万能险后只能被动接受投资结果，购买投连险则可以主动选择不同的投资方向，获得不同的投资收益；②万能险有保底收益，投连险没有保底收益，客户购买投连险，可以选择更激进的理财方式，当然相应地也要承担更大的风险。

购买上述这些投资理财类保险的客户，既是为了获得人身保障，也是为了获得投资收益。但风险与收益是相伴而生的，投保这类产品的客户也会面临一定的风险，比如前面提到的收益不确定。此外，投资理财类保险提供的人身保障功能会弱于保障类保险。

分红险与万能险的对比

对比项目	分红险	万能险
利润来源	高于定价假设的盈余	保险公司的投资收益
是否保底	不保证最低分红	通常保证最低收益
保费交纳	定期交纳	可随时追加保费
归属	现金分红：投保人 保额分红：发生保险事故，付给被保险人或受益人 退保：投保人	未发生保险事故：投保人 发生保险事故：生存受益人或身故受益人 退保：投保人

▶▶▶ 延伸阅读

　　投连险、万能险和分红险这三种投资理财类保险产品，都是在世纪之交出现在国内市场的。1999 年 10 月，国内第一款投连险"平安世纪理财投资连结保险"由中国平安推出；2000 年 4 月，中国人寿总公司推出国内第一款分红险"国寿千禧理财两全保险（分红型）"；中国太保紧随其后，于 2000 年 8 月推出了国内第一款万能险"太平盛世·长发两全保险（万能型）"。"投连、分红、万能险的渐次推出，是中国寿险业在产品创新方面的里程碑，缓解了银行存款利率连续下调以后分支机构无主打产品可卖的问题和业务增长压力，同时也通过产品创新解决了银行存款利率波动情况下寿险产品的保单投资收益随着市场而浮动的问题。"[①]

---

① 易行健. 保险的起源与繁盛 [M]. 上海：复旦大学出版社，2020: 224.

20 保单现金价值是什么？所有保险都有现金价值吗？

范女士半年前在代理人小王那里买了一份短期综合医疗险。最近，范女士的朋友给她推荐了另外一款医疗险，相较之下，她觉得这个更划算，于是去找小王，想要把之前买的那份短期综合医疗险退掉。小王告诉她："范姐，这份短期综合医疗险您不用退，因为退了也没有钱返给您。"范女士反问道："不是说保险都有现金价值，退保的时候能退还吗？"小王解释道："并不是所有的保险都有现金价值……"

▶▶▶ 专业解析

保单的现金价值，通俗地说，就是一张保单在退保时值多少钱。不同的保单具有不同的现金价值；同一张保单，在不同的时间所具有的现金价值也是不同的。现金价值是怎么来的？为什么现金价值会随着时间变动？我们先从"均衡费率"讲起。

我们知道，按照自然规律，人的年龄越大，生病和死亡的概率就越高。一份保险，确定保费的主要依据，就是风险发生的概率，概率越高，保费越高；概率越低，保费越低。这种按照各个年龄的风险发生概率逐年改变保费的计算方式，就是自然费率。采用自然费率确定的保费，就是自然保费。

在一份长期的人身保险中，如果按照自然费率确定保费，一定会出现一个状况：年轻的时候，身体好，赚钱能力强，保费也低；

年老的时候，身体差，赚钱能力弱，保费却更高。这样一来，如果投保人与被保险人是同一人（很多保险的保单架构都是这样的），那么他到了年老更需要保障的时候，很可能没有能力交纳高额的保费。

为了解决这种不平衡，期限较长的人身保险一般都采用均衡费率：先估算出从投保到保险事故发生时总共需要的保费，然后将这些保费平均分配到每年。这样一来，在整个交费期间，每年的保费都是一样的。这种按照均衡费率计算出的保费，就是均衡保费。

按照均衡费率交纳保费，会出现这种状况：交费早期，均衡保费高于自然保费；交费晚期，均衡保费低于自然保费。假设我们有一张保险期间是 20 年的保单，年交 1 万元，交费期为 20 年。保险公司要保障我们前 10 年的风险，只需要 4 万元，但实际上我们交了 10 万元。为什么要多交 6 万元呢？因为保险公司要保障我们后 10 年的风险，需要 16 万元，但后 10 年我们只需要交 10 万元，不足的部分就由前 10 年多交的那 6 万元来弥补。

当然，为了便于计算和理解，这个例子只是简化的模型，没有考虑利率、保险公司的经营成本等因素。这个模型是就纯保障型的保险产品来说的，比如部分重疾险和定期寿险。在这类保险中，现金价值就来源于早期交费中多交的那部分，并且，这类产品的现金价值一般呈现"由低到高，再由高到低"的趋势。一开始现金价值很低，因为首期保费一般也不多，且保险公司需要扣除代理人佣金和各种管理费；接着现金价值会越来越高，因为我们多交的保费越来越多，保险公司还会拿这些多交的保费进行投资理财，获取投资回报；到了一定的节点，即我们当年所交的保费加上之前的投资回报，等于保险公司当年需要支出的保障成本时，现金价值就会开始逐年下降。

有的朋友看到这里可能就有疑问了：现在市面上的很多保险产品，其现金价值并不会呈"由低到高，再由高到低"的抛物线状，而是会随着时间的推移一直升高。这是为什么呢？这是保险公司在均衡费率的基础上，对保险产品进行重新设计后的结果。

对保险公司来说，纯保障类的保险产品利润较低，且考虑到很多客户更喜欢"保本"类的保险产品，因此保险公司就做了这样的设计：除了风险保费（严格按照均衡保费计算出的纯粹用于保障风险的费用），还会收取储蓄保费。这时，保单的现金价值就由两部分组成：风险保费中前期多交的钱和储蓄保费的全部或大部分。保险公司可以拿着这两部分钱用于投资理财，只要储蓄保费和投资收益足够多，保单的现金价值就能持续增长。现在市面上的很多储蓄型保险，比如增额终身寿险，其现金价值逐年增长，就是基于这个原理。

那么，所有的保险都有现金价值吗？并非如此。一般来说，短期健康险、短期意外险、短期寿险等，因为期限较短，没有采用均衡费率，所以没有现金价值。有的保险产品会对现金价值进行特殊约定，比如有的年金养老保险，在被保险人60岁之后就没有现金价值了，这是为了防止投保人退保以致被保险人失去养老保障。有的保险产品虽然采用了均衡费率，但因为要突出其保障功能、降低保费，所以保险公司在开发产品时也会约定其不具有现金价值或现金价值极低，典型的就是消费型的定期寿险，以及部分要突出养老保障功能的年金保险。

在实践中，保单是否具有现金价值，以及现金价值在每一保单年度内有多少或应如何计算，保险合同中都会有明确说明。我们在购买保险时只要稍加注意，或者询问保险顾问，就能了解。

在《保险学》(第四版)中有一个表格，体现了自然保费和均衡保费的较大差别。这张表格直观地说明了在长期人身保险中采用均衡费率的必要性。

自然保费与均衡保费的比较

年龄（岁）	死亡率（‰）	自然保费（千元）	均衡保费（千元）
35	1.057	1.031 22	14.185 15
40	1.65	1.609 756	14.185 15
45	2.658	2.593 171	14.185 15
50	4.322	4.216 585	14.185 15
55	7.005	6.834 146	14.185 15
60	11.378	11.100 49	14.185 15
70	18.275	17.829 27	14.185 15
80	29.296	28.581 46	14.185 15
90	46.582	45.445 85	14.185 15
95	73.092	71.309 27	14.185 15
100	112.976	110.220 5	14.185 15
105	171.599	167.413 7	14.185 15

▶▶▶ **延伸阅读**

某保险合同中有关现金价值的条款如下：

现金价值　指保险合同所具有的价值，通常体现为解除合同时，
　　　　　根据精算原理计算的由我们退还的那部分金额。
　　　　　本合同保单年度末的现金价值在保险合同上载明，
　　　　　保单年度中的现金价值以保单年度末的现金价值为
　　　　　基础计算。

21 现金价值有什么用？同样的保障内容，是现金价值越高的保险就越好吗？

祁先生要给女儿配置一份年金保险作为嫁妆，由女儿做投保人和被保险人。保险顾问小李给祁先生推荐了一份低现金价值的年金保险，祁先生问道："你上次给我推荐年金险，说现金价值高的好；现在给我女儿买年金险，为什么又推荐低现金价值的？"小李解释道："保险的现金价值是高好还是低好，取决于每个人的实际情况。给您配置高现金价值的保险，是考虑到您可能需要临时周转资金；给您女儿配置低现金价值的保险，是帮她预防婚姻财富风险。"小李为什么这么说呢？

▶▶▶ 专业解析

随着保险知识的普及，越来越多的客户在选择保险产品时，会特别注意保单的历年现金价值表。在选择保险产品时，是不是现金价值越高的产品就越好呢？事实并没有这么简单。

我们先来看看现金价值都有哪些应用场景。

现金价值最为广大客户所知晓的用途，就是退保。大多数情况下，客户选择退保时，保险公司退给客户的钱，都不是客户已经交纳的保费，而是退保时保单所具有的现金价值。也就是说，退保时保单的现金价值越高，投保人能拿到的钱越多。

在很多保险产品中，都有"用现金价值抵交保费"的功能。如果在应该交纳续期保费时，客户一时筹措不出资金，或者忘记交费，为了使保障不因此中断，可以选择用保单的现金价值抵交保费，这就是保费自动垫交功能。本书第 73 节对这一点有相关的介绍。

投保人想要获得短期的现金流，可进行保单贷款，不过能贷到多少钱，取决于保单的现金价值。目前，国内的保险公司一般允许投保人做保单贷款的额度为保单现金价值的 80%。

同样，在保单被强制执行（或被保险人、受益人赎回即将强制执行的保单）、继承分割、离婚分割、CRS（Common Reporting Standard，共同申报准则）信息交换时，也都是依据现金价值对保单进行操作的。

有些保险顾问在推销保险产品时，会把"现金价值高"作为一大亮点。具有高现金价值的保单，确实有很多优势，具体来说有以下几点：

第一，高现金价值的保单，退保时能拿到更多的钱。保险是一种无形的商品，且服务的实现往往需要等到很多年之后。这就导致很多人天然对保险有一种不信任感。高现金价值的保单，往往在交费到一定年限后，其现金价值会高于所交保费，这时投保人即使选择退保，也能够"不亏本"，乃至"有的赚"。因此，高现金价值的保单能给客户带来安全感，让客户感觉更踏实、放心。

第二，保单贷款的额度更高。保单贷款额度取决于现金价值的高低，高现金价值的保单能贷到更多的钱，由此可以增加资产的流动性。对企业经营者等经常需要资金周转的客户来说，高现金价值保单的这一优势具有很强的吸引力，案例中的祁先生就是如此。

此外，如果需要使用保费垫交、展期、减额交清等功能，高现金价值的保单往往更有优势。有的保险产品，比如身故保险金是取保额和现金价值中的较大者，高现金价值的保单有时能使身故受益人获得更多的保险金。

高现金价值的保单具有它的优势，同样也有它的不足，主要体现在以下几点：

第一，不利于债务、婚姻等风险的筹划。如果投保人发生债务风险，持有的保单即将被法院强制执行，被保险人或受益人要想赎回这张保单，就需要根据保单的现金价值交纳赎金。此时，现金价值高就成了一个缺点。同样，在离婚分割时，如果保单属于夫妻共同财产，投保人要保住保单，往往需要补偿保单现金价值的一半给对方，这时，投保人肯定希望现金价值越低越好。因此，案例中的小李给祁先生的女儿推荐了一份低现金价值的年金保险。

第二，不利于税务筹划。如果持有的保单将来需要缴税，且该保单属于应税资产，则有学者认为，纳税的基数应为保单的现金价值。现在的 CRS 在对保单进行信息交换时，交换的就是保单的现金价值，而非所交保费或保额。在这种情况下，低现金价值的保单具有更大的筹划空间。

第三，高现金价值的保单不利于实现保险的保障功能。保险的本质功能是风险转移、保障，而现金价值及其优势只是保险的衍生功能。如果现金价值高，从人性的角度讲，因为退保损失相对小些，则投保人更容易做出退保的决定，这样一来，保险的保障功能就无法得到充分发挥。

无论是高现金价值的保单还是低现金价值的保单，都有各自的优势，也有各自的不足，不能绝对地说哪个好、哪个不好。我们应该根据实际情况和需求，选择适合自己的保险产品。要知道，在保险市场上，没有最好的保险产品，只有最适合自己的保险产品。

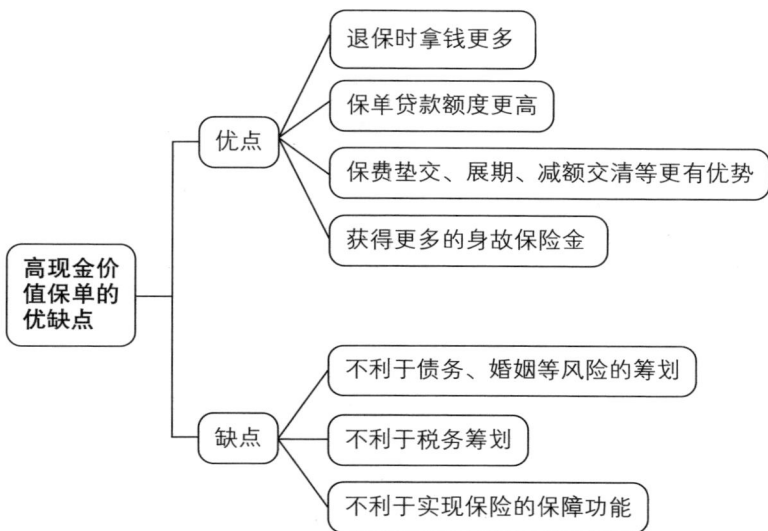

```
                            ┌─────────────────────┐
                   ┌────────│  退保时拿钱更多       │
                   │        └─────────────────────┘
                   │        ┌─────────────────────┐
                   │    ┌───│  保单贷款额度更高     │
          ┌────┐   │    │   └─────────────────────┘
       ┌──│优点│───┤    │   ┌──────────────────────────────┐
       │  └────┘   │────┼───│ 保费垫交、展期、减额交清等更有优势 │
       │           │    │   └──────────────────────────────┘
┌─────────┐        │    │   ┌─────────────────────┐
│ 高现金价 │        └────────│  获得更多的身故保险金  │
│ 值保单的 │─┤              └─────────────────────┘
│ 优缺点   │ │             ┌──────────────────────────┐
└─────────┘ │      ┌───────│ 不利于债务、婚姻等风险的筹划 │
            │      │       └──────────────────────────┘
            │  ┌────┐      ┌─────────────────────┐
            └──│缺点│──────│  不利于税务筹划        │
               └────┘      └─────────────────────┘
                   │       ┌─────────────────────┐
                   └───────│  不利于实现保险的保障功能 │
                           └─────────────────────┘
```

▶▶▶ **延伸阅读**

《非居民金融账户涉税信息尽职调查管理办法》

第三十五条　金融机构应当汇总报送境内分支机构的下列非居民账户信息，并注明报送信息的金融机构名称、地址以及纳税人识别号：

…………

（三）公历年度末单个非居民账户的余额或者净值（包括具有现金价值的保险合同或者年金合同的现金价值或者退保价值）。账户在本年度内注销的，余额为零，同时应当注明账户已注销。

…………

Chapter

2

第二章

—

功能解析：
保障、理财和法商

22 保险的主要功能有哪些?

　　时至今日，很多人对保险依旧有着很深的误解。有一种误解是"保险没用"，觉得保险公司和保险顾问就是在"贩卖焦虑"，保险保的都是小概率事件，要么不会发生，要么即便发生了，保险也顶不了什么用；还有一种误解与之相反，把保险想象得太强大，觉得保险什么都能管，什么风险都能规避。那么，保险究竟有哪些功能呢?

▶▶▶ **专业解析**

　　保险既不是"灵丹妙药"，可以"包治百病"；也不是"贩卖焦虑"，没有一点价值。保险的功能涉及生活的方方面面，我们无法一一罗列。这里，我们就一般的情况，对保险的功能做一个简单的归纳总结。

　　从大的方面来说，保险具有社会功能，也能给客户提供实实在在的价值。保险的社会功能我们下一节再聊，本节主要从客户的角度，说一说保险的主要功能。

　　从保险的起源及本质来说，保险是风险管理的一种工具，主要作用在于风险转移。随着保险行业的发展，保险又衍生出了其他很多功能。我们可以把保险的功能归纳为以下六个方面：

　　第一，风险转移功能。生活中我们会遇到各种各样的风险，比如意外受伤、生病、失业、等等。这些风险往往会给我们带来较大的经济压力，"因病返贫"就是一种典型情况。通过保险，被保险人可以把这些风险转移给保险公司。当风险来临时，被保险人可以获得一定的经济补偿。医疗险、意外伤害保险、疾病保险等，都具备这些功能。

第二，家人经济保障功能。在当下的主流家庭结构中，一般来说，家里的经济支柱都是"上有老，下有小"，一旦他们出现意外，比如死亡或者失去工作能力，家人的生活就无法得到保障了。通过保险，他们就可以在出现这种风险时，让家人获得保障生活的一笔钱。我们常说"保险是对家人的爱"，体现的就是保险的这一功能。定期寿险等就具备这一功能。

第三，投资理财功能。保险作为一种金融资产，具备一定的投资理财功能。我们认为，保险投资理财功能的核心，在于它能够实现强制储蓄，并通过合同约定，在未来获得确定的现金流。养老保险、子女教育保险等突出体现了保险在这一方面的功能。

第四，风险隔离功能。保险是一种"三权分立"的金融产品，一张保单中，有投保人、被保险人和受益人三个身份。通过对保单架构进行设计，可以针对婚姻财富风险、债务风险和税务风险等做一定的筹划。

第五，金融财富传承功能。财富传承的形式有很多种，比如遗嘱、保险、家族信托等，各有其优点和不足。保险在金融财富的传承方面，有着自己的独特优势。

第六，其他功能。比如，有的保险公司会鼓励被保险人多运动，一些防癌险会提供癌症筛查服务，从而帮助被保险人进行健康管理；再比如，通过保险的保单贷款功能，投保人可以实现资产的快速流动，等等。

随着时代的发展和行业的进步，我们相信，保险这一金融法律工具，会被开发出越来越多的功能。在本章中，我们会具体分析保险的各主要功能。

保险的主要功能和代表险种

保险的主要功能	代表险种
风险转移功能	医疗保险
家人经济保障功能	定期寿险
投资理财功能	年金保险
风险隔离功能	人寿保险
金融财富传承功能	终身寿险
其他功能	疾病保险

▶▶▶ **延伸阅读**

　　本质上，保险是风险管理的一种方式。下面这张图，体现了保险在风险管理中的位置。

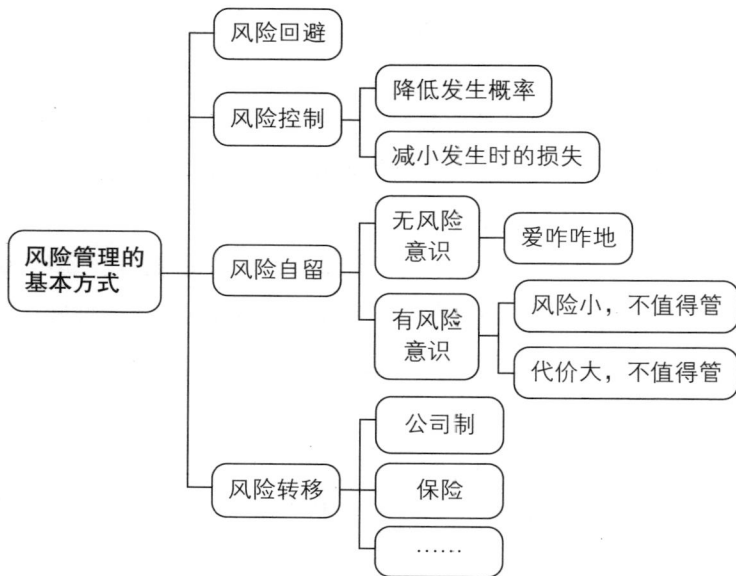

```
                    ┌── 风险回避
                    │
                    │              ┌── 降低发生概率
                    ├── 风险控制 ──┤
                    │              └── 减小发生时的损失
                    │
                    │              ┌── 无风险 ──── 爱咋咋地
风险管理的          │              │   意识
基本方式 ──────────┤── 风险自留 ──┤
                    │              │              ┌── 风险小，不值得管
                    │              └── 有风险 ────┤
                    │                  意识       └── 代价大，不值得管
                    │
                    │              ┌── 公司制
                    │              │
                    └── 风险转移 ──┤── 保险
                                   │
                                   └── ……
```

23 国家为什么大力发展商业保险？

2019 年 12 月 30 日，国务院常务会议审议通过了《关于促进社会服务领域商业保险发展的意见》。这是由银保监会、发展改革委、教育部、民政部、司法部、财政部、人力资源社会保障部、自然资源部、住房城乡建设部、商务部、卫生健康委、税务总局、医保局13 个部门联合发布的文件，充分体现了国家对商业保险的重视和支持。那么，国家为什么要大力发展商业保险呢？

▶▶▶ **专业解析**

20 世纪 90 年代以来，商业保险日益展现出自身的价值，《保险法》的制定和保险行业监管机构（原保险行业监督管理委员会）的设立，体现了国家对商业保险的认可。21 世纪以来，商业保险的功能更加凸显，国家对商业保险发展的支持力度不断加大。国务院办公厅于 2014 年印发《关于加快发展商业健康保险的若干意见》，2017 年印发《关于加快发展商业养老保险的若干意见》，以及上面提到的《关于促进社会服务领域商业保险发展的意见》，实实在在地体现了国家对保险行业发展的关注与支持。

在有社会保险的情况下，国家为什么还要大力发展商业保险呢？除了因为商业保险对参保的公民有积极价值，还因为商业保险对整个社会的稳定和发展具有重要的意义。专家学者从两个方面总结了保险的作用："归纳起来，保险在宏观和微观经济活动中的作用有两方面：①发挥社会'稳定器'作用，保障社会经济的安定；②发挥社会'助推器'的作用，为资本投资、生产和流通保驾护航。

这是保险的自然属性使然，无论在哪一种社会制度下的保险都概莫能外。"① 这里虽然说的是包括社会保险和商业保险在内的所有保险的总体功能，但是商业保险同样具有上述的"稳定器"和"助推器"功能，这一点是没有疑义的。

商业保险的社会意义体现在很多方面，不同的人从不同的角度看，会得到不同的结论。在这里，我们着重从四个方面看商业保险的社会价值。

第一，完善社会保障体系，满足人民多层次的保障需求。迄今为止，我们国家已经建立起基本的社会保障体系，比如我们俗称的"五险"。社会保险作为一种覆盖整个社会全体人民的保障制度，必然具有"广覆盖、低水平"的特点。通过社会保险，人们仅能获得较低层次的保障，难以满足具有较高收入水平人民的需求。

商业保险具有更广的保障范围和更大的保障力度，不同收入水平的人可以根据自己的需求，结合自己的经济状况，通过商业保险获得相应的保障。尤其是在当下生育率下降、人口老龄化趋势明显、社保基金存在一定缺口的情况下，商业保险能在很大程度上弥补社会保险的不足，为人们提供范围更广、力度更大的保障。

第二，保障社会再生产。社会再生产是社会发展的重要组成部分，没有再生产，社会经济就难以持续发展。商业保险以其风险转移的功能，在意外灾害来临时，通过一定的经济补偿，使得再生产过程不会因为风险的发生而中断。在这个层面上，财产保险发挥了更大的作用。不过，人身保险保障的对象——人，也是社会再生产的重要组成部分，因此，人身保险通过对人的保障，同样保障了社会再生产的稳定、持续进行。

---

① 魏华林，林宝清. 保险学 [M]. 4 版. 北京：高等教育出版社，2017: 32.

第三，优化金融资源配置。保险公司收到保费和赔付保险金之间具有一定的时间差，因此保险公司能沉淀大量的保险资金。保险公司通过一定的投资渠道，将这些沉淀下来的保险资金投入金融市场，使其进入需要大量资金的项目当中——这个过程，就实现了金融资源的优化配置。

在金融市场上，保险资金以其供给稳定、资金量大的特点，受到金融市场的欢迎，也是金融市场上的一股重要力量。实际上，我们国家的很多基础设施建设，比如高铁等，使用的就是保险行业提供的资金。

第四，保障社会稳定。国家可以通过强制手段普及一些商业保险，比如"交强险"等，以保护被侵权人的合法权益，减少社会纠纷。更重要的是，有了商业保险的保障，人民有了更强的安全感，有利于增强社会的稳定性。古人说"有恒产者有恒心"，在现代社会可以说是"有保险者有恒心"，"有恒心"的人群正是保障社会稳定的中坚力量。

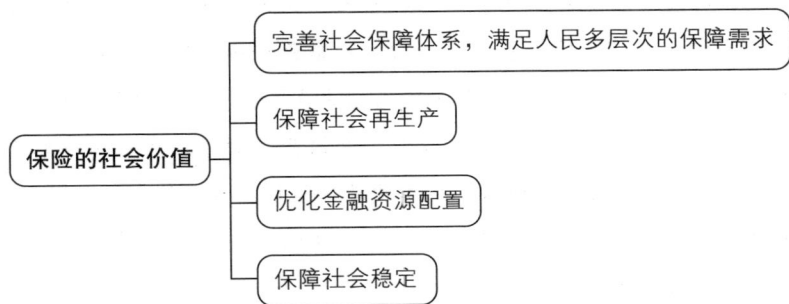

```
                    ┌─ 完善社会保障体系，满足人民多层次的保障需求
                    │
                    ├─ 保障社会再生产
  保险的社会价值 ─────┤
                    ├─ 优化金融资源配置
                    │
                    └─ 保障社会稳定
```

▶▶▶ **延伸阅读**

根据国新网的介绍，《关于促进社会服务领域商业保险发展的意

见》的主要内容包括以下五个方面：

一是完善健康保险产品和服务。研究扩大税优健康保险产品范围。鼓励保险机构提供医疗、疾病、照护、生育等综合保障服务。支持商业保险机构参与医保服务和医保控费，完善大病保险运行监管机制。探索健康险与国家医保信息平台对接。推动健康保险与健康管理融合发展等。

二是积极发展多样化的商业养老年金保险、个人账户式商业养老保险。完善个人税收递延型商业养老保险政策，支持养老保险第三支柱发展。研发价格适当、责任灵活、服务高效的老年人专属保险产品。优化老年人住房反向抵押养老保险支持政策。

三是大力发展教育、育幼、家政、文化、旅游、体育等领域商业保险，积极开发专属保险产品。有序发展面向农村居民、城镇低收入人群、残疾人的普惠保险，创新开发符合初创企业、科创企业、新业态从业人员保障需求的保险产品和业务。

四是支持保险资金投资健康、养老等社会服务领域。发挥保险资金期限长、稳定性高等优势，为社会服务领域提供更多长期股本融资，降低融资成本，更好服务创新创业及民营、中小微企业发展。

五是完善保险市场体系。大力提升商业养老保险产品和服务质量。梳理完善保险监管政策。鼓励商业保险机构在风险可控前提下，适度提高定期寿险产品定价利率。强化保险市场行为监管。加快推进保险市场对外开放。①

---

① 国新网. 国新解读国务院政策例行吹风会 [EB/OL].（2020-01-02）[2022-03-06]. http://www.scio.gov.cn/ztk/38650/42385/42377/index.htm.

24 买什么保险，能让保险公司报销医药费?

孙先生考虑到以后的养老问题，想给自己配置一份养老年金险。保险顾问周女士了解孙先生的情况后，对他说："孙先生，我建议您同时配置一份百万医疗险。"孙先生有点不高兴："你这是捆绑销售，打算强买强卖吗?"

周女士严肃地说："不，孙先生，我这是为您考虑。您买一份养老保险，对我业绩提升的帮助更大；您买一份百万医疗险，不算我的业绩。但如果您只买一份保险，我还是建议您买百万医疗险。这是因为，医疗保险是保险中的基础配置，是所有人身保险中最应该优先配置的。"

▶▶▶ 专业解析

医疗保险指以约定的医疗费用为给付保险金条件的保险，即提供医疗费用保障的保险。① 通俗来说，买了医疗保险，去医院看病花的钱，可以按照合同的约定，找保险公司报销。医疗保险可以报销的范围很广，一般包括医疗费、手术费、住院费、护理费，以及医院设备使用费等。

人最基本的需求，除了"衣食住行"，就是"医"。我们要保证万一生病了能有钱治病，而不必四处举债或四处筹款，就必须拥有一份医疗保险。

现实中，大家容易把医疗保险和疾病保险（如重疾险）搞混。

---

① 中国保险行业协会.保险基础知识 [M]. 北京：中国金融出版社，2020: 144.

它们都属于健康保险，但赔付原则和理赔条件不一样。医疗保险是需要报销的，即只有先在医院花了钱，才能按照一定的比例报销医疗费用，且报销金额不能超过实际花费金额；疾病保险是只要确诊了合同约定的疾病，满足赔付条件，不管有没有花钱治病，保险公司都会按照合同约定的金额，把钱付给被保险人。

还有一个常见的误解是关于普通医疗保险和意外医疗保险的。意外医疗保险只赔偿因为意外伤害产生的医疗费用，普通医疗保险则没有这个限制。

医疗保险一般有以下几个特点：

第一，医疗保险一般期限较短。市面上常见的医疗保险多为一年期的，比如各地推出的"惠民保"，就大都是一年期的短期医疗保险。也就是说，买一次医疗保险只能保一年（如果是一年期医疗保险的话），要想继续获得保障，则需要续保或重新购买。有的保险公司推出了可以保证续保的医疗保险，根据《健康保险管理办法》的规定，这类含有保证续保条款的医疗保险，都不是"短期健康保险"，而是"长期健康保险"。有关保证续保的内容，可参看本书第71节。

第二，花了钱才赔，没花钱不赔。医疗保险是一种补偿型人身险，补偿的是医疗产生的花费，如果没有产生花费，自然就不赔了。比如，某人得了很严重的病，知道治不好，干脆放弃治疗，那么哪怕他的病再严重，也得不到医疗保险的赔偿。

大部分医疗保险都采用"先垫付，再报销"的形式，就是客户先自己掏钱付医药费，然后再找保险公司报销。有的保险公司也推出了保险公司与医院直接结算的医疗保险产品，无须客户垫付医疗费。

第三，医疗保险一般都有免赔额、等待期等除外条款。关于这几个概念的介绍，可参看本书第 16 节。

第四，医疗保险的价格一般不高，保费率较低。保费率又叫保险费率，是应交纳保险费与保险金额的比率（保费率＝应交保费／保额 × 100%）。通常医疗保险的保费只需要几百元，保额则为上百万元，所以很多医疗保险被称为"百万医疗险"。如果被保险人本身有社保的话，其价格会更低。市面上也存在一些高端医疗保险产品，价格相对更高，当然，这些医疗保险提供的服务也更为全面，比如有海外就医等服务项目。

第五，医疗保险作为一种补偿型人身险，不可以重复理赔。如果有了社保，同时购买了医疗保险，一般是先扣除社保报销的部分，余下的自费部分再由商业医疗保险按约定比例赔偿；如果同时购买了两份医疗保险，两家保险公司会按照分摊原则进行理赔，被保险人最多也只能得到实际花费的钱，不可能花了 10 万元，却通过医疗保险报销 20 万元。所以，一般建议在拥有社保之后，再购买一份商业医疗保险，不需要重复购买。

最后需要提醒大家的是，如果医疗保险含身故责任的话，一定要重视受益人的填写。如果受益人未填，身故保险金就会成为被保险人的遗产。

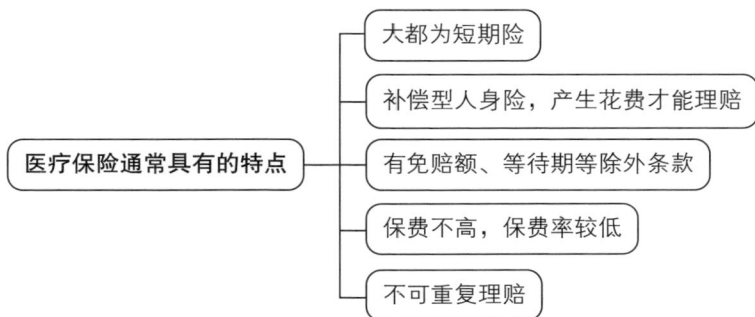

```
                            ┌─ 大都为短期险
                            │
                            ├─ 补偿型人身险，产生花费才能理赔
                            │
医疗保险通常具有的特点 ──────┼─ 有免赔额、等待期等除外条款
                            │
                            ├─ 保费不高，保费率较低
                            │
                            └─ 不可重复理赔
```

▶▶▶ **延伸阅读**

《健康保险管理办法》（2019 年）

第四条 健康保险按照保险期限分为长期健康保险和短期健康保险。

长期健康保险，是指保险期间超过一年或者保险期间虽不超过一年但含有保证续保条款的健康保险。

长期护理保险保险期间不得低于 5 年。

短期健康保险，是指保险期间为一年以及一年以下且不含有保证续保条款的健康保险。

保证续保条款，是指在前一保险期间届满前，投保人提出续保申请，保险公司必须按照原条款和约定费率继续承保的合同约定。

25 买什么保险，可以花小钱保障大意外？

2022 年 3 月 21 日，一架东航搭载 132 人的波音 737 客机（MU 5735）在广西梧州市藤县发生事故，并引发山火。事故发生后，各大保险公司在第一时间启动突发事件应急理赔预案，开通专属通道，承诺以最快速度进行理赔。我们祈祷人间永远不要再有这样的悲剧，但各种各样的意外总是发生在生活的各个角落。人身意外伤害保险，就是为了应对各种各样的意外而存在的。

▶▶▶ 专业解析

意外伤害保险，一般称为意外险，是指以意外伤害而致身故或残疾为给付保险金条件的人身保险。[①]意外险是我们生活中经常见到的保险，比如买飞机票的时候，一般购买页面或售票人员会提醒客户购买"航空意外险"；跟旅行团出去旅游，旅行社一般都会给客户买"团体意外险"。

意外险包括哪些保障责任呢？死亡和伤残两项是肯定包括的，很多意外险还会附加意外伤害医疗补偿、意外住院津贴等，不同的保险品种，保障的范围也不一样。

买了意外险，在什么情况下能得到理赔呢？首先，需要排除法定除外责任（如被保险人在犯罪活动中受到的意外伤害）；其次，如果没有特殊约定，约定除外责任（如因为战争、核辐射造成的意外伤害）也是不赔的。有关除外责任的内容，请参看本书第 16 节。

---

① 中国保险行业协会. 保险基础知识 [M]. 北京：中国金融出版社，2020: 133.

此外，意外险的理赔，还需要满足以下三个条件：

第一，必须有客观的意外事故。这个意外事故必须是外来的（不是由于被保险人自己造成的）、偶然的（不是肯定会发生的）、非本意的（不是被保险人希望发生的）、非疾病的（不是由于生病造成的）。

第二，必须造成了客观的伤害。这个伤害不能是想象的或推测的。实践中，一般用死亡证明、伤残证明或医院出具的相关单据等证明伤害事实的存在。

第三，伤害必须是由意外事故造成的。也就是说，意外事故与被保险人的伤害之间，要有内在的、必然的联系。在保险行业，一般用"近因原则"确定意外伤害是否需要理赔。所谓近因，"不是指在时间或空间上与损失结果最为接近的原因，而是指促成损失结果的最有效的、起决定作用的原因"[①]。如果意外事故是造成伤害的近因，保险公司就得赔付；不是近因，就不赔付。

意外险的赔付，既有给付性的，也有赔偿性的。如果是意外造成的死亡，则按合同约定的金额进行给付；如果是意外造成的残疾，则按伤残等级给予一定比例的给付；如果包含意外医疗险，则按合同约定的比例赔偿医疗费用。

和医疗险一样，意外险的价格大都比较低，保障期限也比较短，有的短期意外险甚至只有几十分钟（如索道意外险）。

---

① 魏华林，林宝清. 保险学 [M]. 4 版. 北京：高等教育出版社，2017: 75.

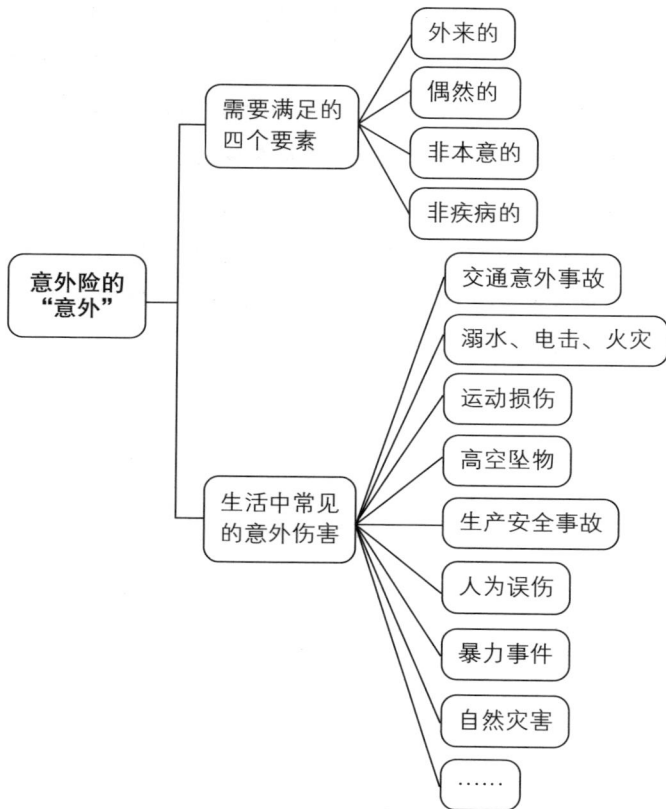

```
                                          ┌─ 外来的
                       ┌─ 需要满足的        ├─ 偶然的
                       │  四个要素          ├─ 非本意的
                       │                   └─ 非疾病的
        意外险的 ───────┤
         "意外"         │                   ┌─ 交通意外事故
                       │                   ├─ 溺水、电击、火灾
                       │                   ├─ 运动损伤
                       │  生活中常见        ├─ 高空坠物
                       └─ 的意外伤害 ───────┼─ 生产安全事故
                                          ├─ 人为误伤
                                          ├─ 暴力事件
                                          ├─ 自然灾害
                                          └─ ……
```

▶▶▶ **延伸阅读**

近因原则是保险的基本原则之一。《保险学》（第四版）介绍了有关近因原则的一个典型案例——英国利兰船运有限公司诉诺威治联合火灾保险公司一案。

第一次世界大战期间，英国利兰船运有限公司一艘货轮在英吉利海峡遭受德国潜水艇的袭击，被鱼雷击中后严重受损，在拖轮的协助下抵达法国勒阿费尔港。港口当局担心船舶沉没将影响码头的使用，要求该船停靠在码头防波堤外，该船在那里受海浪的不断冲击而沉没。船舶所有人根据未包括战争原因在内的保险单，以损失为海难所致为由向保险人索赔遭拒后诉至法院。审理此案的英国上议院大法官 Lord Shaw 认为，导致船舶沉没的原因包括鱼雷击中和海浪冲击，但船舶在被鱼雷击中后始终没有脱离危险，因此船舶沉没的近因是鱼雷击中而不是海浪冲击，保险人不负赔偿责任。[①]

① 魏华林，林宝清.保险学[M].4版.北京：高等教育出版社，2017: 77.

26 重疾险为什么又叫收入损失补充险？

2018 年，公司组织年度体检，褚女士被查出患有乳腺癌。花费几万元做了手术后，褚女士拿着医疗单据找保险顾问李女士理赔。李女士却告诉她："您买的是重疾险，不是医疗险，我们会按照重疾险的保额给您全额赔付 30 万元，而不是赔付您医疗费用。"

▶▶▶ **专业解析**

重疾险是一个比较"年轻"的保险品种，由南非医生巴纳德于 1983 年创立。巴纳德是南非的一名心脏外科医生，他注意到，有一些手术后的病人，本来是可以康复的，过了几年却病情复发乃至去世。对此他甚为不解，就询问自己一个病情复发的病人，那个病人告诉他，术后自己因为要继续工作赚钱养家，无法按照医生要求的那样在家安心养病，因此导致心脏病复发。

巴纳德由此意识到，病人能否康复，不仅取决于接受了怎样的治疗，术后有没有足够的钱支撑他们安心休养，对病情也有很大的影响。因此，巴纳德医生联合保险公司推出了世界上第一款重疾险，目的就是给生了重病的人一定的经济补偿，使他们在术后无须劳累工作，可以安心养病。这个保险品种因为满足了广大人民的需求，很快在其他国家推广开来。

重疾险是疾病保险的一种。所谓疾病保险，就是"以保险合同约定的疾病的发生为给付保险金条件的保险"[①]。简单来说，就是被保

---

① 中国保险行业协会. 保险基础知识 [M]. 北京：中国金融出版社，2020: 144.

险人患上了合同约定的某种疾病，保险公司就要按合同约定给被保险人一笔钱。

因此，重疾险具有两个特点：第一，给付性，即不管被保险人花没花钱、花了多少钱，保险公司都要按照约定的金额把钱付给被保险人，而不是像医疗保险那样对所花医疗费用进行报销；第二，达到合同约定的标准就赔付。一些行业内人士把这个特点概括为"确诊即赔"，这么说虽然不够严谨（有些病确诊后，病人还需要接受规律性治疗，保险公司才能进行赔付），但就大部分重疾险所保的疾病来说，的确是可以做到"确诊即赔"的。

重大疾病保险都保哪些疾病，这些疾病又需要达到怎样的标准才能理赔呢？早期的重疾险对此没有统一规定，导致市场比较混乱。2007年，中国保险行业协会和中国医师协会联合颁布了《重大疾病保险的疾病定义使用规范》，并在2020年对它进行了修订，颁布了《重大疾病保险的疾病定义使用规范（2020年修订版）》。

从重疾险的起源可以知道，重疾险可以说是一种"收入损失补充险"，就是被保险人生了重大疾病之后，为了安心养病，不能进行工作，工作收入的损失就由重疾险给付的保险金进行补偿。一般建议重疾险的保额应为自己年收入的5倍。

与重疾险类似的还有癌症保险，市面上又称防癌险。癌症保险，顾名思义，保障的是癌症（恶性肿瘤），只要被保险人得了合同约定的癌症，保险公司就给钱。在重疾险的赔付中，恶性肿瘤占70%以上，也就是说，得重大疾病的风险高度集中在恶性肿瘤上。因此，客户可以根据自己的需要组合配置重疾险和癌症保险。比如，在预算有限的情况下，只买癌症保险；若预算充足，则同时购买重疾险和癌症保险——这两种保险都是给付性的，可以重复理赔，不用担心浪费。

当然，在配置重疾险、癌症保险等疾病保险产品时，基础的社保、商业医疗保险也不可或缺。医疗保险和疾病保险相互搭配，才能更好地保障被保险人的身体健康。

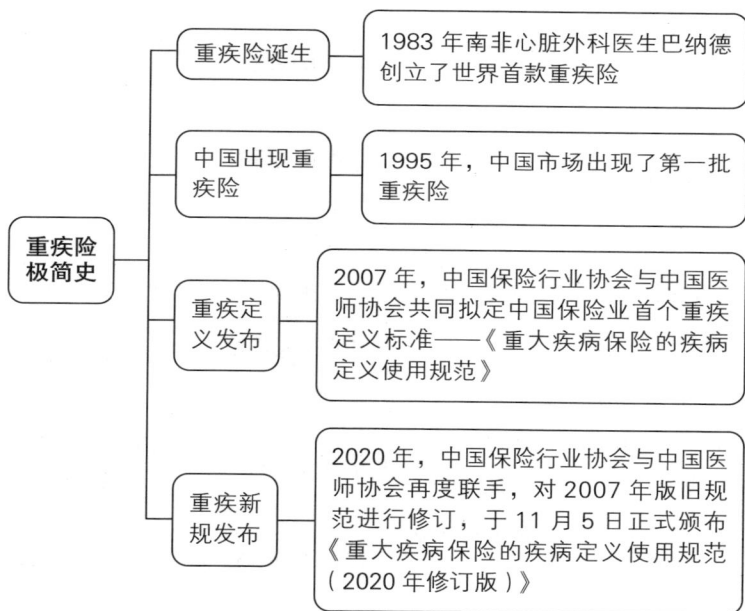

```
重疾险
极简史 ┬─ 重疾险诞生 ── 1983 年南非心脏外科医生巴纳德
        │                创立了世界首款重疾险
        │
        ├─ 中国出现重 ── 1995 年，中国市场出现了第一批
        │   疾险          重疾险
        │
        ├─ 重疾定 ── 2007 年，中国保险行业协会与中国医
        │   义发布    师协会共同拟定中国保险业首个重疾
        │             定义标准——《重大疾病保险的疾病
        │             定义使用规范》
        │
        └─ 重疾新 ── 2020 年，中国保险行业协会与中国医
            规发布    师协会再度联手，对 2007 年版旧规
                      范进行修订，于 11 月 5 日正式颁布
                      《重大疾病保险的疾病定义使用规范
                      （2020 年修订版）》
```

▶▶▶ **延伸阅读**

2020 年《重大疾病保险的疾病定义使用规范（2020 年修订版）》中规定的 31 种重大疾病，包括 28 种重度疾病和 3 种轻度疾病。这 31 种重大疾病可以分成三个类型：疾病类（21 个）、手术类（4 个）、状态类（6 个）。

31 种重大疾病见下表。

31 种重大疾病

恶性肿瘤 ——重度	较重急性心肌梗死	严重脑中风后遗症①	重大器官移植术或造血干细胞移植术
冠状动脉搭桥术（或称冠状动脉旁路移植术）	严重慢性肾衰竭	多个肢体缺失	急性重症肝炎或亚急性重症肝炎
严重非恶性颅内肿瘤	严重慢性肝衰竭	严重脑炎后遗症或严重脑膜炎后遗症	深度昏迷
双耳失聪	双目失明	瘫痪	心脏瓣膜手术
严重阿尔茨海默病	严重脑损伤	严重原发性帕金森病	严重Ⅲ度烧伤
严重特发性肺动脉高压	严重运动神经元病	语言能力丧失	重型再生障碍性贫血
主动脉手术	严重慢性呼吸衰竭	严重克罗恩病	严重溃疡性结肠炎
恶性肿瘤 ——轻度	较轻急性心肌梗死	轻度脑中风后遗症	

　　以上疾病名称仅供理解使用，具体保障范围以每项疾病具体定义为准。

---

① 脑中风的规范术语应为"脑卒中"。本书中"严重脑中风后遗症"的说法来自《重大疾病保险的疾病定义使用规范（2020 年修订版）》，特此说明。

27 买什么保险，可以给家人提供保障？

胡先生在一家互联网公司工作，经常熬夜加班，压力很大。最近他听说有同行人在壮年却突然去世，不由得担心万一自己也出现意外，妻儿父母该怎么办。于是他找来做保险代理人的同学咨询，同学听了他的顾虑，告诉他："要想保障家人生活，当然要配置人寿保险了！"

▶▶▶ **专业解析**

在人身保险产品中，人寿保险可以说是资历最老的。在很长一段时间内，人寿保险也是人身保险的主要保险品种，以至于很多人以为人寿保险就是人身保险。

在第 2 节我们讲过，人寿保险是人身保险的一个品种，是以人的生命为保险标的的保险。它是一种最能给家人提供保障的保险品种。我们常说保险体现着我们对家人的爱，大多数时候，这种对家人的爱都是通过人寿保险来实现的。说到人寿保险，我们要特别说明一下保险的架构。

保险的架构

投保人	被保险人	受益人

在其他保险产品（如医疗保险、疾病保险、年金保险等）中，一般情况下，保险公司赔付时，都是把钱给被保险人的。而在人寿保险中，一般情况下都是由受益人获得保险公司给付的保险金。

李四想要给他的孩子李小四一份保障，在购买医疗保险、疾病保险、年金保险时，被保险人都是李小四；但是在购买人寿保险时，李小四就要做受益人而非被保险人。这种人寿保险的架构见下表。

人寿保险的架构

投保人	被保险人	受益人
李四	李四	李小四

万一被保险人李四因为各种原因而身故，保险公司就会按合同约定把钱付给李小四，让李小四获得一定的经济保障。因此，一般建议一个家庭应以家庭的主要经济支柱为被保险人投保一份人寿保险。这样一来，即便经济支柱倒下，其家人也不会立刻陷入经济困境。

传统的人寿保险分为三类：定期寿险、终身寿险、两全保险。我们一般建议，如果家庭经济状况一般，可以为家庭主要经济支柱配置定期寿险，定期寿险的价格一般都比较低，却能在关键时刻给家人提供重要的保障；如果家庭经济状况尚可，最好配置终身寿险，终身寿险虽然比定期寿险价格高，但是能百分之百赔付，不仅能给家人保障，还是必不可少的财富传承工具；两全保险的价格相对较高，杠杆率较低，不过同时具有保障和保值双重功效。

除了人寿保险，人身意外伤害保险也是基础配置。尤其是经常出差、开车上下班的主要家庭成员，更需要配置人身意外伤害保险。意外伤害保险的价格低廉，杠杆率高，一旦被保险人因为意外导致身故，受益人就可以获得保险金。

其他很多人身保险产品，比如重疾险、年金保险、医疗保险等，实际上也可以含有身故责任。这就需要我们在购置这些产品时，仔细阅读合同条款或询问保险顾问。

人寿保险一般保单架构建议

投保人	被保险人	受益人
家庭主要经济支柱	家庭主要经济支柱	想要照顾的人

非死亡给付性保险一般保单架构建议

投保人	被保险人	受益人
家庭主要经济支柱	想要照顾的人	X

▶▶▶ **延伸阅读**

在人寿保险中，受益人是一个重要的角色（相对来说，健康保险、疾病保险和年金保险中，被保险人的角色更重要）。在第 7 节我们说过，受益人是可以更改的，比如受益人原本是被保险人的子女，可以改为被保险人的配偶或父母。受益人也可以有多个，比如可以同时设定配偶、子女、父母为受益人。在有多个受益人的情况下，可以约定受益顺序，比如第一受益人是配偶，第二受益人是子女，如果配偶放弃或丧失受益权，或者先于被保险人死亡，保险金就给予第二受益人；也可以约定受益比例，比如约定儿子的受益比例为50%，女儿的受益比例为50%。此外，在保险金信托中，目前常见的与信托搭配的保险产品就是终身寿险。投保人通过设立保险金信托，可以实现保险金的定制化分配。

28 保险在投资理财上有什么优势?

前段时间,某网友晒出了自己的一份"老"保单。这是 1996 年他 2 岁时,他的母亲给他购买的一份储蓄型保险,趸交保费 1 万元。从 55 周岁开始,他就可以每月领取 7095 元,每年领取 85 140 元。假如他活到 80 岁,则总共可以领取 212.85 万元。网友惊呼:拥有这张保单的人,简直就是"躺赢"。这张保单充分体现了保险在投资理财方面的优势。

▶▶▶ **专业解析**

作为一种金融产品,除了具有保障、传承以及诸多法商功能,保险在投资理财方面也有独到优势。不过,并非所有的保险都有投资理财功能,偏重保障功能的消费型保险一般就不具有传统意义上的投资理财功能。市场上有投资理财功能的保险包括年金保险、增额终身寿险、万能险、分红险、投连险等。

在投资理财方面,我们认为保险具有以下四个主要优势:

第一,本金安全。除了投连险,基本上所有的保险都能保证本金。在《关于规范金融机构资产管理业务的指导意见》(以下简称《资管新规》)已经实施的当下,刚性兑付不再存在,市场上本金绝对安全的金融产品,除了国债和 50 万元额度以下的银行存款,基本上就只剩下人身保险了。

第二,收益具有确定性。除了投连险,保险合同都会约定一个最低收益率,即保险公司承诺,保险产品的收益不得低于或只能高于这个最低收益率。收益的确定性,可以让我们更好地规划未来的生活，比如子女教育、养老等。我们会知道，从未来的某一年开始，我们肯定能通过保险拿到至少某个数额的钱。

第三，保险可以帮我们实现强制储蓄。具有投资理财功能的保险大都是人寿保险或年金保险，其保险期限较长，有的长达终身。一般来说，如果没到一定的时间就退保，或者不交保费，投保人的损失会比较大。有的保险产品还可以灵活追加保费，把结余的钱"存"在保险里。这样的机制，客观上能抑制客户无节制消费，强制客户进行长期储蓄。

第四，相对于银行存款，从长期看，很多保险产品的收益其实很高。保险的收益一般以复利计算，时间越长，复利展现的优势越突出。作为本金同样相对安全的投资理财产品，银行存款的利息一般是单利的，拉长时间轴就可以发现，很多保险产品的收益率远远高于银行存款。

此外，保险在投资理财上还有其他功能：省心，即不用每天盯着产品；收益透明，即可以随时查看自己保险账户的价值；保单贷款，即可以实现一定的融资功能。

当然，从投资理财的角度来说，保险也有其固有的不足：一是需要长期持有，短期内如果想要变现，比如退保，拿到的钱（现金价值）往往低于所交的保费；二是相对于股票、基金等高风险产品，保险产品的收益率相对较低。

每一种金融产品都有自身的特点，在安全性、收益性和流动性上各有优劣。在资产配置中，我们不应该只配置一种金融产品，而应该根据自己的情况，按比例配置不同的金融产品。

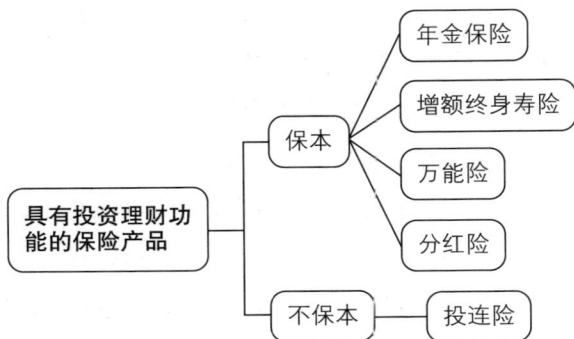

▶▶▶ 延伸阅读

在《大额保单配置法商攻略》一书中，作者将家庭资产分成了五个类别。

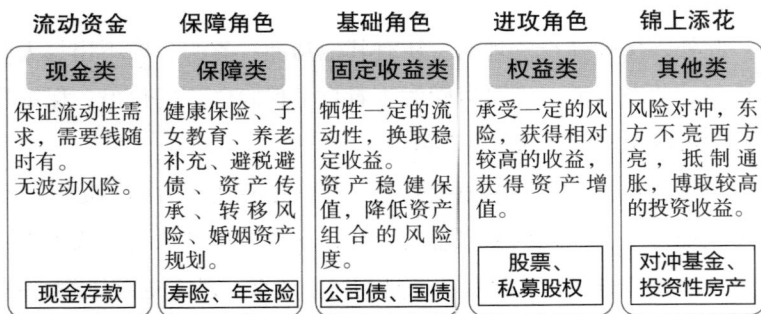

流动资金	保障角色	基础角色	进攻角色	锦上添花
现金类	**保障类**	**固定收益类**	**权益类**	**其他类**
保证流动性需求，需要钱随时有。 无波动风险。	健康保险、子女教育、养老补充、避税避债、资产传承、转移风险、婚姻资产规划。	牺牲一定的流动性，换取稳定收益。 资产稳健保值，降低资产组合的风险度。	承受一定的风险，获得相对较高的收益，获得资产增值。	风险对冲，东方不亮西方亮，抵制通胀，博取较高的投资收益。
现金存款	**寿险、年金险**	**公司债、国债**	**股票、私募股权**	**对冲基金、投资性房产**

资产的五个类别

不过，对于这个分类，我们认为可以稍做调整。实际上，具有投资理财功能的保险（除了投连险），也属于"固定收益类"资产。

对于资产的配置，该书作者提供了一个"资产配置三步走"的方法。

第一步 充分的流动性 安排	第二步 完善的保险 规划	第三步 持续、科学的投资配置
流动资金	保障资金	投资理财
现金货币类	保障类	固定收益类　股票类　另类及其他
应对生活开支与大额消费支出。	应对突发状况，保证持续稳定的现金流。	投资性资产，在风险可控的前提下实现收益目标。

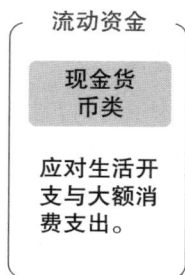

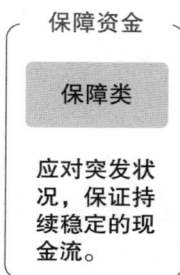

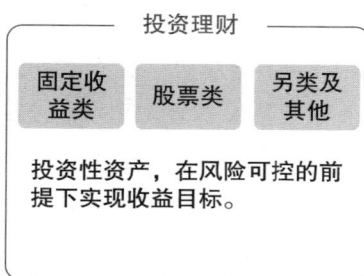

资产配置三步走

大家可以根据自己的风险承受能力、收益预期和对未来的规划安排，合理配置各类资产。

29 用保险做养老规划有什么优势?

说起养老保险,很多人会想到一个法国老太太的故事。

这位法国老太太是一个孤寡老人,90 岁时,她与一位 47 岁的律师签下一份协议。协议规定:律师每个月付给她 2500 法郎的生活费,直至其身故;老太太身故后,房子归律师所有。只要老太太在 10 年内去世,律师就肯定会赚。没想到这位老太太特别长寿,1995 年,120 岁的老太太还没去世,律师却因癌症身故了。至此,他支付给老太太的钱已远远超过房屋的价值。直到两年后,122 岁的老太太才与世长辞。

这位老太太相当于以房屋为保费,向律师购买了一份养老保险,让自己成了人生的赢家。

▶▶▶ 专业解析

国家统计局的数据显示,2020 年、2021 年连续两年我国人口出生率跌破 1%,2021 年我国 65 岁及以上人口 20 056 万人,占全国人口的 14.2%。依照国际通行标准,一个国家或地区 65 岁及以上人口占比达到 14%,就是深度老龄化社会。也就是说,2021 年,我国已经成为深度老龄化社会。① 出生率的降低,无疑使社会老龄化的局势更加严峻。养老已经成为摆在人们面前的现实问题。

---

① 第一财经. 中国人口出生率连续两年跌破 1%,2021 净增人口创 60 年新低 [EB/OL]. (2022–01–17) [2022–03–18]. https://baijiahao.baidu.com/s?id=1722174932892607058&wfr= spider&for=pc.

目前，我国的养老方式主要有居家养老、子女养老、机构养老（养老院、养老公寓）等。居家养老是一种传统的养老方式，主要指老人自己在家进行自我照护，由政府、社区等提供配套服务的基础养老模式。但由于老龄人口众多，相应的配套服务还在完善当中，所以老人还是需要以自我照护为主，很难实现高品质的养老生活。子女养老可能会面临子女工作繁忙、经济压力大等风险，因此很多大中型城市里的老人，越来越倾向于机构养老。机构养老的花费较高，如何存够一笔让自己老年无忧的钱，就成了关键问题。

存储方式无疑有很多种，比如现金储蓄、配置不动产、购买股票或基金、购买养老保险等，其中，养老保险有着独特的优势。所谓养老保险，是以养老保障为目的的保险。养老保险多是年金保险的架构，因此养老保险也被称为"养老年金保险"。通常这类保险的合同中会有两项特殊约定：①被保险人只有在达到一定年龄时才能领取生存年金；②生存年金的给付一般以月度、年度为周期。其实，我们也可以把养老保险理解成一笔持续的、稳定的、安全的、增长的、专属的、与生命等长的现金流。

养老保险的优势是多方面的，我们可以从以下四点来看：

第一，安全、稳定、简单。养老保险是一种确定给付的金融产品，不仅本金安全，而且给付的保险金是确定的，这就能保证我们在老年时可以获得一笔稳定的现金流。养老保险是按照合同约定的金额给付保险金的，不需要买进卖出，也不用操心是涨是跌，最适合精力有限的老年人。

第二，具备强制储蓄功能。一些养老保险的现金价值较低，甚至有的养老保险在被保险人60岁后现金价值为0，这就能在客观上防止投保人退保，使得我们能得到一笔确定的养老资金。

第三，与生命等长，活得越久，拿得越多。不同于其他资产花一点少一点，养老保险的特点就是能提供与生命等长的现金流，只要人还活着，就能按照合同约定拿到生存保险金。[1]

第四，很多养老保险有配套的养老社区服务，能够提供养老、医疗、老年生活照顾等全方位服务，让我们真正实现老有所养、老有所乐。

当然，有的养老保险无法提供疾病、意外伤害等保障，需要我们同时配置医疗险、重疾险和意外伤害保险等，给自己全方位的保障。

传统的人寿保险，保的是"走得太早"，无法给家人提供持续的生活保障；养老保险保的是"活得太久"，无法在老年失去收入能力后获得足够的养老资金。在已经进入深度老龄化社会的当下，养老成为一个社会性问题，因此，国家正在大力推广养老保险。

从个人角度来说，养老保险不仅能让我们过上体面的养老生活，还能让我们的养老保险"更划算"：养老保险的领取是与生命等长的，因此，活得越久，我们拿到的保险金就越多，越划得来。有些人甚至因为这一点而更加长寿："有证据表明，养老保险提供的涓涓细流般的稳定收入，使这些老人多了那么一点点动机——要努力活得更久一点。"[2]

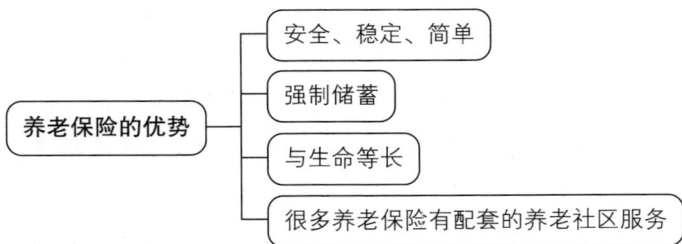

---

① 实务中，目前国内养老保险合同中多规定，被保险人可领取养老金至 105 岁。
② 列维特，都伯纳. 魔鬼经济学 2[M]. 2 版. 曾贤明，译. 北京：中信出版社，2021.

▶▶▶ 延伸阅读

《中国银保监会关于规范和促进商业养老金融业务发展的通知》（银保监规〔2022〕8 号）

一、支持和鼓励银行保险机构依法合规发展商业养老储蓄、商业养老理财、商业养老保险、商业养老金等养老金融业务，向客户提供养老财务规划、资金管理、风险保障等服务，逐步形成多元主体参与、多类产品供给、满足多样化需求的发展格局。

二、银行保险机构开展商业养老金融业务应体现养老属性，产品期限符合客户长期养老需求和生命周期特点，并对资金领取设置相应的约束性要求。

六、支持和鼓励银行保险机构向客户提供长期直至终身的养老金领取服务，探索将商业养老金融产品与养老、健康、长期照护等服务相衔接，丰富养老金领取形式。

七、银行保险机构应当持续开展客户教育，提高社会公众对商业养老金融产品的认知度和接受度，逐步培育成熟的养老金融理念和长期投资理念，引导客户合理规划、持续投入、长期持有、长期领取，切实提高养老保障水平。

十二、对于符合本通知规定的商业养老金融产品，银行保险机构可在产品名称和营销宣传中使用"养老"字样。其他金融产品不得在名称和营销宣传中使用"养老"或其他可能造成混淆的字样。

30 教育金保险是什么？

给奶奶拜年时，奶奶给了肖肖 600 元压岁钱，钱却被肖肖的妈妈葛太太拿走了。肖肖抗议道："这是我的钱，该给我！你凭什么拿走！"葛太太笑着说："压岁钱是你的，我没有拿走啊。"肖肖哭着说："你骗人，明明就是你拿走了！"葛太太说："妈妈真没有拿走，而是帮你买了教育金保险，以后等你上学了，还是要给你用的。你想想，你用自己的压岁钱交学费，是不是很棒？"肖肖忘记了哭，好奇地问："妈妈，什么是教育金保险？"

▶▶▶ 专业解析

养一个孩子要花多少钱？由于每个人所处地区不同、家庭环境不同、对孩子教育的重视程度不同，所以很难得出一个确切的数字。但有一点想必是所有家长都认同的——养孩子要花很多钱。

孩子的花费有很多，其中占大头的无疑是教育费用。相比于衣食、娱乐等费用，孩子的教育花费有着自己的特点：属于硬性支出，吃的可以不那么讲究，玩的可以少一点，但"再穷不能穷教育"；时间相对固定，到什么年龄该上什么学、学习什么内容，基本上是可以预见的；持续周期长，从孩子进入幼儿园，一直到孩子上大学乃至研究生、博士生毕业或者出国留学，是一个长达十几年乃至二十多年的过程；总花费大，虽然确切的总数难以估算，但总费用还是很可观的。

教育虽然不能百分之百决定孩子的未来，但能在很大程度上影响孩子的未来。作为父母，都希望让孩子受好的教育，让孩子有一个光明的前途，因此，保障孩子的教育经费，就是基本的诉求。基于家长的这种需求和教育费用的特点，很多保险公司推出了"教育金保险"。

教育金保险不是一个特定险种，而是一种以"为孩子准备教育金"为投保目的的保险种类的统称。教育金保险的基本架构通常是年金保险。教育金保险具有以下几个优势：

第一，强制储蓄，专款专用。教育金保险一般都是期交产品，具有强制交费的特点，如果在早期退保，通常会有较大损失。之所以这样设置，就是为了让父母强制储蓄一笔钱用于孩子的教育支出，保证这笔"专款"专门用在孩子的教育上。

第二，确定给付，到了约定的时间，就能拿到确定的保险金。比如，孩子上高中或大学、出国留学等，就可以按照合同约定领取保险金。这是基于教育费用"时间相对固定"的特点设计的，为的就是保证在孩子需要教育费用的关键时间，父母可以及时提供相应的资金。

第三，保障功能，可避免因父母遭遇风险导致孩子的教育经费中断。比如，如果父母身故或因伤残失去劳动能力，教育金保险就启动豁免条款，豁免父母（投保人）继续交纳保费的义务，从而保证孩子的教育经费。

当然，教育金保险也不是万能的，不能指望仅仅用一份教育金保险解决孩子教育的全部费用。实际上，更应该把教育金保险作为"保底"，与储蓄、主动收入、被动收入等结合起来，共同保障孩子的教育费用。教育金保险的最大价值就在于，哪怕是在极端的情况下，孩子依旧能得到一定的教育费用。

在家庭保险的配置中，我们认为，教育金保险应该是一个"腰部"产品，在医疗险、意外险、重疾险、寿险等基本产品配置到位后，再根据家庭的经济情况为孩子配置教育金保险。

```
年金保险型教育金保险的优势 ——— 强制储蓄
                          确定给付
                          保障功能
```

▶▶▶ **延伸阅读**

教育金保险除了有年金保险的架构，还有增额终身寿险的架构。增额终身寿险型教育金保险的投保人和被保险人通常都是父母，受益人为子女。

增额终身寿险型教育金保险的优点是在完成交费后，可以灵活减保取现。换句话说，我们想什么时候用钱就可以什么时候用，而不像年金型教育金保险那样有时间的限制。这是增额终身寿险型教育金保险的优点，也是它的缺点：如果没有外在的强制约束力，我们通常很难做到专款专用。也许我们投保增额终身寿险型教育金保险时想的是为孩子存一笔教育金，但期间出个什么事急需用钱，就取出来用了。

这两种教育金保险的架构各有优劣，客户可以根据自己的情况进行选择。如果对于流动资金的需求不是那么急迫，我们建议还是用年金保险作为教育金保险的底层架构。

31 为什么很多人用年金保险做婚嫁金?

女儿结婚前,陈先生将50万元转到女儿的银行卡,作为给她的婚嫁金。他打听过,这笔钱如果在婚前给女儿,就属于女儿的婚前个人财产,即便女儿将来离婚,这笔钱也不会被分割。没想到几年后女儿离婚时,这笔钱还是作为夫妻共同财产被分割了,因为女儿婚后的工资收入、日常生活的开支等,用的都是这张银行卡,婚前和婚后的财产已经混同。陈先生悔不当初:"我当时要是用这笔钱给女儿买年金保险就好了!"

▶▶▶ 专业解析

父母在孩子结婚时给予经济支持,既体现了父母对孩子的爱与祝福,也是一种传统。20世纪七八十年代,就流行过"三大件"的说法,就是父母给孩子婚姻财富支持时普遍给的东西。最开始的三大件是自行车、手表、缝纫机;随着经济的发展,更新换代为冰箱、洗衣机、电视机。进入21世纪,"三大件"的说法渐渐不被提及,给子女婚姻财富支持的形式也更加多样,不过最普遍的还是"三子"(房子、车子、票子)。

时代在发展,"三子"祝新婚的做法也有了新的变化,其中之一就是,越来越多的父母选择用年金保险的形式给子女以婚姻财富支持。产生这种变化的原因有很多,比如人们保险观念的变化,更主要的可能还是现代社会离婚率的增高,使得传统的婚姻财富支持形式越来越"不安全",尤其是给现金这种形式。

父母在子女结婚时给的礼金，通常被视为给夫妻两人的。万一夫妻离婚，这笔钱就要被分割。即便是在婚前赠与，或者婚后赠与时说明了只给自己子女，与子女的配偶无关，这笔钱也极有可能和婚后共同财产混同，离婚时无法区分，依旧要被分割。

如果婚姻财富支持的形式是年金保险，则能实现多方面的功能。首先，年金保险让子女在婚后有一笔可以自己控制的现金流，实现父母给孩子资金支持的愿望；其次，年金不是一次性给予的，而是按一定周期（通常是一年）给予的，以防止子女婚后挥霍，做到细水长流；最后，也是很多父母最重视的，年金保险可以在一定程度上防范子女的婚姻财富风险。下面，我们就来重点谈谈最后一点。

我们先要搞清楚一个问题：子女离婚，保单分不分？如果投保人是父母，保单是父母的财产，子女离婚时，保单当然不会被分割。如果投保人是子女自己呢？这要分情况看：婚前已经交完保费的，保单不分；婚后交了保费，但保费来自子女的婚前或婚内个人财产的，保单不分。所以，如果投保人是子女自己，最好在婚前就交完保费，要是在婚后购买的保单，或者保单的一部分续期保费是在婚后交纳的，最好用子女个人财产交费。比如，父母指定赠与一笔钱给子女，这笔钱只用来交纳保费，避免与子女的婚后财产混同。

我们再看第二个问题：子女领取的年金分不分？一般认为，子女领取的年金不超过保费的部分，不会进行离婚分割。子女领取的年金超过保费的部分，有的法院认为应该分割，有的法院认为不应该分割，不过即便分割这部分钱，损失也在可接受范围内。

为子女配置年金保险时，很多人不注意保单架构，直接把钱给子女让子女购买，也不管这笔钱会不会与子女的婚后共同财产混同。这种做法是不可取的。我们建议，给子女买的年金保险可以这样架构，见下表。

年金保险的架构

投保人	被保险人（年金受益人）	身故受益人
父母	子女	父母（有孙子女后，可更改为孙子女）

这样的架构能最大限度地保证财产安全。未来若父母想把保单赠与子女，可以在变更投保人时，再配套一份保单单独赠与协议。由于保单相对独立，不会与其他财产发生混同，就能保证该年金保险一直属于子女个人所有。

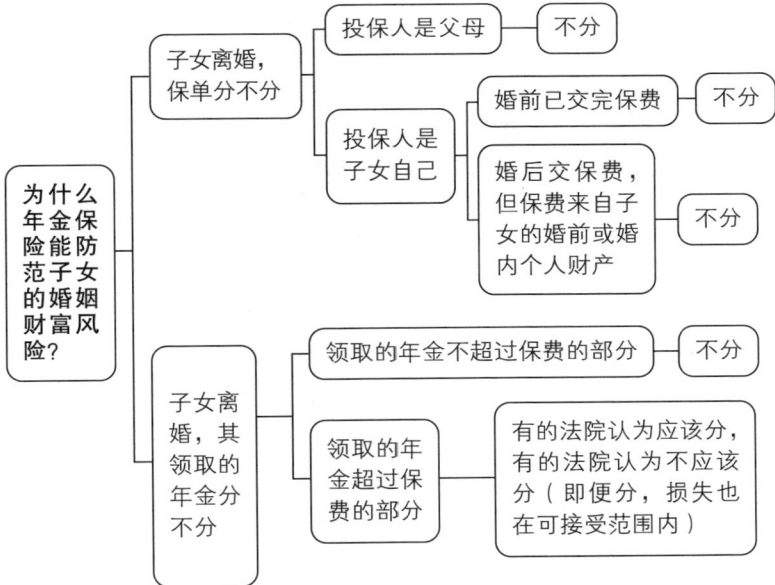

单方保费赠与协议范本 [1]

单方保费赠与协议

甲方1（赠与人）：姓名：【父亲】；身份证号：【　　　　】
甲方2（赠与人）：姓名：【母亲】；身份证号：【　　　　】
乙方：姓名：【女儿】；身份证号：【　　　　】

第一条：甲方1与甲方2共同赠送乙方＿＿＿万元，用于乙方购买人寿保险，该笔赠与视为甲方1与甲方2送给乙方的婚后个人财产，与乙方之配偶无关。

第二条：乙方对上述第一条内容表示认可并接受。

第三条：本协议自三方签字之日起生效，一式三份，甲方1、甲方2与乙方三方各执一份，每份具有同等法律效力。

甲方1（签字）：　　　　　　　　甲方2（签字）：

乙方（签字）：

签署日期：【　　】年【　　】月【　　】日

---

① 沃晟学苑.66节保险法商课[M].2版.北京：电子工业出版社，2021：59.

32 家里有钱，我自己也能赚钱，为什么还要买保险？

　　商业人身保险对高净值人群的重要度为 8.2 分（10 分制），97% 的高净值人群为自己或家人购买过保险。高净值家庭商业人身保险的保费支出与家庭资产成正比，净资产越多的家庭保费支出也越高。购买商业人身保险时，高净值人群最看重的是基础保障（61%）和风险隔离（51%）功能，关注税收筹划和婚姻风险的人接近一成（分别为 9% 和 8%）。已经配置商业人身保险的高净值人群对保险产品的满意度较高，平均满意度为 8.3 分（10 分制），产品组合的丰富程度（61%）以及理赔时效（56%）是影响体验满意度的最重要因素。

　　——《中信保诚人寿"传家"·胡润百富 2021 中国高净值人群家族安全报告》

▶▶▶ 专业解析

　　保险的功能是多种多样的。如果只看保险的经济补偿功能、投资理财功能，对高净值人士来说，保险似乎不是必需品。生了病，不用医疗保险和疾病保险，银行账户里就有足够的存款可以治病、疗养；出现意外，也有足够的钱留给家人，让他们衣食无忧；要实现财富的保值增值，有比保险收益率更高的方式……但通过上述报告可以看到，现实当中大多数高净值人士都购买了保险，而且越有钱的人买得越多。

事实上，觉得"有钱就用不着保险"的人并没有真正了解保险的功能。我们可以从财商和法商两个方面来看看保险的功能。

保险的财商功能有以下三个：

第一，选择保险，是选择一种性价比比较高的风险管理方式，与有钱没钱无关。如果我们面对一个难题，要解决它有两个方案：一个方案需要花费 1 元，另一个方案需要花费 10 元，我们会怎么选？有正常判断能力的人肯定选择第一个方案。保险的经济补偿功能（如健康保险、疾病保险）就是这样的方案。选择性价比高的风险管理方式，是一个理性人的理性决定。

第二，保险在投资理财方面最大的优势是"确定性"，它能帮我们确立自己的财务安全底线。在投资理财的世界，"收益越大，风险越大"是永恒的定律，我们无法保证自己的投资决策永远正确，永远能获得高收益。但是，写进保险合同里的收益，是由国家法律保障的确定收益，具有较高的安全系数。

第三，保险在投资理财方面还具有"增长性"这一优势。随着利率市场化进程的深入，以及《资管新规》的落地，保险产品，尤其是具有增额属性的保险产品，比如增额终身寿险，持有时间越长，收益越高。从长远来看，这类产品的收益率也超过了其他很多高风险、高收益的投资理财产品。

保险的法商功能有以下两个：

第一，保险的风险隔离功能。保险是一种"三权分立"的金融产品，保单的所有权归投保人所有；保单的控制权，由投保人和被保险人共同所有（受益人的变更等主要由被保险人说了算）；保单的受益权主要由被保险人（非死亡保单）和受益人（死亡保单）享有。通过巧妙地搭建保单架构，保险可以实现诸多风险隔离功能，比如婚姻财富风险隔离等。

第二，保单的传承功能。几乎每个人都会面临财富传承的问题，尤其是高净值人士，更重视资产的高效、定向、无争议传承。在金融财富的传承方面，保险有着其他传承工具不能相比的独特优势。

有关保险在风险隔离、财富传承等方面的功能，我们在后面章节会有详细论述。在这里我们想强调的是，保险作为一种现代化的金融法律工具，拥有诸多独特的价值，合理配置保单资产，是每个家庭的必修课。越是高净值人士，越应该重视保险的作用——通过前面引用的报告我们可以发现，他们的确是这么做的。

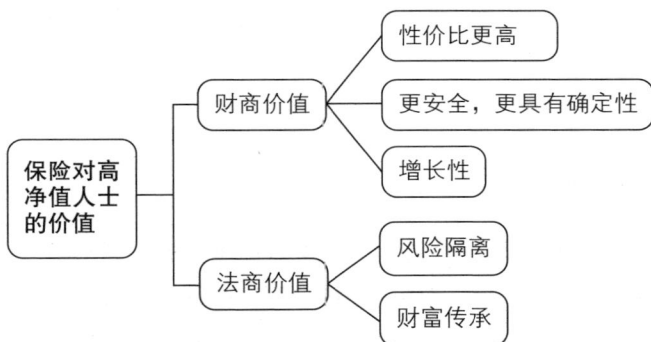

▶▶▶ 延伸阅读

由于高净值人士的资产类型、家庭结构都较一般人更复杂，因此他们的需求更加多样。这些需求，仅仅通过保险这一工具是无法完全满足的，比如企业资产、不动产的传承，就不是保险所能解决的问题。因此，在服务高净值客户时，我们建议保险顾问不要只提供保险产品，而要给客户提供多样化的解决方案。这个方案中既有公司股权/治理结构优化建议，也有不动产传承方案，以及遗嘱、家族信托、保险等多种法律、金融工具——保险只是整体方案的其中一部分。

33 用保险传承财富，有什么优势？

周先生的父亲意外去世，留下了总价值约 700 万元的遗产以及合计 1000 万元的债务。按照《民法典》的规定，周先生若想继承父亲的遗产，也要继承这笔债务。在理财顾问的建议下，周先生宣布放弃继承父亲遗产的权利。不过，周先生的父亲给他留下的不只是这些，还有一份保额为 200 万元的终身寿险——周先生凭着这份保单，顺利获得了 200 万元的保险金，且这笔钱无须用来偿还周先生的父亲生前的债务。

▶▶▶ **专业解析**

目前，我国财富传承的形式主要有法定继承、遗嘱继承、生前赠与传承、保险传承、家族信托传承等。每种传承形式都有自己的优点和不足，不能绝对地说哪种好、哪种不好。保险传承也是如此，有不足，比如只能传承金融资产；也有诸多独特优势，下面我们就来详细看看。

需要说明的是，保险的传承优势，更多的是通过"身故保险金"来实现的。因此，并非所有种类的保险都具有身后传承功能，比如不含身故给付责任的年金保险、疾病保险、健康保险等。具有身故给付责任的保险，尤其是终身寿险，最典型地体现了保险在传承上的优势。

具备传承功能的人寿保险，其架构一般如下表所示。

人寿保险的架构

投保人	被保险人	受益人
父母	父母	子女

这种传承方式的优点很多，在本系列图书的其他相关书籍中有详细介绍，这里只做简单介绍。

第一，杠杆功能，放大传承的资产规模。比如，父母交的保费是 100 万元，子女领到的身故保险金则是数百万元乃至上千万元。在所有的传承形式中，保险是唯一具有这么明显的杠杆效应的传承方式。

第二，隔离子女的婚姻财富风险。如果子女已婚，其领取的身故保险金，属于婚内个人财产，只要不与其他财产混同，即便离婚，这些钱也不会被分割。

第三，如果有遗产税，主流观点都认为，父母已经交纳的保费和子女领取的身故保险金，被征收遗产税的概率很小。

第四，一定程度上实现"父债子不还"的效果。根据《民法典》的规定，子女（继承人）如果要继承父母（被继承人）的遗产，也要同时继承其债务，即先还债，再继承。如果父母债务过多，子女可放弃继承父母的遗产，也就不用偿还父母的债务。但指定了身故受益人的保险，子女领到的身故保险金理论上不属于遗产，无须用来还债。

第五，实现定向、定额传承。父母可以根据自己的意愿，指定一个或多个子女为身故受益人，并决定其受益份额。如此，就可以实现"想给谁就给谁，想给谁多少就给谁多少"的传承目的。

第六，保险是无争议的合同传承，无须继承权公证，不会引发遗产争夺大战。法定继承、遗嘱继承，在继承遗产时一般都需要做继承权公证，要求所有法定继承人、遗嘱继承人一致同意遗产分配方案。这样不仅手续烦琐，而且容易引起继承人之间的纷争。

第七，私密性。用保险传承，传承给谁、给了多少，只有父母（投保人和被保险人）、保险公司、身故受益人知道，保险公司负有保密义务。因此，这种方式能实现传承的私密性。遗嘱传承、法定传承一般都不具有私密性。

第八，通过搭建保险金信托，结合保险和信托这两种工具，实现更多的传承功能。想更多地了解保险金信托，可参考本系列图书的其他相关书籍。

保险传承的注意要点

风险	解决方案
保险事故发生前，投保人去世，保单作为遗产被分割现金价值	①设置第二投保人；②投保人与被保险人设置为同一人；③设置保险金信托2.0模式
保单因债务、离婚等原因被分割	以信托公司为投保人或将投保人变更为信托公司，设置保险金信托
保险事故发生前，受益人去世	①及时更改受益人；②设置第二受益人

▶▶▶ **延伸阅读**

保险在传承方面的优势，通过保险条款可以很清晰地看出。

保险合同中通常会有以下两个条款：

第十五条 保险金申请

一、身故保险金、意外身故保险金的申请

在申请身故保险金、意外身故保险金时，由相应保险金的受益人作为申请人填写保险金给付申请书，并提供下列证明和资料：

1. 保险合同；

2. 受益人的有效身份证件；

3. 国务院卫生行政部门规定的医疗机构、公安机关或其他相关机构出具的被保险人的死亡证明；

4. 所能提供的与确认保险事故的性质、原因等有关的其他证明和资料。

············

第十六条 保险金给付

我们在收到保险金给付申请书及合同约定的证明和资料后，将在 5 个工作日内作出核定；情形复杂的，在 30 日内作出核定。对属于保险责任的，我们在与受益人达成给付保险金的协议后 10 日内，履行给付保险金义务。

我们未及时履行前款规定义务的，除支付保险金外，应当赔偿受益人因此受到的损失。前述"损失"是指受益人因此受到的利息损失，该利息损失按单利计算，且利率不低于中国人民银行公布的金融机构人民币活期存款基准利率。

对不属于保险责任的，我们自作出核定之日起 3 日内向受益人发出拒绝给付保险金通知书并说明理由。

我们在收到保险金给付申请书及有关证明和资料之日起 60 日内，对给付保险金的数额不能确定的，根据已有证明和资料可以确定的数额先予支付；我们最终确定给付保险金的数额后，将支付相应的差额。

通过阅读第十五条，我们可以发现，申请保险金只需要简单的材料；通过阅读第十六条，我们可以发现，保险金给付的速度很快。这些都是在保险合同中明确约定，受到国家法律保障的。

34 买保险能避税，是真的吗？

近年来，影视明星、网络主播等因偷逃税款而被税务机关处罚的事件不断见诸新闻。从事主播行业的王女士生怕哪天自己也面临这种风险，她之前听人说"买保险可以避税"，于是就找来自己的保险顾问，问他怎么操作。没想到保险顾问告诉她："王姐，保险的确有一定的税务筹划空间，但不可能像您说的那样'避税'。"

▶▶▶ 专业解析

依法纳税，是每个公民应尽的义务。在金税系统不断升级、税收监管越来越严的趋势下，我们更要注意自己的税务安全。"买保险避税"是一种错误的说法，购买保险的客户不应存在这样的心理，保险从业人员也应避免这类说法，以免给消费者造成误导。

保险确实存在一定的税务筹划功能，这主要体现在四个方面。

第一，购买保险、持有保险、领取保险金都不用纳税。

购买房子、汽车等商品时，需要缴纳契税、印花税等。如果将来开征房地产税，符合条件的房屋所有人还需要缴纳房地产税。我们获得的各项收入，比如劳务报酬所得、特许权使用费所得等，都需要缴纳个人所得税。

保险和其他资产不同，在购买环节、持有环节、领取保险金环节，都无须纳税。也就是说，买保险的时候、持有保险的时候，不用纳税；保险事故发生后领取的保险金，属于合法取得的完税收入，也不用缴纳个人所得税。

那么，我们用公司的钱给员工买商业保险，或者用个人的收入购买商业保险，这部分买保险的钱，是不是就不用交企业所得税、个人所得税了呢？绝大部分的商业保险都没有此类功能。

第二，购买部分商业健康保险可以合法节税。

我们都知道，单位给员工上的"五险"，属于法律规定的可进行税前扣除的项目。除了这个，根据《财政部 税务总局 保监会关于将商业健康保险个人所得税试点政策推广到全国范围实施的通知》（财税〔2017〕39号）的规定，购买符合规定的商业健康保险产品的支出，每月不超过200元（全年不超过2400元）的部分，在计算应纳税所得额时可以进行税前扣除。

这里有两个要点：一是购买的保险，必须是保险公司参照个人税收优惠型健康保险产品指引框架及示范条款开发的、符合一定条件的健康保险产品；二是每年的扣除总额有限制，超出2400元的部分，依旧要缴纳个人所得税。

除此之外的单位给员工购买的商业保险的支出，都应该按照员工的"工资、薪金所得"项目，计征个人所得税。

第三，购买部分商业养老保险可实现税务递延。

根据《财政部 税务总局 人力资源社会保障部 中国银行保险监督管理委员会 证监会关于开展个人税收递延型商业养老保险试点的通知》（财税〔2018〕22号）的规定，我国在上海市、福建省（含厦门市）和苏州工业园区实施个人税收递延型商业养老保险试点。

根据这项政策可知，购买符合规定的商业养老保险产品的支出：①在一定标准内可以税前扣除，也就是这部分钱不用纳税；②计入个人商业养老资金账户的投资收益，暂不征收个人所得税；③将来领取保险金的时候，再征收个人所得税；④最高抵扣额为每月1000元或每年12 000元。

目前，这项政策还没有在全国范围内展开，税收优惠力度也不是特别大。随着我国老龄化程度的加深，养老压力越来越大，我们认为，商业养老保险的税收优惠力度有望进一步加强。

2022 年 4 月 21 日，国务院办公厅发布了《关于推动个人养老金发展的意见》（国办发〔2022〕7 号）。截至本书定稿时，个人养老金制度尚未落地，我们期待这一制度能为商业保险释放出更大的税务筹划空间。

第四，如果将来开征遗产税，商业保险将具有更大的税务筹划空间。

进行遗产税筹划的保单架构比较简单：被继承人（一般为父辈）生前给自己投保大额人寿保险，继承人（一般为子女）为身故受益人。被继承人（被保险人）去世，继承人（身故受益人）可以直接获得身故保险金。

按照目前的法律规定，身故保险金不属于被保险人的遗产，因此，即使开征遗产税，领取身故保险金时也大概率不用缴纳遗产税。同时，将部分金融资产转换成大额寿险，也能减少遗产税的纳税基数。

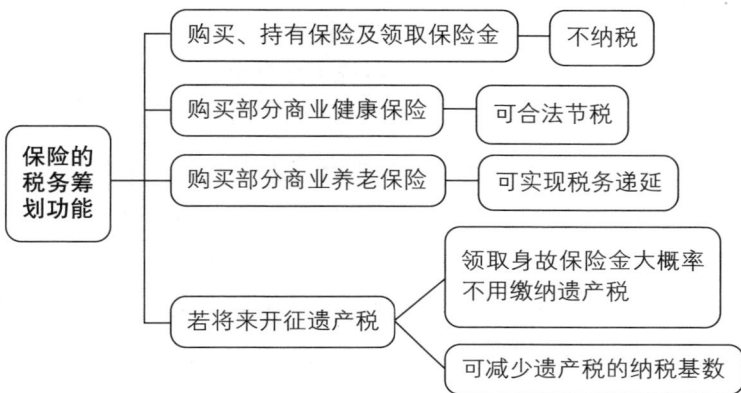

《财政部 税务总局 保监会关于将商业健康保险个人所得税试点政策推广到全国范围实施的通知》（财税〔2017〕39 号）

对个人购买符合规定的商业健康保险产品的支出，允许在当年（月）计算应纳税所得额时予以税前扣除，扣除限额为 2400 元／年（200 元／月）。单位统一为员工购买符合规定的商业健康保险产品的支出，应分别计入员工个人工资薪金，视同个人购买，按上述限额予以扣除。

2400 元／年（200 元／月）的限额扣除为个人所得税法规定减除费用标准之外的扣除。

《财政部 税务总局 人力资源社会保障部 中国银行保险监督管理委员会 证监会关于开展个人税收递延型商业养老保险试点的通知》（财税〔2018〕22 号）

对试点地区个人通过个人商业养老资金账户购买符合规定的商业养老保险产品的支出，允许在一定标准内税前扣除；计入个人商业养老资金账户的投资收益，暂不征收个人所得税；个人领取商业养老金时再征收个人所得税。具体规定如下：

1. 个人缴费税前扣除标准。取得工资薪金、连续性劳务报酬所得的个人，其缴纳的保费准予在申报扣除当月计算应纳税所得额时予以限额据实扣除，扣除限额按照当月工资薪金、连续性劳务报酬收入的 6% 和 1000 元孰低办法确定。取得个体工商户生产经营所得、对企事业单位的承包承租经营所得的个体工商户业主、个人独资企业投资者、合伙企业自然人合伙人和承包承租经营者，其缴纳的保费准予在申报扣除当年计算应纳税所得额时予以限额据实扣除，扣除限额按照不超过当年应税收入的 6% 和 12 000 元孰低办法确定。

2. 账户资金收益暂不征税。计入个人商业养老资金账户的投资收益，在缴费期间暂不征收个人所得税。

35 买保险能避债，是真的吗?

齐先生是一位企业主，眼看经济形势复杂多变，生怕哪天自己的企业破产，企业债务影响家庭资产。他听说买保险可以避债，就去找认识的保险顾问，说了自己的想法。保险顾问对他说："齐先生，保险的确有一定的债务筹划功能，但它肯定不能避债，您听我详细给您解释。"

▶▶▶ 专业解析

首先我们要明确，保险从来就不能避债。"欠债还钱，天经地义"，这不仅是法律常识，也是法律底线。任何金融工具都不能损害债权人合法讨债的权利，任何法律也都不会支持债务人恶意逃避债务的行为。所以，"保险能避债"这个说法，肯定是错误的。

《民法典》第一百五十四条规定："行为人与相对人恶意串通，损害他人合法权益的民事法律行为无效。"如果以恶意避债为目的购买保单，损害了债权人的权益，债权人可以要求用保单还债。

在现实生活中，保险确实具备一定的债务筹划功能。这主要体现在以下四个方面：

第一，对于保单能否被法院强制执行，虽然有的省份已经出台了一些规定，但是在国家层面，还没有统一、确定的规定。实践中，法院往往也会尽量避免对保单进行强制执行，而优先执行债务人的其他财产。

第二，保单本身具有私密性，债权人一般很难知道保单的存在，也就无法向法院提供强制执行的线索。

第三，人身保险的保险金请求权只属于受益人，受益人的债权人不能代位求偿。假设李四是某份保险的受益人，可以领取一笔保险金，同时他欠了王五一笔钱，则王五没有权利让保险公司把这笔保险金直接打给自己，以偿还李四的债务。

第四，正常情况下身故保险金不属于遗产。因此，通过保险工具，可以在一定程度上达到"只继承财产，不继承债务"的实际效果。

不过，保险的这些功能也在受到挑战。以浙江、江苏、上海等省市的高级人民法院为代表，对保单能否强制执行给出了明确的回答：除了人身专属性较强的保单（如医疗保险），其他保单可以被强制执行。而且我们判断，具有现金价值、具备投资理财功能的保单可以被强制执行，会成为未来大的趋势，前面说的保险的债务筹划功能会进一步削弱。

面对这种情况，我们应该怎么正确认识保险的债务筹划功能呢？

第一，试图通过保险这一工具恶意逃债，肯定是行不通的。第二，更重视保障功能、人身专属性较强的保单被强制执行的概率较低。通过对此类保险的配置，可以实现一定的债务隔离功能，给自己未来的生活提供基本保障。第三，将投保人、受益人变更为其他债务风险较小的家庭成员，一定程度上能够实现债务筹划。第四，可以考虑在发生债务问题之前，通过设立保险金信托 2.0 模式，将投保人变更为信托公司，更好地实现债务风险的隔离。

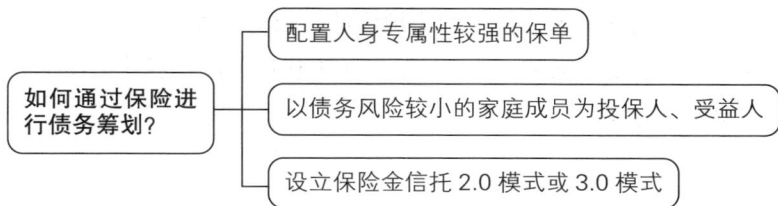

```
如何通过保险进 ──┬── 配置人身专属性较强的保单
行债务筹划？      │
                 ├── 以债务风险较小的家庭成员为投保人、受益人
                 │
                 └── 设立保险金信托 2.0 模式或 3.0 模式
```

2021 年 11 月，上海市高级人民法院与八家保险机构签署的《关于建立被执行人人身保险产品财产利益协助执行机制的会议纪要》发布。这份文件在一定程度上代表了法院对保单强制执行的态度，其要点包括：

一、要求保险公司干什么

1. 协助查询保单信息。

2. 协助冻结保单财产。

3. 协助划扣保单财产。

二、强制执行谁的什么财产

1. 被执行人是投保人：保单现金价值、保单红利等。

2. 被执行人是被保险人：被保险人的生存金等。

3. 被执行人是受益人：受益人的生存金等。

三、被执行人是投保人的其他规定

1. 投保人、被保险人或受益人是同一人，直接执行保单现金价值、红利等。

2. 投保人与被保险人或受益人不是同一人，被保险人或受益人有赎买保单的权利。

3. 要求执行的金额小于保单现金价值的，作减保处理。保单减保同样适用赎买政策。

四、哪些保单原则上不被强制执行

人身专属性较强、保单现金价值低，但潜在可能获得的保障大的保单，一般不被强制执行。比如，重大疾病保险、意外伤残保险、医疗费用保险等。

36 我领取的身故保险金算遗产吗？

司先生有一份提前给付重大疾病保险。司先生确诊得了癌症后，保险公司当即向他赔付了 30 万元保险金。遗憾的是，经过一段时间的治疗，司先生最终还是撒手人寰。保险公司又给这份保险的受益人小司赔付了 10 万元身故保险金。分配遗产的时候，小司认为保险公司之前赔付的 30 万元也应该是他的，因为他听说"保险金不属于被保险人的遗产，而是受益人的个人财产"。他的想法对吗？

▶▶▶ **专业解析**

保险的很多法商功能，尤其是在传承方面要实现法商功能，依赖一个前提条件：保险金不是遗产。

其实，"保险金不是遗产"是一个不严谨的说法，严谨地说应该是：指定了受益人，或受益人为法定的，身故保险金不是遗产。根据《保险法》第四十二条的规定，只有在三种特殊情况下，身故保险金才是被保险人的遗产。

这里面有两点需要注意。

第一，以死亡为给付条件的保险金，才可能不被认定为遗产。

比如我们常见的重疾险，如果被保险人确诊合同约定的重疾，领取保险金的就是被保险人，被保险人领取的保险金与他的其他个人财产没有区别，当被保险人死亡时，这部分保险金会被认定为遗产；如果被保险人死亡，领取保险金的就是身故受益人，身故保险金不会被认定为遗产。所以，案例中司先生生前领取的 30 万元保险金属于他的个人财产，在其去世后应该作为遗产进行处理。

含有死亡赔付责任的年金险、意外险、健康险等都是如此，人寿保险就更是这样了。

第二，即便是身故保险金，在三种情况下，也会被认定为遗产。2015年修订的《保险法》对这三种情况有明确规定。

那么，《保险法》规定的"身故保险金变遗产"的三种情况是什么呢？

第一种情况：没有指定受益人，或受益人无法确定。

没有指定受益人，一般就是在购买保险时，受益人一栏未填写。这种情况现在比较少见，保险顾问一般会提示投保人或被保险人填写受益人。在网上自主投保的，受益人一般默认为"法定"。受益人是"法定"的，身故保险金也不会被认定为遗产，而是按照法定继承规则分配保险金。

比较常见的受益人无法确定的情况是：被保险人和受益人的身份关系发生变化。一般保险合同中，会填写受益人的两个信息：受益人的姓名以及受益人与被保险人的关系。如果投保之后，受益人与被保险人的关系发生了变化，就属于受益人指定不明。

举例来说，假设李四作为投保人和被保险人买了一份人寿保险，身故受益人是妻子王女士。保险合同中，身份关系一栏写了"配偶"，姓名一栏写了王女士的名字。保险合同生效后，两人离婚，但李四没有更改受益人。后来，李四去世，保险赔偿金是应该给王女士，还是应该作为遗产给李四的法定继承人呢？显然是后者。这张保单就属于"受益人指定不明无法确定"的情况。

对此，《保险法司法解释（三）》第九条有明确说明："（三）约定的受益人包括姓名和身份关系，保险事故发生时身份关系发生变化的，认定为未指定受益人。"

如果只写了身份关系，比如"配偶"，没写受益人的名字，出现保险事故时怎么办呢？此时身故保险金不会被认定为遗产，受益人认定为谁，则要分情况讨论：①投保人与被保险人是同一人的，根据"保险事故发生时"与被保险人的关系，确定受益人。②投保人与被保险人不是同一人的，根据"保险合同成立时"与被保险人的身份关系确定受益人。这种情况在现实中比较少见，就不多讨论了。

此外还有一种情况，就是投保人指定受益人未经被保险人同意的，应视为指定行为无效。这种情况相当于没有身故受益人，身故保险金应该作为被保险人的遗产进行分配。

第二种情况：受益人比被保险人先死亡，又没有其他受益人。

值得注意的是，如果被保险人与受益人谁先去世没法确定，比如两人同乘一架飞机，飞机失事导致两人共同罹难，那么，身故保险金是被保险人的遗产，还是受益人的遗产呢？对此，《保险法》特别做了说明："受益人与被保险人在同一事件中死亡，且不能确定死亡先后顺序的，推定受益人死亡在先。"既然是受益人死亡在先，那么显然，身故保险金就属于被保险人的遗产了。

第三种情况：受益人丧失或放弃受益权，又没有其他受益人。

受益人主动放弃受益权的情况很好理解，就不多说了。在什么情况下，受益人会依法丧失受益权呢？《保险法》第四十三条规定："受益人故意造成被保险人死亡、伤残、疾病的，或者故意杀害被保险人未遂的，该受益人丧失受益权。"之所以有这项规定，是为了规避包括骗保在内的道德风险。

总体来说，只要是身故保险金，除了上述三种情况，根据现行法律，保险金都不属于被保险人的遗产。

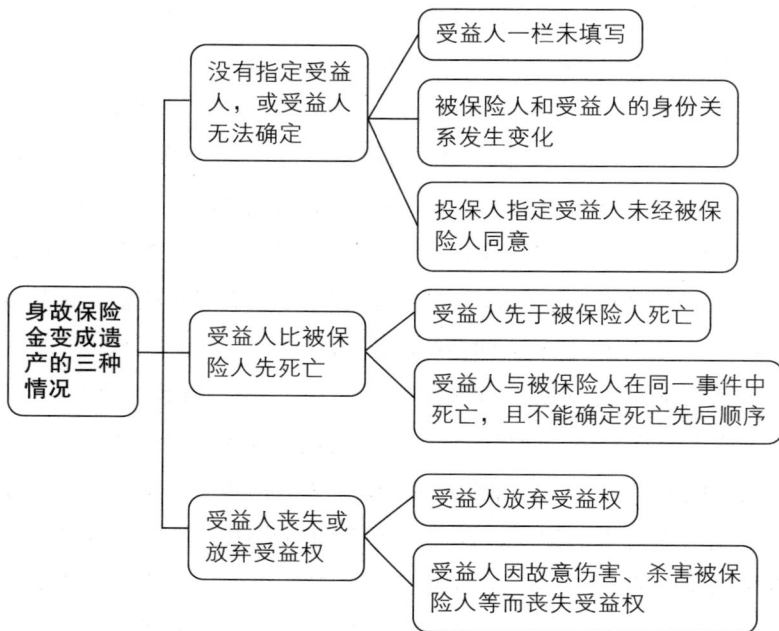

```
身故保险
金变成遗
产的三种
情况
├─ 没有指定受益
│   人，或受益人
│   无法确定
│   ├─ 受益人一栏未填写
│   ├─ 被保险人和受益人的身份关系发生变化
│   └─ 投保人指定受益人未经被保险人同意
├─ 受益人比被保
│   险人先死亡
│   ├─ 受益人先于被保险人死亡
│   └─ 受益人与被保险人在同一事件中死亡，且不能确定死亡先后顺序
└─ 受益人丧失或
    放弃受益权
    ├─ 受益人放弃受益权
    └─ 受益人因故意伤害、杀害被保险人等而丧失受益权
```

▶▶▶ 延伸阅读

《保险法》

第四十二条　被保险人死亡后，有下列情形之一的，保险金作为被保险人的遗产，由保险人依照《中华人民共和国继承法》[①] 的规定履行给付保险金的义务：

（一）没有指定受益人，或者受益人指定不明无法确定的；

（二）受益人先于被保险人死亡，没有其他受益人的；

（三）受益人依法丧失受益权或者放弃受益权，没有其他受益人的。

---

① 2021 年 1 月 1 日起，《民法典》正式生效。《民法典》继承编取代《中华人民共和国继承法》。

受益人与被保险人在同一事件中死亡，且不能确定死亡先后顺序的，推定受益人死亡在先。

《保险法司法解释（三）》

第九条　投保人指定受益人未经被保险人同意的，人民法院应认定指定行为无效。

当事人对保险合同约定的受益人存在争议，除投保人、被保险人在保险合同之外另有约定外，按以下情形分别处理：

（一）受益人约定为"法定"或者"法定继承人"的，以民法典规定的法定继承人为受益人；

（二）受益人仅约定为身份关系，投保人与被保险人为同一主体的，根据保险事故发生时与被保险人的身份关系确定受益人；投保人与被保险人为不同主体的，根据保险合同成立时与被保险人的身份关系确定受益人；

（三）约定的受益人包括姓名和身份关系，保险事故发生时身份关系发生变化的，认定为未指定受益人。

最高人民法院民二庭认为，保险合同身故受益人一栏填写"法定"，从探索被保险人指定受益人的真实意思来看，其指定受益人的意愿是存在的，且已经以"法定"的表述形式进行指定。法定继承人应当理解为在保险事故发生（被保险人身故）时存在的继承人，而不是人身保险合同成立时的"法定继承人"。[1]

---

① 杜万华. 最高人民法院关于保险法司法解释（三）理解与适用 [M]. 北京：人民法院出版社，2016: 260.

37 保单贷款是什么？做保单贷款需要了解什么？

　　丁先生最近急需进一批原材料，对方要求必须先付款再发货，但是丁先生有几笔货款迟迟没到账，资金一时周转不过来。丁先生想去银行做房产抵押贷款，时间上却来不及，于是他发朋友圈求助，寻求过桥资金。他的保险顾问看到后提醒他："丁先生，您手上有一份大额终身寿险保单，现金价值很高，可以做保单贷款。我帮您操作，最迟明天钱就可以到账。"

▶▶▶ **专业解析**

　　贷款是现代生活中一种常见的经济行为，很多人都接触过，比如房贷、车贷、个人信用贷等。我们都知道，贷款需要抵押品。有的抵押品是实物，比如房子、车子等；有的抵押品是虚拟的，比如个人信用等。但很多人不知道的是，用保单也可以贷款。

　　保单贷款，就是以保单的现金价值作为担保，从保险公司获得贷款的行为。关于保单贷款，有几个问题是我们需要了解的。

　　什么保险可以进行保单贷款？保单贷款的抵押物是"保单的现金价值"，因此，凡是具有现金价值的保单，比如大部分的年金保险、终身寿险等，都可以进行保单贷款；消费型保险，比如短期的医疗险、人身意外险，就无法进行保单贷款。

　　保单贷款能贷多少钱？这个问题依旧要看保单的现金价值。根据原保监会在 2016 年发布的《关于进一步完善人身保险精算制度有关事项的通知》（保监发〔2016〕76 号）可知，保单贷款的额度不得高于保单现金价值的 80%。① 绝大多数保险公司对保单贷款金额的规定以此为准，也就是说，保单贷款能贷到的钱，是被抵押保单的现金价值的 80%。需要注意的是，很多保险合同的现金价值每年都不一样，也许你今年只能贷 20 万元，明年就可以贷 25 万元了。保险合同一般会对保单现金价值有明确约定，你也可以咨询保险公司自己的保单在当年"值多少钱"。

保单贷款的利率是多少？每家保险公司保单贷款的利率有所不同，实践中，一般以银行 6 个月贷款利率为基准浮动。

保单贷款能贷多久？保单贷款的期限大都为 6 个月。如果到了还款期限还没有还钱，逾期的利息会计入贷款本金。

保单贷款还不上钱怎么办？一般来说，到了还款期限，贷款人只需要把当期的利息还上，就可以继续使用本金。也就是说，没钱还本金，可以先还利息，等有钱了，再本息一起还。那么，如果利息也还不上怎么办呢？逾期的利息会计入下一个贷款周期的本金，直到未还的本息等于保单的现金价值，保单失效——相当于投保人自动退保，退保的钱还了保险公司的贷款及利息。

保单贷款期间出了保险事故怎么办？只要保单没有失效，保单贷款期间出现保险事故，保险公司依旧会按照合同约定进行赔付，不过在赔付保险金时，一般会扣除投保人（贷款人）所欠本息。

保单贷款多久能放款，流程一般是怎样的？保单贷款放款很快，只要符合资格、手续齐全，一般不会超过 7 个工作日，有很多保险公司可以做到次日或当天放款。办理保单贷款，一般需要准备有效身份证明文件（如身份证）、保险合同、以投保人为户

---

① 2020 年银保监会发布的《人身保险公司保单质押贷款管理办法（征求意见稿）》第十二条："保单质押贷款金额不得高于申请贷款时保单现金价值的 80%。"

名的活期结算账户（投保人的银行卡）、投保人的书面同意贷款声明（有的需要被保险人同时签字），去保险公司或与保险公司合作的银行柜台办理。有的保险公司的手机应用程序（App）、公众号上就有自助申请保单贷款的功能。每家保险公司申请保单贷款的具体流程可能稍有不同，有需要时可咨询相应的保险公司。

相对其他类型的贷款，保单贷款有以下五个优势：第一，流程简单，需要的资料比较少，在手机上就能完成；第二，放款速度快；第三，贷款利率较低，现在很多保单贷款的利率在 4.5% ~ 6.5%；第四，还款灵活，既可以先还利息，也可以本息一起还；第五，保单贷款期间，保险的保障功能依旧有效。

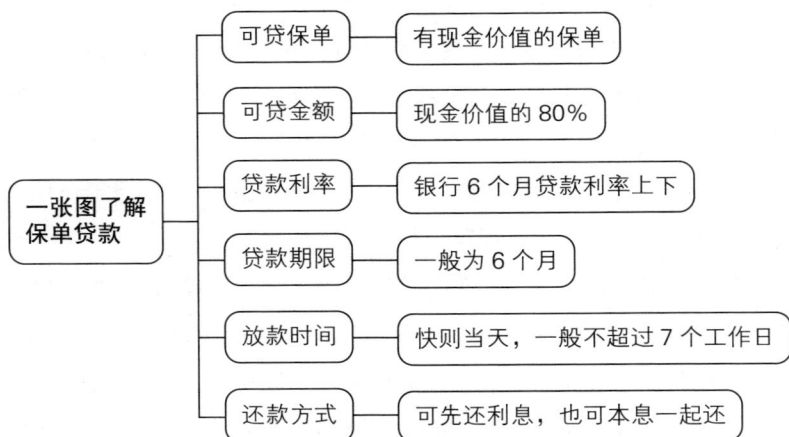

```
                  ┌─ 可贷保单 ── 有现金价值的保单
                  │
                  ├─ 可贷金额 ── 现金价值的 80%
                  │
一张图了解         ├─ 贷款利率 ── 银行 6 个月贷款利率上下
保单贷款 ─────────┤
                  ├─ 贷款期限 ── 一般为 6 个月
                  │
                  ├─ 放款时间 ── 快则当天，一般不超过 7 个工作日
                  │
                  └─ 还款方式 ── 可先还利息，也可本息一起还
```

要想了解保单贷款的方便程度，我们可以看看某银行个人贷款业务流程。

某银行个人贷款业务流程

支行个人类贷款营销团队	业务受理（个贷中心） 前端中心	贷款审核（个贷中心）	贷款审批（市分行风险部）	贷款执行（个贷中心）
客户申请	业务受理 电话或现场调查	合规性、完整性、真实性审核	信贷审批	签订合同 办理抵押登记 贷款放行 贷后管理 档案管理

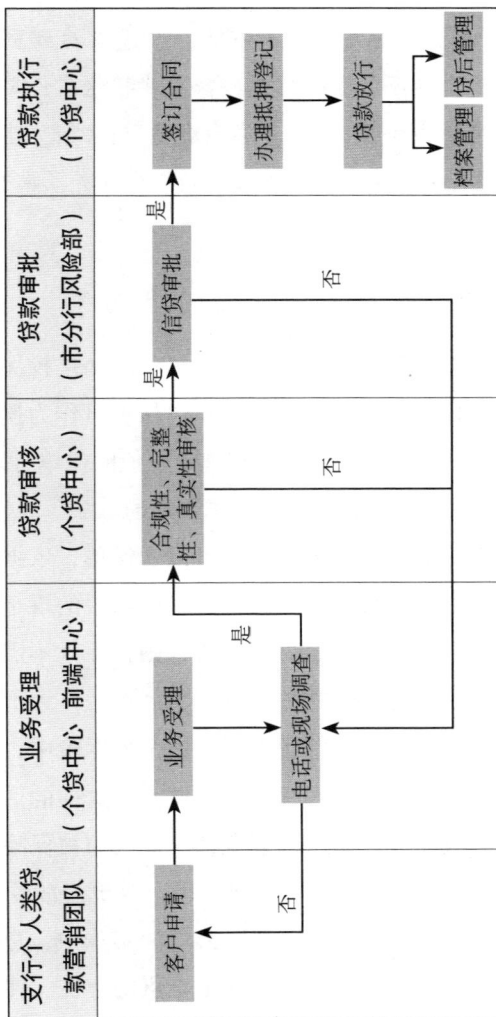

38 我能把持有的保单卖给别人吗?

余先生最近身体不好,经常去医院。这天他找到保险顾问小李,对小李说:"我最近去医院花费很大,又没有达到重疾险的理赔标准,感觉经济上撑不住了。你能不能帮我把这张保单卖了,以后我得了重疾,这个钱就归他。"小李为难地说:"余先生,您说的这种情况属于保单贴现业务。目前在国内,这个业务还没有展开呢。"

▶▶▶ **专业解析**

我们都知道,保单属于投保人的资产。如果投保人欠债,法院可以强制执行保单;如果投保人死亡,保单可作为遗产由其继承人继承。因此,从理论上来说,具有现金价值的保单可以卖给其他人。但是这仅仅是理论上的,实践中基本行不通。

我们在理论上假设一下,如果可以卖保单,依据什么确定保单的价值呢?一般有两种定价方式:一是以保单的现金价值定价,二是以保额定价。如果以现金价值定价,则投保人不需要卖保单,直接退保就能拿到相应数额的钱。

那么以保额定价(卖保额)呢?在个人保险中,被保险人无法更换,所以只能变更投保人和身故受益人。这样的话,就出现几个难点:第一,我国《保险法》规定,投保人与被保险人必须有保险利益;第二,《保险法》中同样规定了,变更身故受益人,必须获得被保险人的同意;第三,在保险公司的实践中,身故受益人一般要求是被保险人的直系亲属。这几个难点的存在,使得以保额定价基本不存在可行的空间。

《保险法》和保险公司之所以有这么严格的规定，是为了降低道德风险，避免让保险变成赌博的工具。

可保险既然属于投保人的资产，不能买卖似乎又说不过去。为此，很多国家都提供了保单贴现业务。2018年，原保监会也起草了《人身险保单贴现业务试点管理办法（征求意见稿）》。根据这份文件可知，保单贴现的整个过程涉及三方：原来的保单持有人、保单贴现机构、保单投资人。原来的保单持有人（一般就是投保人）通过保单贴现机构，按照保额的一定比例，把保单卖给保单投资人；保单投资人有义务继续交纳保费，有权利在保险事故发生后获得保险合同约定的保险金。

保单贴现分为普通贴现和重疾贴现两种。重疾贴现的特殊之处在于，保单持有人进行保单贴现的目的在于解决因救治重大疾病所需的花费。

保单贴现业务的核心在于，通过保单贴现机构，在一定程度上避免道德风险。

保单贴现业务在国外比较常见，但在国内还没有展开。未来国内是否能大规模展开保单贴现业务，也是未知数。

总体来说，在我国当前的法律和市场环境下，保单不能买卖。投保人想要获得保单资产的变现，只能通过退保或减额取现的方式；想要获得保单资产的流动性，只能通过保单贷款的方式。

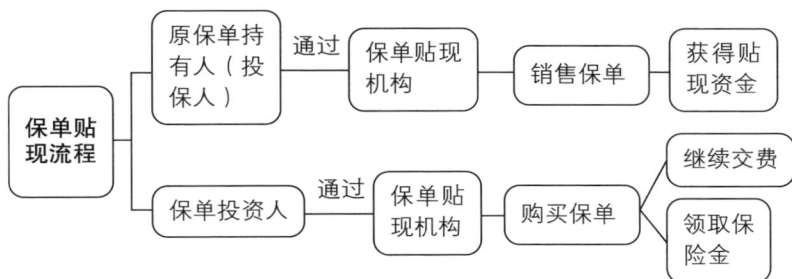

《人身险保单贴现业务试点管理办法（征求意见稿）》

第二条 本办法所称保单贴现，是指保单贴现人（即保单持有人）以保单满期给付折价或被保险人保险责任发生给付折价的方式，通过保单贴现机构将保单受益权转让给保单投资人从而获得贴现资金，当该保单满期或被保险人保险责任发生时，保单投资人可以领取保险金获得投资收益的交易行为。

保单持有人是指对保单利益依法享有请求权的保险合同当事人，可以是自然人或法人，包括投保人和被保险人。

保单贴现机构是指在保单贴现交易中提供专业咨询、保单价值评估、资金贴现、保单保全、保单追踪等一系列专业化服务的机构。

保单投资人是指出资受让贴现保单的投资人，可以是保单贴现机构、其他机构投资人或个人投资人。保单贴现合同正式生效后，保单投资人成为贴现保单的不可撤销受益人。

39 保险金信托是什么？它有什么特殊优势？

　　罗总为抢占市场，举债扩张业务，但公司业绩已经连续两年下滑。最近，罗总担心万一公司倒闭，公司债务会牵连自己的家庭财产。早些年没有欠债的时候，罗总买过几份大额保单，均已交费完成，保险顾问就建议他，把这几份大额保单都装进保险金信托，进一步隔离风险。

▶▶▶ **专业解析**

　　2023 年 3 月，中国银保监会信托部下发了《关于规范信托公司信托业务分类的通知》（以下简称《通知》）。《通知》中提出，信托公司应当以信托目的、信托成立方式、信托财产管理内容作为分类维度，将信托业务分为资产服务信托、资产管理信托、公益慈善信托三大类。保险金信托是资产服务信托的一种。家族信托也属于资产服务信托，但两者有一定的区别。

　　家族信托，简单来说，就是"一笔钱，两件事，三个人"。一笔钱就是信托财产；两件事分别是委托人把钱委托给受托人，受托人管理并向受益人分配这笔钱；三个人分别是委托人（发起设立家族信托并提供信托财产的人）、受托人（管理和分配信托财产的人，一般是信托公司）和受益人（最终获得信托收益的人）。

　　这笔钱在三个人之间转来转去，有什么用呢？家族信托的功能有很多，总结起来主要有六个方面：财富保护功能，财富传承功能，家族治理功能，税务筹划功能，隐私保护功能，公益慈善、公司结构治理等其他功能。①

　　保险金信托和其他家族信托最大的不同，就在于那"一笔钱"。在保险金信托中，"一笔钱"指的是人身保险的保单及其保险金。因此，在《七堂保险金信托课》一书中，李升给保险金信托下的定义是："投保人在和保险公司签订保险合同后，以人寿保险单作为信托财产，再和与保险公司合作的信托公司签订信托合同，约定未来的保险金直接进入信托账户，由信托公司进行管理和分配，并将信托财产及收益按合同约定，分配给信托受益人的信托计划。"

　　此外，相对于家族信托，保险金信托可以利用保险的杠杆功能放大资产规模；门槛更低、受众更广，不受设立家族信托时信托财产的金额或价值不低于 1000 万元的限制，一般的家庭也可以设立保险金信托；保险金属于无争议的税后资产，因此以身故保险金为信托财产设立保险金信托，在操作上更便捷，争议更少。

　　相对于人身保险，保险金信托也具有四个方面的优势：首先，受益人范围更广；其次，保险金进入信托后，信托公司可以根据信托合同的约定对保险金进行分配；再次，在越来越多保单被强制执行的背景下，保险金信托具有更强的资产隔离、财富保护功能；最后，信托公司会对进入信托的保险金进行管理，以使其保值增值。

　　随着时代的发展，越来越多的家庭和高净值人士开始关注并设立保险金信托和家族信托。在这里，我们只对这种工具做简单介绍，希望对其有更深入了解的读者，可以参考本系列图书的其他相关书籍。

---

① 此处有关家族信托的论述，参考《陈伯宪家族信托讲义》一书。

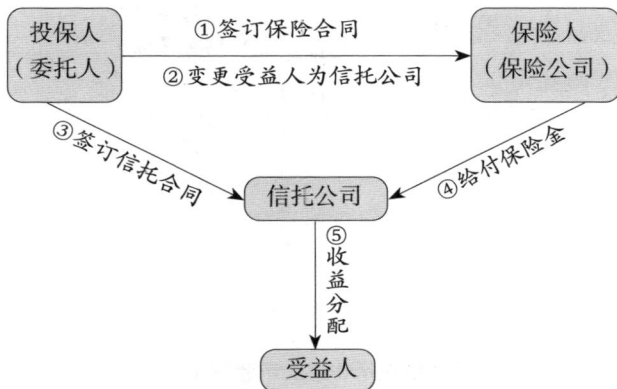

保险金信托运作模式示意图①（1.0版）

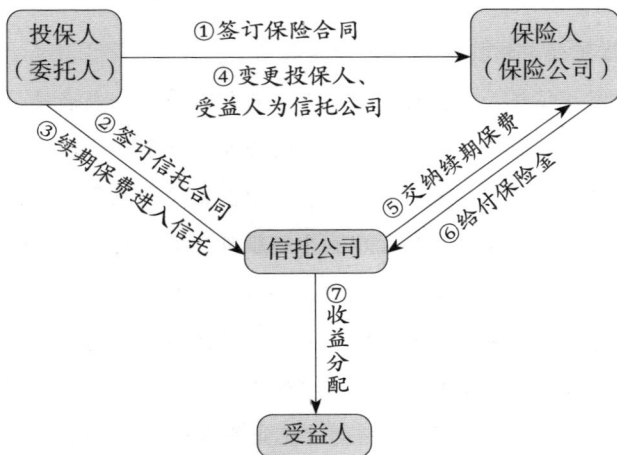

保险金信托运作模式示意图（2.0版）

---

① 李升. 七堂保险金信托课 [M]. 北京：电子工业出版社，2020.

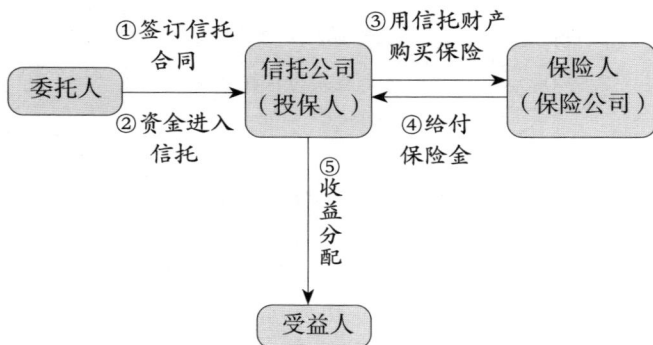

保险金信托运作模式示意图（3.0版）

▶▶▶ **延伸阅读**

《信托公司信托业务具体分类要求》

1. 家族信托。信托公司接受单一自然人委托，或者接受单一自然人及其亲属共同委托，以家庭财富的保护、传承和管理为主要信托目的，提供财产规划、风险隔离、资产配置、子女教育、家族治理、公益慈善事业等定制化事务管理和金融服务。家族信托初始设立时实收信托应当不低于1000万元。受益人应当为委托人或者其亲属，但委托人不得为唯一受益人。家族信托涉及公益慈善安排的，受益人可以包括公益慈善信托或者慈善组织。单纯以追求信托财产保值增值为主要信托目的、具有专户理财性质的信托业务不属于家族信托。

…………

3. 保险金信托。信托公司接受单一自然人委托，或者接受单一自然人及其家庭成员共同委托，以人身保险合同的相关权利和对应利益以及后续支付保费所需资金作为信托财产设立信托。当保险合同约定的给付条件发生时，保险公司按照保险约定将对应资金划付至对应信托专户，由信托公司按照信托文件管理。

Chapter

3

第三章

—

购买指南：
投保的正确"姿势"

40 买保险的一般流程是什么？

有一次，周老板听朋友说某款年金保险特别好，也想买一份。他询问朋友怎么买这份年金保险，朋友告诉他："我也不是很清楚，感觉就是代理人让我签了一大堆字，然后就好了。"那么，买保险的一般流程是怎样的呢？

▶▶▶ **专业解析**

买任何东西，都要经过"挑选产品"和"购买"这两个流程。后面各节，我们会陆续介绍怎么挑选保险产品，这一节我们主要介绍"购买保险的流程"。

"买保险"是我们日常生活中的说法，严谨的说法应该是"保险合同的订立"。它"是指投保人和保险人为了缔结合同而作出意思表示并达成一致的过程"①。这个定义揭示了"买保险"和买其他有形商品的不同：买有形商品，大都是"一手交钱，一手交货"，钱货两讫，买卖完成；买保险，则是签署一份合同，合同成立，就意味着保险买到手了。

作为一种有名合同（又叫典型合同），保险合同的订立也有"要约"和"承诺"两个阶段。"要约是希望与他人订立合同的意思表

---

① 中国保险行业协会.保险基础知识 [M].北京：中国金融出版社，2020: 37.

示"[1]，"承诺是受要约人同意要约的意思表示"[2]。在保险合同订立的过程中，投保人是要约人，发起要约，申请投保；保险公司是受要约人，决定是不是同意接受要约，同不同意承保。接下来我们就详细讲一讲这两个阶段。

1. 投保人发起要约

投保人选定一款保险产品后，保险顾问会给投保人一份投保计划书（俗称"保险利益演示表"）。这份投保计划书一般是保险公司事先设计好的，列明了这款产品的具体内容，比如保险期间、保障内容、保费、保额等。

投保人与保险顾问就投保计划书达成一致后，保险顾问会让投保人填写人身保险投保单，包括投保人、被保险人、受益人的资料，购买产品的信息，投保人声明、如实告知事项等。

在这个阶段，有以下主要事项：

第一，保险顾问需要给投保人讲解条款的主要内容，尤其是里面的免责条款，让投保人在相应的位置签字，并对投保人进行录音、录像（俗称"双录"），以确保投保人明确了解合同内容，避免发生纠纷。

第二，投保人如实告知被保险人的情况，比如年龄、职业、身体状况等。投保人要根据保险顾问或保险合同的提示，如实回答被保险人的年龄、身体健康状况等，比如是否患有某些疾病、是否有抽烟等不良生活习惯等。

---

[1]《民法典》第四百七十二条："要约是希望与他人订立合同的意思表示，该意思表示应当符合下列条件：（一）内容具体确定；（二）表明经受要约人承诺，要约人即受该意思表示约束。"
[2]《民法典》第四百七十九条。

在这一步，投保人还需要进行风险测评，签署投保提示书、转账授权书等相关文件。如果购买的是以死亡为给付条件的保险，还需要被保险人签字确认。

完成以上这些事项，投保人就完成了对保险公司的要约。

2. 保险公司承诺

投保人将投保申请交给保险公司后，保险公司会进行核保。核保指的是保险公司"在掌握保险标的的重要事实的基础上，对风险进行评估与分类，进而决定是否承保、以何种条件承保的过程"。保险公司主要根据自己调查的结果和投保人如实告知的内容，决定是否承保。

保险公司核保的结果可分为以下三种：

第一种核保的结果是同意承保。同意承保也有三种情况：一是正常承保，即按照投保人所递交投保单的内容进行承保，不做任何改变；二是加费承保，如果保险公司认为被保险人的风险比较大，但又不是大到不可接受，可能会要求投保人多交保费，然后才能承保；三是除外承保，如果保险公司认为被保险人的某项风险太大，不愿意对这项风险承保，但是愿意承保其他的风险，就会要求将保障内容中的某一项剔除，然后再进行承保。

第二种核保的结果是延期，就是保险公司"对投保人的投保申请暂时不予承保的行为"。对于被保险人的某些状况是否会导致很大的风险，保险公司暂时无法确定，要观察一段时间才知道。这时，保险公司就会通知投保人"延期"，即过一段时间（如6个月或1年）再看。延期之后想要再投保，需要重新走"保险合同订立"的整个流程。

第三种核保的结果是拒保，即保险公司拒绝投保人的投保申请。保险公司如果认为被保险人的风险太大，就会拒保。

显然，以上三种结果中，延期和拒保，就是双方没有达成合意，保险"没买成"。保险公司正常承保，或者投保人同意保险公司加费承保、除外承保的要求，则合意达成，保险公司在保险合同上盖章。《保险法》第十三条规定，"投保人提出保险要求，经保险人同意承保，保险合同成立"，即保险公司只要在合同上盖章，这份保险合同就算成立了。保险合同成立后，保险公司会给投保人一份保险单（就是双方已经签字盖章的保险合同），并要求客户签一份已收到保单的回执。至此，整个"买保险"的流程就结束了。

需要注意的是，我们在第 14 节介绍过，保险合同的成立，与保险合同的生效、保险期间的开始不一定是同一个时间点。

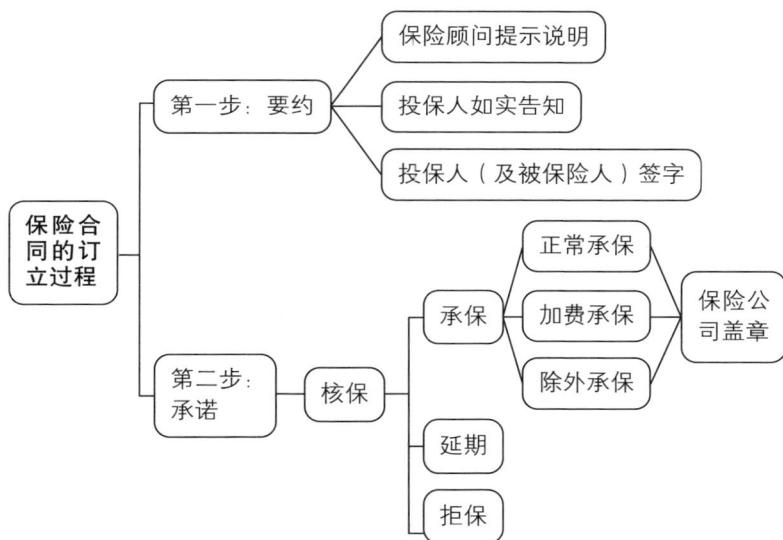

在保险合同订立的过程中，保险顾问有没有尽到"提示说明的义务"，详细向投保人说明合同中的免责条款，往往会对后期理赔产生重大影响。为此，行业监管机构和各家保险公司想了各种办法。比如，要求对保险销售的关键过程进行"双录"，要求投保人抄写关键内容或在关键内容处签字。然而，很多投保人并不明白其中的意义，"嫌麻烦"，往往没有认真看相关内容就随随便便读、抄或签名，等到需要理赔时才追悔莫及。在此我们提示投保人，签订保险合同时，一定要认真阅读合同中的关键条款，谨慎下笔。

41 有了社保，还需要买商业保险吗？

常先生在一家公司工作，他给自己买了终身寿险、年金保险，但更基础的医疗保险、重疾险一直没有买。保险顾问建议他投保医疗保险时，常先生总是说："我买保险主要就是为了存钱，将来好养老。医疗保险就不用了，我们公司福利很好，社保都是按最高档交的，生病住院的话，用社保就够了。"

▶▶▶ 专业解析

社保，就是社会保险，"指通过国家立法的形式，以劳动者为保障对象，以劳动者的年老、疾病、伤残、失业、死亡、生育等特殊事件为保障内容，以政府强制实施为特点的一种保障制度"[①]。

我国目前的社保主要有职工社保和城乡居民社保。职工社保一般包括养老、失业、医疗、生育、工伤五种，也就是俗称的"五险"，国家强制规定企业必须为职工购买社保；城乡居民社保主要包括医疗保险和养老保险，由投保者以个人名义购买，主要覆盖灵活就业人员。

社会保险本身是非营利性的。作为社会保障制度的一个重要组成部分，它的目的主要是实现物质和劳动力的再生产，以及保持社会的稳定。因此，社会保险具有强制性（劳动者和用人单位必须参加）、普遍保障性（对整个社会的成员具有普遍的保障责任）、权利义务基本对等性（有利于低收入劳动者，与商业保险的等价交换原

---

① 孙祁祥. 保险学 [M]. 7 版. 北京：北京大学出版社，2021: 295.

则不同）等特点。

"广覆盖，低保障"是社会保险的基本特征。因为它是一种社会保障制度，必然要照顾社会全体成员的利益，所以必须"广覆盖"；因为它具有广覆盖的特征，就国家和社会的财力而言，只能做到"低保障"，即在一定限度内提供保障。

了解了社保的特点，再来看本节的标题：有了社保，还需要买商业保险吗？在回答这个问题之前，我们可以先思考其他几个问题：有了自行车，还需要汽车吗？有了小房子，还需要换大房子吗？有了几百元的手机，还需要换几千元的手机吗？

大家可能会说，这几个问题根本就不是问题。只要有条件，当然要换啊，每个人都有追求更好的生活条件、更高的生活品质的权利。

其实，社保和商业保险也是一样的关系。社保提供给我们的只是基础的保障，如果我们想要获得更全面、更有力的保障，同时又有财力支持我们这么做，当然就要购买商业保险。具体来说，相对于社会保险，商业保险具有以下三个优势：

第一，商业保险提供的保障更全面。社会保险只有前面说的五种，可人生的风险远不止这五种，比如遭受人身意外的风险、过早去世导致家人生活没有着落的风险，等等。经过几十年的发展，我们国家的商业保险公司开发出了各种各样的保险产品，基本可以覆盖我们生活中面临的各种可保风险。我们可以根据自己的需求，针对自己担心遇到的风险，选择相应的商业保险产品。

第二，商业保险可以实现更大额度的保障。社会保险虽然也是"交得多，拿得多"，但保险的赔付与所交保费没有特别精确的关系，也就是说，我们享受的待遇和所做的贡献并非完全一致。一个人想要获得很大数额的保障，通过社会保险是很难实现的。商业保险则完全遵守"多投多保"的原则，想要多大的保额、获得多大程度的保障，只需要交纳相应的保费就可以。比如，仅凭社会养老保险，我们很难过上高品质的养老生活，这时就需要商业养老保险作为补充，乃至发挥更大的作用。

第三，商业保险具有更多的功能。除了基本的保障功能，商业保险在财富传承、风险隔离、投资理财等方面，可以发挥很大的作用，而这些功能是社会保险无法实现的。

可能还有人会担心：我已经有了社保，再买商业保险，是不是重复了？甚至进一步想：既然已经有了商业保险，我干脆不交社保了行不行？

事实上，这两种想法都是错误的。社会保险中，只有社会医疗保险是补偿性的，其他都是给付性保险，与同样类型的商业保险可以重复理赔。而有没有社会医疗保险，在购买商业医疗保险时的保费是不同的，换句话说，有社会医疗保险，买商业医疗保险会更省钱。

所以，我们认为，只要有条件参与社保的，一定要先有社会保险——这是国家给公民提供的福利。但仅有社保是不够的，如果有条件，建议大家再配置一些商业保险，给自己提供更全面、更有力的保障。

社会保险与商业保险的主要区别

项目	社会保险	商业保险
实施目的	实现物质及劳动力的再生产，保持社会稳定	获得商业利润
实施方式	强制性	自愿性
实施主体	国家社保部门	商业保险公司
实施对象	法定范围内的社会成员	符合承保条件的任何人
保障范围	较窄	广
保障水平	提供基本保障	提供更高保障

▶▶▶ **延伸阅读**

　　社会保险有优势，也有不足。以社会医疗保险为例，它下有起付线、上有封顶线，还有自费药械和自负比例部分，无法较为全面地覆盖医疗费用。《周彼得讲重疾》一书中有一张示意图，较形象地表现了社会医疗保险的局限性。

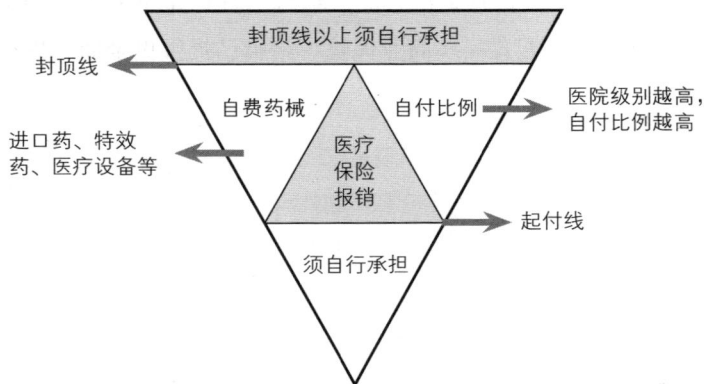

社保报销额度 =（封顶线以下的金额 − 起付线 − 自费 − 自付）× 社保报销比例

社保报销额度

42 谁当投保人，有什么讲究?

梁太太要给孩子投保一份年金保险，想让老公当投保人，保费就直接从老公的工资卡里划扣，这样省心、方便。保险顾问对她说："梁太太，您是全职太太，我建议由您做投保人，掌控这笔保单资产。"保险顾问为什么这么建议呢?

▶▶▶ 专业解析

我们在第 5 节说过，投保人就是与保险公司签合同、负责掏钱的那个人。就谁当投保人这个问题，很多人想当然地认为：给自己投保的话，当然是自己当投保人；给家庭成员投保的话，当然是家里管钱的那个人当投保人。

谁管钱就由谁当投保人，现实生活中很多人都是这么做的。这么做有没有风险，是不是妥当呢? 回答这个问题之前，我们先要了解投保人都有哪些权利和义务。

投保人的义务有三个：首先就是交纳保险费；其次就是投保时要如实告知，在第 66 节，我们会对如实告知做详细介绍；最后就是发生保险事故后及时通知保险公司，如果没有及时通知保险公司，有可能导致无法理赔。

关于投保人的权利，王芳律师在《从保险法到私人财富管理》这本书里列了八个，我们认为可以总结为两个半。第一个权利是保单资产的处置权，包括缓交或减交保险费、退保、续保、质押贷款、减额取现等；第二个权利是申请理赔，即发生保险事故后，投保人有权要求保险公司进行理赔；还剩半个，是指定、变更受益人，之所以说是"半个"，是因为在实践中，受益人的变更一般要经过被保险人的同意，而不是由投保人一个人说了算。

那么，选择谁当投保人有什么讲究呢？首先，要满足我们在第5节讲的三个前提，即是完全民事行为能力人、与被保险人有保险利益、具备交费能力；其次，有三种特殊情况，需要特别注意。

第一，要想实现保险的资产隔离功能，投保人不要选择有婚姻风险、债务风险的人，也不要让管不住自己容易乱花钱（如有赌博习惯）的家庭成员当投保人。这是因为保单资产是投保人的，如果投保人发生婚姻、债务风险，保单可能会被离婚分割或强制执行；有挥霍习惯的投保人也有将保单质押或退保后用于消费的风险。

第二，为了防止投保人先于被保险人去世，保单被继承分割的风险，最好是家庭中的年青一代当投保人。如果保险事故发生前投保人去世，保单作为投保人的遗产，需要进行遗产分割。这种情况在现实中特别普遍，比如父母作为投保人给子女投保终身寿险，正常情况下，父母都会先于子女去世，这时，保单就会面临上述风险。对于这种情况，我们建议，要么设置第二投保人，要么在子女成年或保单交费完成后将投保人变更为子女本人。

第三，想要掌握一部分婚内财产的人，比如全职太太，最好争取当保单的投保人。有一些家庭成员（如全职太太）不掌握家里的财产，平时由其他家庭成员（如丈夫）按时给生活费。在这种情况下，一旦发生婚姻风险，不掌握财产一方的全职太太将非常被动。如果全职太太是保单的投保人，因为大部分保单都有现金价值，她就可以通过退保或保单贷款，获得一笔现金流，解决自己的燃眉之急。

子女是实际受益人时（在死亡保险中为身故受益人，在非死亡保险中为被保险人），如果父母离婚，在有些地区，保单有可能不被分割，这时，保单的投保人就实际上掌握了这笔保单资产。比如，浙江省高级人民法院在 2016 年公布的《关于审理婚姻家庭案件若干问题的解答》第十五条就规定："婚姻关系存续期间，夫妻一方为子女购买的保险视为双方对子女的赠与，不作为夫妻共同财产分割。"

案例中的保险顾问建议梁太太自己做投保人，就是出于这方面的考虑。

投保人的选择还有其他诸多考量。一般情况下，投保人的选择无须过多考虑，但如果有特殊目的或特别考量，投保人的选择就要分外慎重，建议咨询专业的保险顾问。

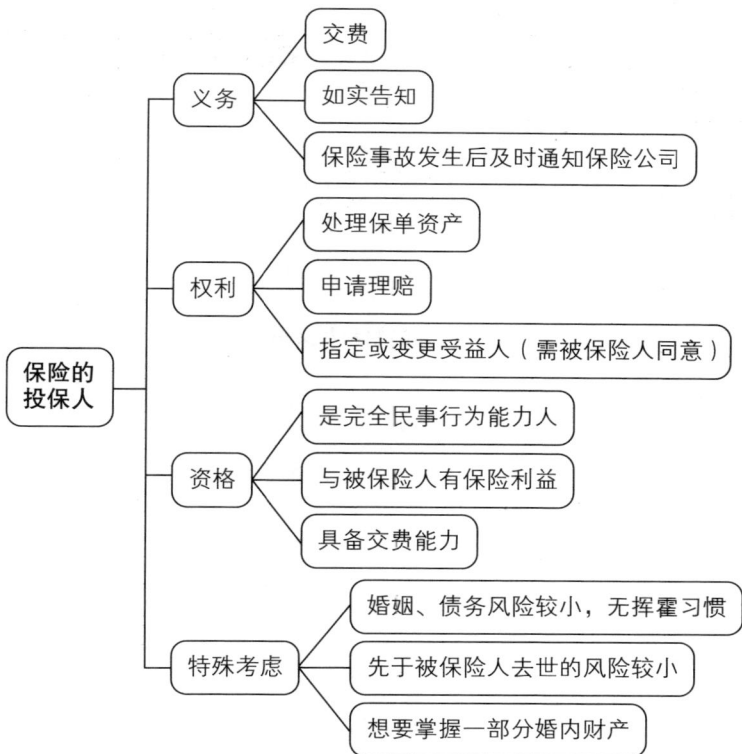

保险的投保人
- 义务
  - 交费
  - 如实告知
  - 保险事故发生后及时通知保险公司
- 权利
  - 处理保单资产
  - 申请理赔
  - 指定或变更受益人（需被保险人同意）
- 资格
  - 是完全民事行为能力人
  - 与被保险人有保险利益
  - 具备交费能力
- 特殊考虑
  - 婚姻、债务风险较小，无挥霍习惯
  - 先于被保险人去世的风险较小
  - 想要掌握一部分婚内财产

▶▶▶ 延伸阅读

在《从保险法到私人财富管理》一书中，王芳律师总结了投保人的权利和义务。

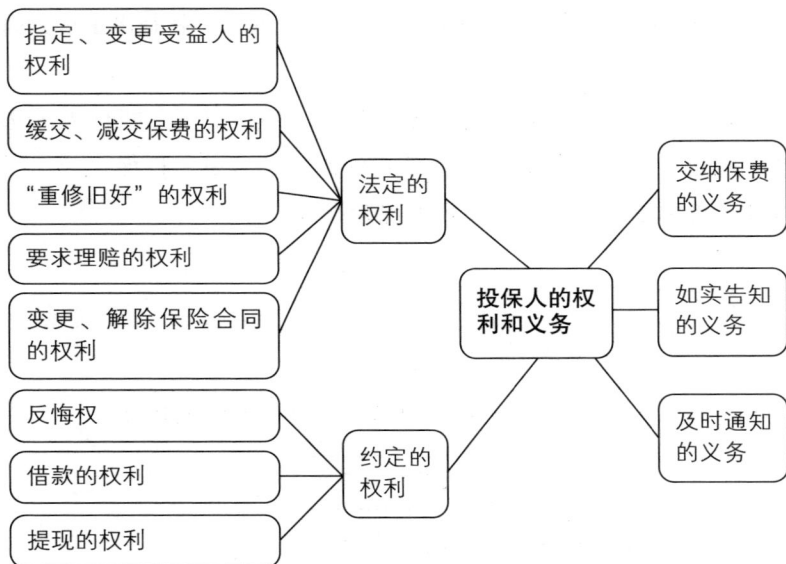

指定、变更受益人的权利

缓交、减交保费的权利

"重修旧好"的权利

要求理赔的权利

变更、解除保险合同的权利

反悔权

借款的权利

提现的权利

法定的权利

约定的权利

投保人的权利和义务

交纳保费的义务

如实告知的义务

及时通知的义务

投保人的权利和义务

43 我可以给谁投保？为什么要规定保险利益？

小欧和毛毛共同居住、生活已经两年了，但一直没有领结婚证。眼看毛毛的生日要到了，小欧就找保险顾问，想给毛毛买一份年金保险，作为生日礼物。没想到保险顾问告诉他："欧先生，你们还没有结婚，相互之间不具有保险利益，所以您不能给她买保险。除非您把钱给毛女士，让毛女士自己投保。"

▶▶▶ 专业解析

保险和一般的商品不一样，不是想买就能买的。买保险，不仅要求被保险人要通过核保（达到相应保险产品的承保标准），还要求投保人与被保险人有保险利益。

保险利益又称可保利益，书中对它的定义是："保险利益是指投保人或被保险人对保险标的所具有的法律上承认的利益。"[①] 在人身保险中，就是投保人与被保险人要有一定的利益关系。有利益关系，才能投保；没有利益关系，不能投保。

关于这个利益关系，我国《保险法》第三十一条有明确规定："投保人对下列人员具有保险利益：（一）本人；（二）配偶、子女、父母；（三）前项以外与投保人有抚养、赡养或者扶养关系的家庭其他成员、近亲属；（四）与投保人有劳动关系的劳动者。除前款规定外，被保险人同意投保人为其订立合同的，视为投保人对被保险人具有保险利益。订立合同时，投保人对被保险人不具有保险利益的，

---

① 孙祁祥. 保险学 [M]. 7 版. 北京：北京大学出版社，2021: 51.

合同无效。"

法条中具体列明的四种关系我们很好理解，不用细说。值得注意的是"被保险人同意投保人为其订立合同的，视为投保人对被保险人具有保险利益"，根据这个规定，只要被保险人同意，投保人可以给任何人投保。但在保险实践中，为了避免各种风险、纠纷，通常保险公司会拒绝投保人为法条明确规定的四种关系人之外的其他人投保。

买个保险而已，为什么要搞这么麻烦，还要规定保险利益呢？这是为了规避道德风险。假如不做这项规定，我们可以设想一下：某个人心存不良，知道另一个人有可能发生风险，就为他投保，把这当成一种赌博——只要风险发生，自己就赚大了；或者心存不良者给一个没有利益关系的人投保后，为了获取保险金，对其进行人身伤害乃至杀害，都是有可能的。因此，为了防范道德风险，现在各国的保险法基本都有对保险利益的规定。

那么，买保险的时候，应该让谁当被保险人呢？要分情况来看。

如果是保障类保险，比如医疗保险、疾病保险、年金保险等，简单来说，就是由被保险人本人领取保险金的保险，想要让谁获得保障，就由谁当被保险人。我们常说"保险是给我们所爱的人一份保障"，就适用于这种情况。

如果是定期寿险、终身寿险等死亡类保险，被保险人是以自己的生命作为保险标的的，其本人无法从保险中获得经济补偿，保险金是给受益人的，这就需要被保险人对受益人有深深的爱。在死亡保险中，被保险人通常是家庭的主要经济支柱，是身故受益人的父母、配偶或子女。

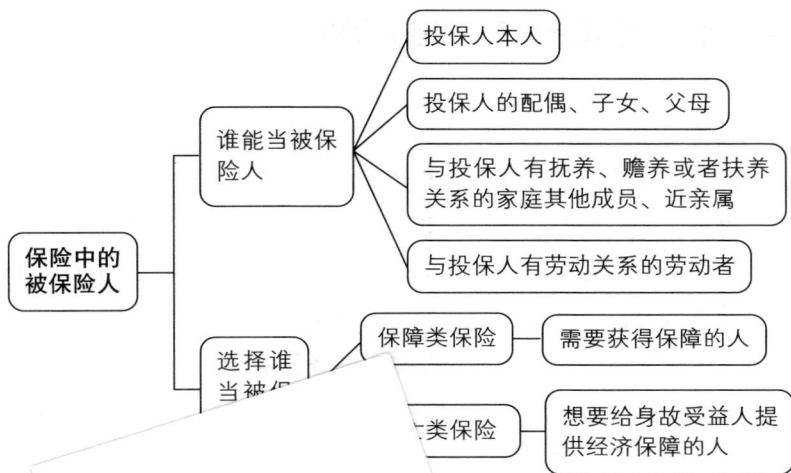

保险中的
被保险人

谁能当被保
险人
├── 投保人本人
├── 投保人的配偶、子女、父母
├── 与投保人有抚养、赡养或者扶养关系的家庭其他成员、近亲属
└── 与投保人有劳动关系的劳动者

选择谁
当被保

保障类保险 ── 需要获得保障的人

┄类保险 ── 想要给身故受益人提供经济保障的人

▶▶▶

在　　　　　　　　　　　新闻发布会上，最高人民法院强调：　　　　　　　　　在司法解释起草中坚持以下指导原　　　　　　　　　保险以人的寿命和身体为保险标的　　　　　　　　　人的生命健康受到侵害。因此，防范　　　　　　　　　更加繁重……"

44 谁都可以做身故受益人吗?

　　翟先生的父母在一场交通事故中双双去世,留下他和他的妹妹相依为命。翟先生工作后,怕自己万一出现意外,妹妹彻底无依无靠,就想给自己买一份定期寿险,身故受益人为妹妹。他先找保险顾问小陈询问,小陈说身故受益人必须是被保险人的父母、子女或配偶,不能是妹妹。翟先生不甘心,又找保险顾问小李询问,小李对翟先生说:"一般来说,妹妹的确不能做身故受益人,但像您这种情况是可以的。"小李为什么这么说呢?

▶▶▶ 专业解析

　　我们在第 5 节说过,在保险行业内部,对"受益人"这个概念的使用比较混乱。这里我们再做一个简单的梳理。

　　最广义的"受益人",指的是保险事故发生后,有权按照保险合同的约定获得保险金的人。广义的受益人可以分成"生存受益人"和"身故受益人"两类。

　　生存受益人,指的是被保险人还活着时,有权根据保险合同的约定(如发生疾病、意外事故等特定事件,或者被保险人生存至特定时间)领取保险金的人。生存受益人大都是被保险人本人。在少数情况下(如年金保险中),生存受益人也可以是被保险人指定的其他人,称为年金受益人,不过在当下国内的保险实践中,年金受益人一般也是被保险人。

　　身故受益人,指的是被保险人去世后,有权根据保险合同的约定领取保险金的人。在终身寿险、定期寿险等人寿保险中,身故受益人的指定尤其重要。

本书所说的"受益人"，如无特殊说明，指的都是身故受益人。本节我们要详细讨论的，也是"谁能做身故受益人"这个问题。[①]

首先我们来看，谁有权指定受益人。《保险法》第三十九条明确规定："人身保险的受益人由被保险人或者投保人指定。投保人指定受益人时须经被保险人同意。"简单来说，关于受益人的确定，投保人有建议权，被保险人有决定权。指定受益人的最大权利掌握在被保险人的手里。

保险公司在指定具体由哪个人做受益人这件事上，没有任何发言权，但保险公司通常会限定受益人的范围。我们知道《保险法》中有关于"保险利益"的规定，但这个保险利益只用来限制投保人与被保险人的关系。从法律层面来说，受益人的指定不受保险利益的限制，理论上可以指定任何人为保险的受益人。但出于避免道德风险、合规、避免纠纷等方面的考虑，对于受益人的范围，保险公司通常会分两种情况处理：

第一种情况，投保人或被保险人通常只能指定"家庭成员"为身故受益人。家庭成员包括两类：一类是被保险人的父母、子女和配偶；另一类是与被保险人"共同生活的近亲属"。一般来说，要证明父母、子女、配偶之外的近亲属与被保险人"共同生活"，需要证明这些人与自己有经济上的赡养或抚养关系。设置"共同生活的近亲属"为身故受益人，通常还需要保险公司单独审批。[②]

---

① 绝大多数情况下，生存受益人就是被保险人本人，所以"谁可以做生存受益人"与"谁可以做被保险人"其实是同一个问题。关于谁可以做被保险人，可参看本书第43节。

② 此处说的是一般情况。有些保险公司规定，只要通过了契调，即便被保险人有家庭成员，也可以设置其他近亲属为受益人。

第二种情况，如果被保险人没有"家庭成员"，可以设置自己的其他"近亲属"为身故受益人。这时，保险公司通常会要求提供被保险人无父母、子女、配偶的情况说明，并且经保险公司认可。[①]案例中的小李之所以说翟先生能让妹妹做身故受益人，就是基于这一点。

如果我们希望照顾上述范围之外的其他人，比如自己的侄子侄女，应该怎么办呢？我们的建议是设立保险金信托。可以将受益人指定为信托公司，同时与信托公司签订信托合同，将信托利益分配给自己希望照顾的人。通常来说，保险金信托的受益人范围较人身保险更为广泛。想更多了解保险金信托的读者，可以参看本系列图书的其他相关书籍。

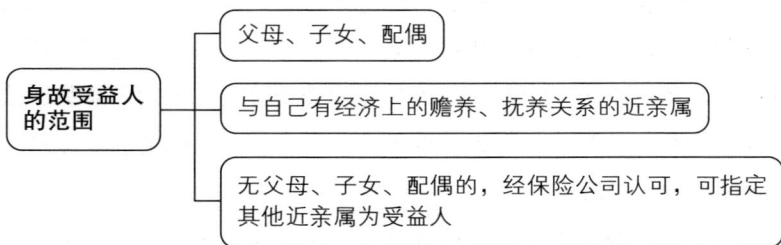

身故受益人的范围
- 父母、子女、配偶
- 与自己有经济上的赡养、抚养关系的近亲属
- 无父母、子女、配偶的，经保险公司认可，可指定其他近亲属为受益人

▶▶▶ **延伸阅读**

《民法典》

第一千零四十五条　亲属包括配偶、血亲和姻亲。

配偶、父母、子女、兄弟姐妹、祖父母、外祖父母、孙子女、外孙子女为近亲属。

配偶、父母、子女和其他共同生活的近亲属为家庭成员。

---

① 王芳. 从保险法到私人财富管理 [M]. 北京：北京时代华文书局，2020: 160.

45 受益人是法定的还是指定的，有什么区别?

陈女士给丈夫买了一份终身寿险，保额150万元。后来丈夫得了重病，花了一大笔钱后，还是去世了。陈女士本想着可以拿150万元保险金还债，剩下的还能维持自己的生活。没想到她却只分到50万元，还不够还债的。原来，陈女士在购买这份保险时，受益人一栏写的是"法定"，而陈女士丈夫的父母健在，保险金就由陈女士丈夫的法定继承人平均分配：陈女士和她的公公、婆婆各50万元。虽然陈女士难以接受这个结果，却也只能接受。

▶▶▶ 专业解析

保险实践中，受益人的确定通常有三种情况：指定受益人、法定受益人、无受益人或相当于无受益人。这三种情况的法律后果和保险金赔付有很大区别。

无受益人或相当于无受益人，则身故保险金作为被保险人的遗产进行分配。关于这个问题，我们在第36节有详细论述，这里就不细说了。这一节，我们主要看看指定受益人和法定受益人的区别。

指定受益人，就是在保险合同中明确约定了受益人是哪个人、身份证号是多少、与被保险人是什么关系。这是我们在保险实践中最常见的情况，比如父母给自己投保终身寿险，指定子女为受益人。

保险合同中如果指定了受益人，除了出现第36节讲的三种特殊情况，在保险事故发生后，保险公司就会按照合同的约定，直接把钱赔付给受益人。这笔钱不是被保险人的遗产，无须走遗产继承的程序；保险公司直接向受益人给付保险金，无须通知其他任何人，具有私密性，且不会有任何争议。

需要注意的是，《保险法》第四十条规定："被保险人或者投保人可以指定一人或者数人为受益人。受益人为数人的，被保险人或者投保人可以确定受益顺序和受益份额；未确定受益份额的，受益人按照相等份额享有受益权。"根据这一法条，受益人的人数、多个受益人的受益顺序、每个受益人的受益份额，都可以在合同中明确约定。现实中大多数保单的受益人只写了一个人，没有充分利用保险的这一功能。

受益人为"法定"，就是保单的受益人一栏写的是"法定"或"法定继承人"，没有写明受益人的具体名字。这种情况下，这张保单的受益人就是被保险人的法定继承人，保险事故发生后，由被保险人的法定继承人平均分配保险金。根据《民法典》的规定，第一顺序法定继承人为配偶、子女、父母，第二顺序法定继承人为兄弟姐妹、祖父母、外祖父母。

现实中，很多短期保险（如短期意外险）、互联网保险，往往会默认受益人为"法定"。

在受益人为法定的情况下，保险公司赔付的保险金不是被保险人的遗产，无须走遗产继承的程序。不过，相对于指定继承，法定继承无法实现被保险人照顾特定对象的功能。

三种受益人的区别

受益人	是否属于遗产	私密性	是否会引起纠纷
指定受益人	否	强	不会
法定受益人	否	弱	一般不会
无受益人或相当于无受益人	是	无	有可能会

我们举个例子看看指定受益人和法定受益人在保险金领取上的区别。

李四与妻子有一个女儿，李四的父母也健在。有一次出差，他给自己购买了一份短期意外险，保额 100 万元，不幸在保险期间因意外身故。这时，保险公司就要赔付受益人 100 万元保险金。假如李四指定了受益人为女儿，则这 100 万元全部归女儿所有（若女儿未成年，则由其监护人，也就是李四的妻子代管）；假如李四没有指定受益人，受益人一栏里写的是"法定"，则这 100 万元由李四的四个法定继承人平均分配：妻子、女儿、父亲、母亲各 25 万元。

46 先买什么保险，后买什么保险，有什么讲究？

胡适和马寅初对保险的评价，颇为经典。

胡适："保寿的意义只是今日作明天的准备，生时作死时的准备，父母作儿女的准备，儿女幼小时作儿女长大时的准备，如此而已。今天预备明天，这是真稳健。生时预备死时，这是真旷达。父母预备儿女，这是真慈爱。不能做到这三步的，不能算作现代的人。"①

马寅初："人寿保险，不是'保寿'，是保一个人的'生产能力'（Earning power）；这种生产能力，因'老''伤''死'而消灭时，可用经济的力量来维持它的意思。所以保寿，不是投机；不保寿，却是真投机！"

胡适的话被很多保险行业从业者引用。马寅初作为讲过"保险学"课程、提倡大力发展民族保险业的行业先驱，他的话却少为人知。胡适是哲学家，更多的是从人生层面谈论保险；马寅初作为经济学家，对保险"保障"功能的理解，值得我们反复思量。

▶▶▶ 专业解析

配置什么样的保险，取决于我们存在哪些风险、有什么样的需求。哲学家说"世界上没有两片同样的树叶"，我们每个人面临的风险和需求也各有不同，处在不同的人生阶段（单身还是已经组建家庭，刚进入社会还是已经人到中年）、对将来生活的不同预期（如对

---

① 耿去志. 胡适遗稿及秘藏书信 [M]. 合肥：黄山书社，1994: 83–84.

老年生活的规划），种种因素都会影响保险配置的规划。

世界上没有两片相同的树叶，可大部分的树叶都有结构上的相似点。具体应该配置什么保险固然因人而异，但是保险配置的基本原则适用于绝大部分人。就人身保险来说，先配置哪种保险、后配置哪种保险，行业内外有一个共识：先保人，再保财。具体拆解的话，我们把它分成四个阶段。

第一个阶段，社保。社保不属于商业保险，很多人往往就忽视了它。正如我们在前面说的，社保是国家给每个公民的福利，只要有条件上社保，一定要先拥有社保。这是我们保险配置的底层。

从第二个阶段开始，就进入商业保险的范畴了。第二个阶段，我们建议配置"人身意外伤害保险 + 医疗保险"的组合。这两个险种的价格都比较低，正常情况下，一年下来，两个险种的花费一般不会超过 1000 元，大部分人都负担得起。在关键时刻，它们都能起到较大的作用，至少让我们不用担心出现意外或者生了病没钱治。意外险一般还可以附加意外医疗险，我们建议同时配置。

人身保险中常见的一个经典搭配就是：社保 + 意外险（附加意外医疗险）+ 百万医疗险。附加意外医疗险的免赔额较低，保额不高；百万医疗险的免赔额和保额都高一些。这样搭配的优点有二：一是保费较低，二是能实现立体保障。出现小的意外产生医疗费用，用免赔额较低的意外医疗险理赔；发生大的意外或罹患重大疾病，医疗费用较高的话，百万医疗险就能派上用场；平时出现不属于意外伤害的小病痛，社保就能应对。

此外，经常出差或者开车上下班的客户，可适当提高意外险的保额。

第三个阶段，疾病保险（尤其是重疾险）+ 人寿保险（定期寿险或终身寿险）。人的一生当中，出现重疾的概率是有的。重疾险是给付性保险，即只要确诊了合同约定的疾病，保险公司就予以赔付。重疾险能够为被保险人提供需要垫付的医疗费用，提供康复所需的疗养条件，弥补生病后无法工作的收入损失。越是年轻、健康时买重疾险，费用越低，因此，如果条件允许，我们建议每个人都要配置终身重疾险，而且晚买不如早买。

上面这些都是对个人的保障。保障完了个人，就要考虑对家庭的保障了，哪怕尚未结婚，也要考虑对父母的保障。在这方面可以起到作用的就是人寿保险。人寿保险和重疾险一样，也是越早购买越便宜。经济条件一般的人，建议购买消费型的定期寿险，其价格便宜、杠杆率高，能很好地给家人以保障；经济条件稍好的人，可以购买终身寿险。

重疾险和人寿保险的配置可以同步考虑，不过我们一般建议将重疾险放在前面。

第四个阶段，各类年金保险、终身寿险或设立保险金信托。前三个阶段的配置完成后，我们个人及家庭的保障体系就基本建立起来了。接下来的保险配置，个性化程度更高，每个人可以根据自己的需要进行搭配。比如，为养老筹划的，可以配置具有养老功能的年金保险；为传承做准备的，可以配置大额终身寿险；想要通过保险做投资理财的，可以考虑分红型保险、增额终身寿险；有较为复杂需求的，可以设立保险金信托。一般到这个阶段，我们建议一定要找专业的保险顾问，针对家庭的财务状况和需求进行全方位的规划。

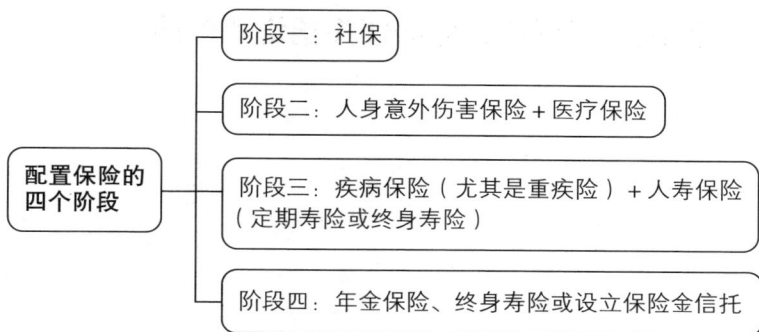

```
                    ┌─── 阶段一：社保
                    │
                    ├─── 阶段二：人身意外伤害保险 + 医疗保险
                    │
  配置保险的 ────────┤    阶段三：疾病保险（尤其是重疾险）+ 人寿保险
  四个阶段            │    （定期寿险或终身寿险）
                    │
                    └─── 阶段四：年金保险、终身寿险或设立保险金信托
```

▶▶▶ 延伸阅读

保险区别于其他金融行业的本质特点，在于能够发挥风险保障功能。自 2016 年原保监会指出"保险业姓保"，国家监管层面就一再强调保险的保障功能。《经济日报》在 2022 年 1 月 10 日的一篇文章中总结道："2021 年初，新版重大疾病保险定义和发生率表正式实施，重大疾病保险产品保障责任进一步升级。银保监会先后出台《关于印发保险公司城乡居民大病保险业务管理办法的通知》《关于规范保险公司参与长期护理保险制度试点服务的通知》《关于做好短期健康保险业务客户服务工作的通知》等多项规范性文件，指导保险公司更好服务保障民生。"作为消费者，我们在考虑保险配置时，也应该优先考虑其保障功能。

47 配置家庭保单，应该优先给谁买保险？

一些家庭的第一份商业保险，都是在孩子出生之后购买的。这是父母发自天性对孩子的爱，总想给孩子最好、最全面的保护，与此同时却忽视了对自己的保障。随着近年来保险知识的普及，很多人也意识到了这种做法不够妥当——孩子要靠父母来养育，父母需要先保护好自己，才能更好地照料孩子。因此，一些保险顾问总结出了一套家庭保单配置的原则："先大人，后小孩；先家庭经济支柱，后其他家庭成员。"那么，这个配置原则就是完全正确的吗？

▶▶▶ **专业解析**

家里的第一份保单给孩子可能不够合理，案例中"先大人，后小孩"的配置原则，有它合理的地方，也有其偏颇之处。我们认为，在做家庭保单规划时，不能仅仅从"大人、小孩"或"是否为家庭经济支柱"这个维度来看，还应该同时考虑不同的险种，选择合适的保单架构。

具体来说，我们建议家庭保单的配置应该分两个阶段进行筹划。

第一个阶段，不分大人小孩，所有家庭成员都应该配置人身意外伤害保险和医疗保险。这两个险种费用不高但作用很大，应该是每个家庭成员的基础配置。

在此基础上，第二个阶段再遵循"先大人，后小孩，家庭经济支柱优先"的原则，依次配置保单。

之所以"先大人，后小孩"，是因为小孩需要大人照顾，只有大人先照顾好自己，孩子才能得到更好的照顾。这是一个很容易明白的道理，但很多人出于感情的因素，总想把最好的东西先给孩子，优先给孩子上保险，大人自己却"在风险中裸奔"，可大人一旦出事，孩子由谁来照顾，保费由谁来续交呢？

给老人配置保险，投保难度大、保费较高，保险的性价比本身也较低，因此给老人配置保险时需要特别考虑。我们在第50节会专门讨论这个问题。

"家庭经济支柱优先"就很好理解了。家里面的经济支柱一旦倒下，家庭经济状况会立马陷入困境，尤其需要保险的补偿保障。

第二个阶段，以"先大人，后小孩，家庭经济支柱优先"为主要原则，同时考虑保险配置的险种顺序和保单架构。我们建议可以分以下四步进行配置：

第一步，大人配置重疾险，家庭主要经济支柱配置定期寿险或终身寿险。寿险的被保险人一定要是家庭主要经济支柱，受益人可以填配偶；如果担心出现意外后配偶对孩子不好，可把被保险人的父母同时列为受益人。

第二步，给孩子配置重疾险。一来此时孩子年龄小，配置终身重疾险保费低，更划算；二来医疗保险与重疾险的"黄金搭配"，可以给孩子更全面的保障。

第三步，根据对家庭成员将来的规划，配置年金保险、增额终身寿险等。比如，给孩子购买教育金保险，给自己和配偶购买养老保险等。

第四步，做风险隔离、传承、理财等方面的规划，配置相应的保险产品。理财类的保险，主要看谁是投保人，因为投保人掌握保单资产；以传承为目的购买保险，主要看身故受益人；基于其他考量配置保险，比如隔离债务、婚姻等风险，保险品种的选择、保单架构的设计等也有需要注意的地方。有关这方面的内容，可以参考本书第二章的相关内容。

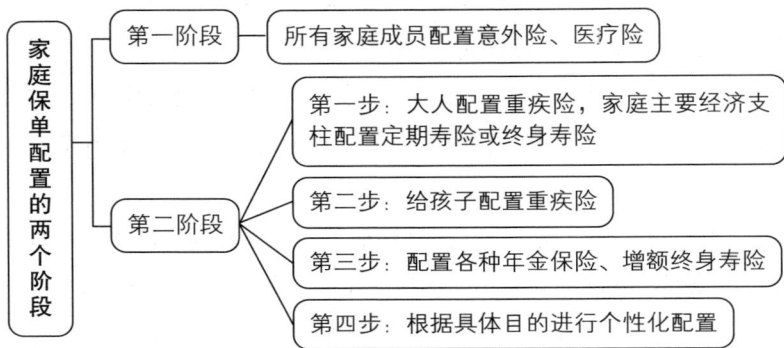

家庭保单配置的两个阶段
- 第一阶段 → 所有家庭成员配置意外险、医疗险
- 第二阶段
  - 第一步：大人配置重疾险，家庭主要经济支柱配置定期寿险或终身寿险
  - 第二步：给孩子配置重疾险
  - 第三步：配置各种年金保险、增额终身寿险
  - 第四步：根据具体目的进行个性化配置

▶▶▶ **延伸阅读**

在《从保险法到私人财富管理》一书中，王芳律师根据投保目的不同，对被保险人的选择进行了梳理，并绘制了相应的思维导图。

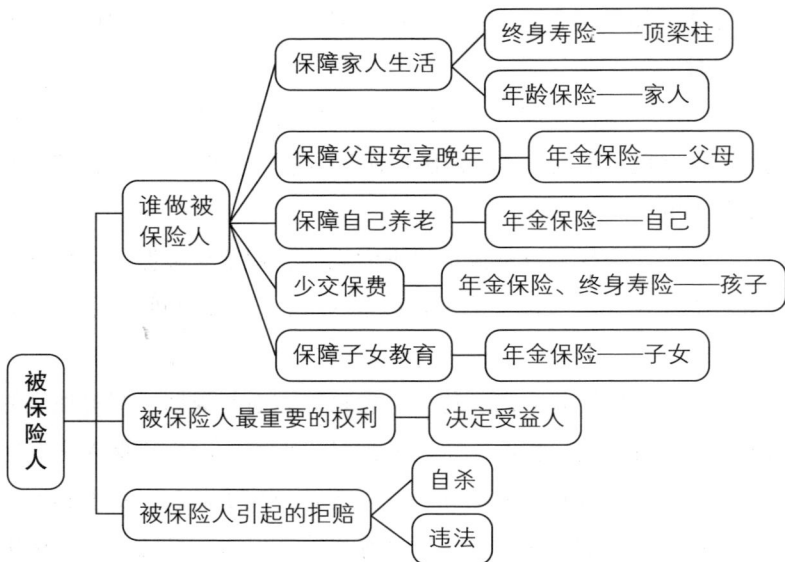

被保险人
- 谁做被保险人
  - 保障家人生活
    - 终身寿险——顶梁柱
    - 年龄保险——家人
  - 保障父母安享晚年 → 年金保险——父母
  - 保障自己养老 → 年金保险——自己
  - 少交保费 → 年金保险、终身寿险——孩子
  - 保障子女教育 → 年金保险——子女
- 被保险人最重要的权利 → 决定受益人
- 被保险人引起的拒赔
  - 自杀
  - 违法

详解被保险人

48 我应该花多少钱买保险？

梅太太最近被银行的理财经理拉着去听了几次课，意识到家庭资产配置的重要性，她就请理财经理给她做投资规划。理财经理考虑到她的投资风格比较稳健，对风险的承受能力较弱，建议她用20%的家庭金融资产分批次投入在保险上。

▶▶▶ **专业解析**

人们在考虑应该花多少钱买保险时，可以从两个角度出发：第一，基于收入，将收入的一定比例用于保险配置；第二，基于保障需求，根据自己需要怎样的保障，倒推满足这样的保障需要多少花费。这一节我们从第一个角度来讲。

金融行业内流传一个"标准普尔家庭资产配置法则"。这个法则是不是标准普尔公司制定发布的，存在一定的争议，但它对我们家庭资产配置的确具有指导意义。

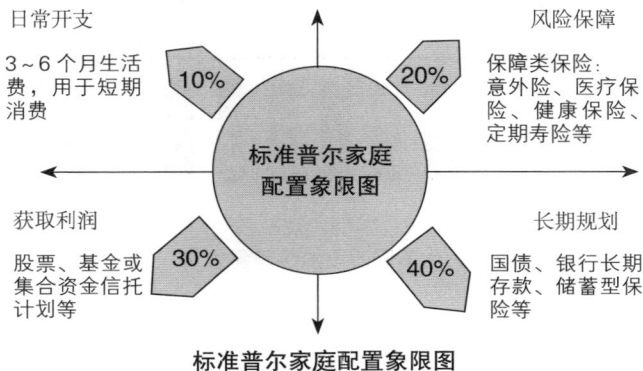

日常开支
3~6个月生活费，用于短期消费
10%

风险保障
保障类保险：意外险、医疗保险、健康保险、定期寿险等
20%

标准普尔家庭配置象限图

获取利润
股票、基金或集合资金信托计划等
30%

长期规划
国债、银行长期存款、储蓄型保险等
40%

标准普尔家庭配置象限图

根据这个法则，收入的 10% 灵活用于日常开支；收入的 20% 用于风险保障，主要是人身风险的保障，以防因意外、疾病等导致收入中断或产生较大的医疗开支，风险保障主要依靠保障类保险，比如意外险、医疗保险、健康保险、定期寿险等；收入的 30% 用于较为激进的投资，主要目的是获取利润，比如股票、基金或集合资金信托计划等；收入的 40% 用于未来的长期规划，以保本为主，要求有较高的安全性，一般投入国债、银行长期存款、储蓄型保险等。

当然，这个标准只是一个参考，我们没有必要严格按照它来做。但是，它给我们带来了两个重要提示：第一，要有家庭资产配置的理念，不要把鸡蛋放在同一个篮子里，将过多比例的资产投入某一个行业或某一类资产；第二，在家庭资产配置中，一定要考虑到突发的大额开支和长期规划，尤其是在有赚钱能力的时候（如三四十岁），要考虑到将来赚钱能力下降时的养老问题。就像下面这张图显示的，处于事业期的时候，要考虑养老期的支出。

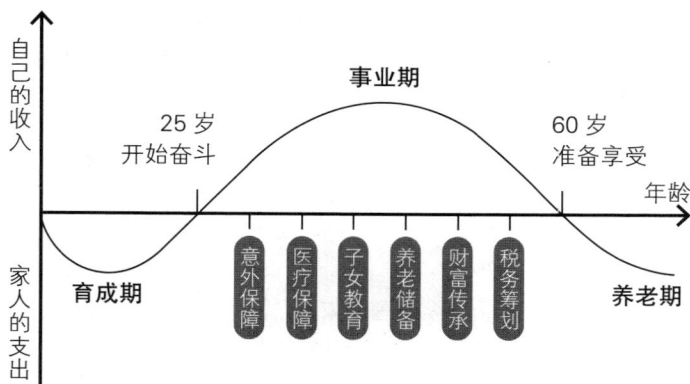

人生不同阶段的保障需求 [①]

---

① 沃晟学苑. 大额保单配置法商攻略 [M]. 北京：中国商业出版社，2022: 291.

我们认为，在家庭收入的支出中，用于保险配置的比例，正常情况下应该在 20% 左右，投资偏好比较稳健的客户，还可以适当提高这个比例。当然，就像本书前面说的，保险配置的顺序（先配置什么保险，先给谁配置保险）有一定的讲究，要进行科学规划。

其实哪怕是只考虑投资收益，通过下面这张图，我们也可以看出，资产配置是决定投资组合收益的核心因素。

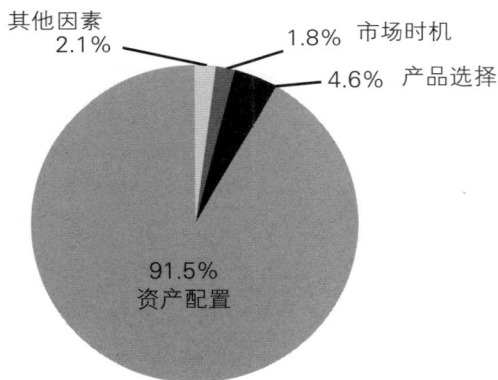

投资组合收益方差各因素所占比例[①]

▶▶▶ **延伸阅读**

在写作这本书时，有人来咨询我们："刚参加工作的年轻人应该买什么保险？"这个问题的背后其实还有一层意思：年轻人刚参加工作，收入不多，扣除租房、吃饭、交通等花费，所剩无几，还应不应该买保险。

我们的回答是：要买，买短期的意外险和医疗保险。

这两类保险，如果买一年期的，费用不高，尤其是年轻时购买，

---

① 沃晟学苑. 大额保单配置法商攻略 [M]. 北京：中国商业出版社，2022: 271.

费用更低，通常只需要几百元，哪怕是刚参加工作的年轻人，也完全负担得起。它们的作用我们也屡屡强调，在关键时刻能帮上大忙。为了让意外或疾病来临时不那么窘迫，不成为家里的负担，年轻人更应该省下几次和朋友聚餐的钱，给自己一个基本的保障。

49 我应该买多少保额?

"买保险的时候觉得保费太高,理赔的时候觉得保额太低",这是大多数人的共同感受。为了节省保费,把保额定得很低固然不合理(根据 2021 年各保险公司重疾险的理赔数据来看,大部分重疾险的理赔金额都不到 10 万元,显然不足以覆盖被保险人的收入损失);为了未来的风险,把保额定得特别高,钱包又不允许。那么,应该买多少保额才是合理的呢?

▶▶▶ **专业解析**

买任何东西,我们都会从两个方面考虑:手里有多少钱,东西能否满足我的需求。就保险配置来说,前者是"我要花多少钱买保险",后者是"多大的保额能解决我的问题"。这一节我们聊后者。

首先需要说明的是,我们这里给出的保额建议,考虑的是一般家庭的经济状况及保障需求。如果出于其他需求,比如用终身寿险将巨额金融财富传承给下一代,保额的多少就要根据其传承规模来定了。

接下来,我们根据每个险种的特点和功能,具体讲讲每个险种在正常情况下的保额设定。

意外险保的是因意外导致的伤残或死亡。一旦伤残,收入能力势必下降,死亡就更不用说了。为了避免意外到来时给自己和家庭造成较大的经济负担,我们一般建议意外险的保额是年收入的 10 倍以上。意外险的杠杆率比较高,即便购买的保额高一些,费用通常也不会很多。

医疗保险保的是因伤病住院导致的医疗费用。在有社保的前提下，目前市面上的百万医疗险产品基本就能满足大部分情况下的医疗支出。购买医疗保险时，还应考虑医疗保险所附带的医疗服务资源，比如 24 小时电话医生、就医绿色通道、专家门诊预约、国内或海外二次诊疗意见等。

以重疾险为代表的疾病保险，其保额的设定可以分阶段考虑。一般家庭的重疾险保额，我们建议在 30 万～50 万元；条件允许的家庭，我们建议保额是被保险人年收入的 5 倍以上。根据行业统计，理赔重疾险的人当中，罹患癌症的比例在 70% 以上，所以，在有条件的情况下，我们建议在购买重疾险的同时，搭配一份专门针对癌症的"防癌险"。

定期寿险或终身寿险是给家人的经济补偿。关于家庭经济支柱的寿险的保额，有两个标准。一是家庭债务标准。现在很多家庭都有房贷、车贷，一旦经济支柱去世，家人就会面临还贷的压力，因此其保额不能低于家庭总债务。二是年收入的 5～10 倍。有这笔钱，起码在 5～10 年内家庭经济状况不会急剧恶化，能保证家人度过这段艰难的时期。这两个数额如果不一致，应以较高的那个数额为寿险保额的底线。非家庭经济支柱的寿险保额就比较灵活了，可以根据家庭经济情况、购买寿险的目的等统筹规划。如果是以传承为目的购买终身寿险，就要根据传承规模来确定保额。

养老保险、教育金保险，一般是年金保险、增额终身寿险的架构，保额定多少，要看将来对子女教育和自身养老的具体规划。

其他用于投资理财的保险，其保额多少与保障的关系不大，而与自己的投资理财规划有关，这里不再细说。

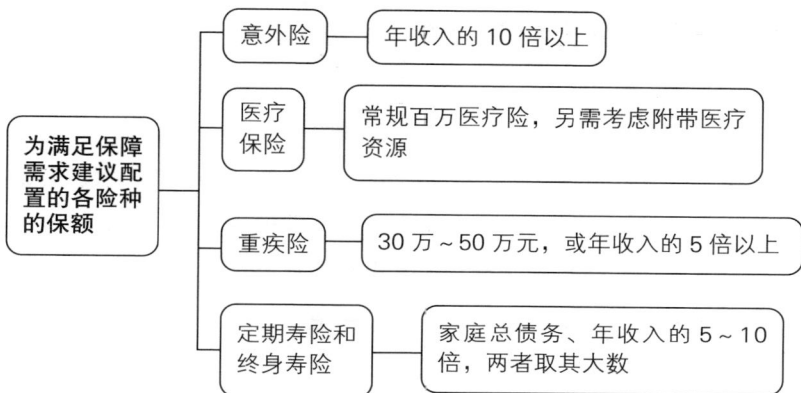

```
                    ┌─────────┐      ┌──────────────────────────┐
              ┌─────│ 意外险   │──────│ 年收入的 10 倍以上        │
              │     └─────────┘      └──────────────────────────┘
              │     ┌─────────┐      ┌──────────────────────────┐
┌──────────┐  ├─────│ 医疗     │──────│ 常规百万医疗险，另需考虑附带医疗 │
│ 为满足保障 │  │     │ 保险     │      │ 资源                     │
│ 需求建议配 │──┤     └─────────┘      └──────────────────────────┘
│ 置的各险种 │  │     ┌─────────┐      ┌──────────────────────────┐
│ 的保额    │  ├─────│ 重疾险   │──────│ 30 万 ～ 50 万元，或年收入的 5 倍以上 │
└──────────┘  │     └─────────┘      └──────────────────────────┘
              │     ┌─────────┐      ┌──────────────────────────┐
              └─────│ 定期寿险和 │─────│ 家庭总债务、年收入的 5 ～ 10 │
                    │ 终身寿险  │      │ 倍，两者取其大数          │
                    └─────────┘      └──────────────────────────┘
```

▶▶▶ 延伸阅读

很多时候，保险顾问在给客户做投保建议时不会做太高的保额，客户也理所当然地认为自己只需要这些保额。可是，在《无惧与坚持：销售巨人梅第传》一书中，梅第爷爷更赞同另一种观点："大多数人比他们想象中更需要保险。如果你的客户签了 10 万美元的保单，他极有可能需要的是一份 20 万美元的保单。"

50 怎么给父母买保险?

陶女士的母亲最近生了一场大病,医药费、住院费、营养费加在一起花了十几万元。幸亏之前陶女士给母亲买了医疗险,可以报销一部分费用。母亲出院后,陶女士想给母亲再买几份保险,可一路打听下来,发现要么买不了,要么保费很高。那么,给年纪大的父母买保险,应该怎么做呢?

▶▶▶ **专业解析**

在我们国家,商业保险复业的历史并不长,再加上保险理念的缺失和对保险的误解,所以出生于 20 世纪 50—70 年代的我们的父母辈,很多都没有商业保险。随着正确的保险理念的普及,不少年轻人希望给父母配置商业保险,以防范父母因意外、疾病造成的医疗财务支出风险。

可是,要给父母配置保险,先要跨越两道难关。第一道难关是父母错误的保险理念。错误的保险理念(如保险没用、保险骗人)阻止了他们在年轻时配置商业保险,直到现在,这种错误理念依旧存在。这就导致子女兴冲冲地给父母配置商业保险,父母却觉得浪费钱,百般不配合。这时,就需要子女耐心疏导,给他们做保险知识的普及。

第一道难关还相对好过,第二道难关才是真的难。因为老年人的身体健康状况不是很好,罹患疾病、死亡的概率更高,所以保险公司的保险产品对老年人普遍"不友好"(这是由商业保险本身的逻辑导致的）：过了 60 岁再投保商业医疗保险、重疾险，就比较难了。另外，父母的身体难免有这样那样的毛病，很难通过核保。

在这种情况下，对于给父母投保，我们有以下三个建议：

第一，部分保险产品，比如重疾险、定期寿险和终身寿险等，可以不用过多考虑。因为普遍情况是，要么父母已经无法投保，要么买了不划算（甚至有的会出现保费倒挂，即保费大于保额的情况）。

第二，没有办理社保的，先办理社保，具体来说就是城乡居民基本医疗保险。社保的重要性我们说过多次，对无法购买很多商业保险的老年人来说，社保尤为重要。如果当地有"惠民保"之类的保险，也建议赶紧买上，因为这类保险大都对被保险人的年龄和身体状况要求比较宽泛，可以在一定程度上弥补医疗开支。需要注意的是，子女要弄清楚社保和"惠民保"的结算规则，比如异地就医如何结算等，以便帮助父母完成理赔流程。

第三，有一部分保险产品，老年人是可以投保的，比如意外险、防癌险、长期护理险等。如果能投保，就尽快投保，毕竟随着父母的年龄越来越大，可以投保的险种会越来越少。一些专门承保特殊病种的医疗保险、疾病保险，比如糖尿病特定疾病险，可以根据父母的身体情况选择投保，即"对症买保险"。

因为限制比较多，给父母买保险会比给其他人买保险在程序上更烦琐，这就需要子女付出更多耐心。其实说到底，给父母买保险，既是尽孝，也是减轻儿女自己的负担。

不过有一个好消息是，随着我国老龄化速度的加快，银保监会也注意到商业保险对老年人保障的缺失，提出要鼓励保险机构发展老年人保险产业，引导保险公司放宽对老年人投保年龄的限制。希望在不久的将来，我们能通过商业保险为父母提供更多的保障。

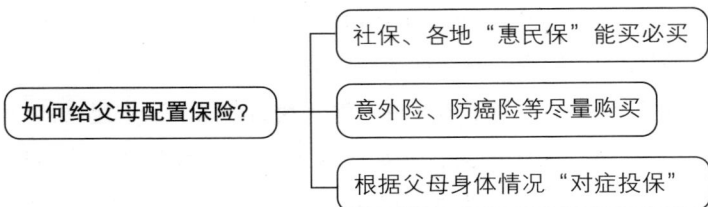

```
                                  ┌──── 社保、各地"惠民保"能买必买
                                  │
    如何给父母配置保险?  ├──── 意外险、防癌险等尽量购买
                                  │
                                  └──── 根据父母身体情况"对症投保"
```

▶▶▶ **延伸阅读**

《中国银保监会办公厅关于进一步丰富人身保险产品供给的指导意见》(银保监办发〔2021〕107 号)

二、多领域丰富人身保险产品供给

(七)提高老年人、儿童保障水平。进一步提高投保年龄上限,加快满足 70 岁及以上高龄老年人保险保障需求。适当放宽投保条件,对有既往症和慢性病的老年人群给予合理保障。科学厘定产品价格,简化投保、理赔流程,积极开发适应老年人群需要和支付能力的医疗保险和老年人意外伤害保险产品。加强老年常见病的研究,加快开发老年人特定疾病保险。

51 怎么给孩子买保险？

现代家庭中，在孩子身上花的钱往往占整个家庭消费支出的最大比例。因此，很多保险公司纷纷推出了各种针对孩子的保险产品，保障内容五花八门，再加上保险合同本身就比较复杂，很多父母在给孩子配置保险产品时，不知该如何下手。这一节，我们就来讲一讲给孩子配置保险的一般原则。

▶▶▶ 专业解析

为人父母，都想给孩子更多、更好的保障。因此，很多孩子刚一出生，父母就开始为他们配置各种商业保险。但是，很多父母给孩子配置的保险不尽合理。比如，孩子出生没多久，就给孩子配置一份传统的终身寿险，而不是优先给孩子配置医疗险、重疾险等。

在给孩子购买商业保险之前，我们还是要强调一点：优先办理少儿医保，这是孩子最基础的医疗保障。少儿医保在办理时要符合各种规定、提供各种证件，所以办理起来可能会有一点麻烦。家长千万别怕麻烦，少儿医保可以带病投保，价格便宜，能保证续保，是性价比最高的医疗保险。并且，有了少儿医保，购买商业医疗保险的价格也会更低。

少儿医保虽作为国家的一项惠民政策，但也有不足之处，比如保障范围比较窄，不能报销自费药。这时，就需要商业保险来补充了。

给孩子购买的第一份商业保险，我们建议是百万医疗险，家长可以根据自己的交费能力和孩子的情况，选择不同的免赔额。如果感觉孩子的身体比较弱，需要经常去医院，就选择保费较高、免赔额较低的保险产品；否则，我们建议免赔额无须太低。原因有两个：一来免赔额低的保险产品保费更高；二来一般的门诊花费不多，再加上已有少儿医保，大部分家庭都不会有太大压力。

接下来，我们建议给孩子配置重疾险。孩子得重疾的概率固然不高，但因为环境、饮食等原因，近些年，孩子的重疾发生率呈逐渐升高的趋势。一旦孩子罹患重疾，不仅医疗费用高昂，通常还需要至少一个家长长期照看、陪护，无法兼顾工作。所以，重疾险的赔付可以弥补家长的收入损失。

孩子刚来到这个世界时，对周遭的一切都充满好奇，喜欢乱爬、乱摸，发生意外的概率也较高。因此，我们建议父母同时给孩子配置意外险，并附加意外医疗险。

少儿医保加上三种商业保险，基本就能给孩子较好的保障了。如果父母对孩子将来的教育有长期规划，且家庭经济状况较好，可酌情配置教育金保险，但一定要在前述保障类保险产品已经配置齐全之后。

给孩子配置保险，父母需要注意以下几点：

第一，意外险的保额有限制。按照《中国保监会关于父母为其未成年子女投保以死亡为给付保险金条件人身保险有关问题的通知》（保监发〔2015〕90号）的规定，被保险人为未成年人的，被保险人死亡时各保险公司实际赔付的保险金总额有一定的限制。因此，重复买好几份意外险没有必要。当然，此时给孩子买传统的终身寿险、定期寿险，在我看来，也没有必要。

第二，给孩子配置商业保险，越早越好。一来可以及早给孩子提供保障，二来越小的时候投保，保费越便宜，杠杆率就越高。在我们国家，孩子出生一个月左右（多为 28 天）时，就能够为他们购置商业保险了。

第三，之前我们讲过，在给孩子提供全面保障的同时，一定要注意大人自己的保险配置。毕竟，父母是孩子最好的"保险"。

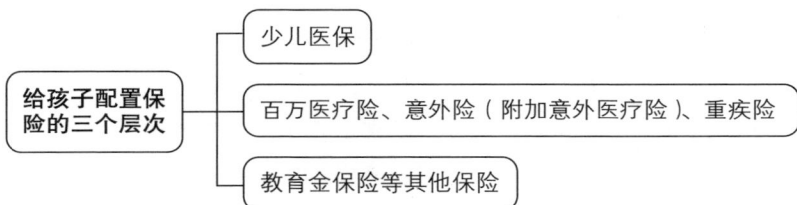

给孩子配置保险的三个层次
- 少儿医保
- 百万医疗险、意外险（附加意外医疗险）、重疾险
- 教育金保险等其他保险

▶▶▶ **延伸阅读**

《中国保监会关于父母为其未成年子女投保以死亡为给付保险金条件人身保险有关问题的通知》（保监发〔2015〕90 号）

一、对于父母为其未成年子女投保的人身保险，在被保险人成年之前，各保险合同约定的被保险人死亡给付的保险金额总和、被保险人死亡时各保险公司实际给付的保险金总和按以下限额执行：

（一）对于被保险人不满 10 周岁的，不得超过人民币 20 万元。

（二）对于被保险人已满 10 周岁但未满 18 周岁的，不得超过人民币 50 万元。

52 在不同的人生阶段，应该怎么给自己配置保险？

刚大学毕业那会儿，肖先生就接触过保险，犹豫了一下，没买。去年他成了家，加上父亲今年生病住院花了不少钱，他就决定把配置保险的事提上日程。他从微信里翻出几年前和自己联系的保险顾问小陈，让小陈给做个投保计划。看到小陈给的计划书后，肖先生说："几年前你只给我推荐医疗险、意外险和定期寿险，怎么这会儿又加上了重疾险？"小陈说："肖哥，人在不同的阶段，所面临的情况不一样，需要配置的保险当然也有所不同。"

▶▶▶ 专业解析

在不同的人生阶段，我们的经济收入和身上负担的责任也不同，应该逐步给自己配置不同的保险。下面，我们就根据普通人的人生轨迹，向大家提示不同时期配置保险的要点。

虽然从法律意义上来说，我们到 18 周岁就已经是成年人了，但由于这个时期我们大都还在读书，没有收入，所以本节就从走出校门开始工作谈起。

在讲述不同人生阶段的保险规划前，需要说明的是：无论你处在哪个人生阶段，只要开始工作，就要参加社保。社保应该是伴随我们从工作开始到生命终结的一份保险。

刚刚参加工作的时候，我们的收入一般不是很高。这时，我们首先需要保障的是自己的身体，确保自己生病后有足够的医疗费用。

因此，一份百万医疗险是很有必要的。由于在这一阶段我们的身体一般比较健康，又没有太多的收入，所以百万医疗险的免赔额可以高一些，这样保费就会低一些。从家庭角度来看，此时我们已经踏入社会，身上肩负着对父母的责任，所以我们也要考虑万一发生意外，父母怎么办。因此，建议配置人身意外险和消费型的定期寿险，将身故受益人写为父母。这三种保险的保费都比较低，即便是刚刚参加工作的年轻人也可以负担得起。如果条件允许，还可以增加一份重疾险。

工作几年之后，我们会面临人生的另一个选择：是否结婚。在这个多元化的社会，我们可以选择结婚，也可以选择一个人过。如果选择一个人过，我们就要考虑，万一生病，总不能让父母来照顾我们、给我们掏医药费，因此，健康保险就应该成为我们考虑的重点。如果此前已经配置了重疾险，就要看是否应该增加保额或再购置一份保险；如果之前没有配置保险产品，就应该及时配置了。此外，若决定要一个人生活，养老的事也应该提前准备，及时为自己配置养老保险。

如果选择结婚，组建一个家庭，就意味着除了对父母的责任，我们还担负对配偶的责任。一般来说，这时我们已经背负了房贷，如果发生不幸，房贷就要由配偶一个人承担。因此，建议考虑再配置一份定期寿险，将身故受益人写为配偶。当然，重疾险也要同步配置。

结婚之后，还要面临人生的一个选择：是否要孩子。如果选择丁克，那么夫妻二人的养老就应该纳入规划，开始为自己配置养老保险。如果选择要孩子，身上的责任就又多了一重：对孩子的责任。这时，就有必要配置一份终身寿险，将身故受益人写为孩子，一旦发生意外，这份保险可以给孩子提供经济保障；即便平平安安，也总有寿终之期，那时终身寿险也可以成为财富传承的工具。现代人已经不大讲"养儿防老"了，即便有了孩子，自己也要考虑养老问题；如果有富余，我们还要考虑孩子将来的教育费用。所以，养老保险、教育金保险，也要尽早提上日程。

以上只是人生不同阶段需要配置的基本保险品种，保额部分我们没有涉及。我们认为，随着自身及家庭情况的变化，应该每年或至少三五年做一次保单检视，看看自己的保险配置是否齐全，保额是否足够，再根据实际情况补足保险品种及保额。有关家庭保单检视的内容，可参看本书第 89 节。

至于理财类保险，可以在保障类保险配齐后，根据收入情况、理财规划等酌情配置。

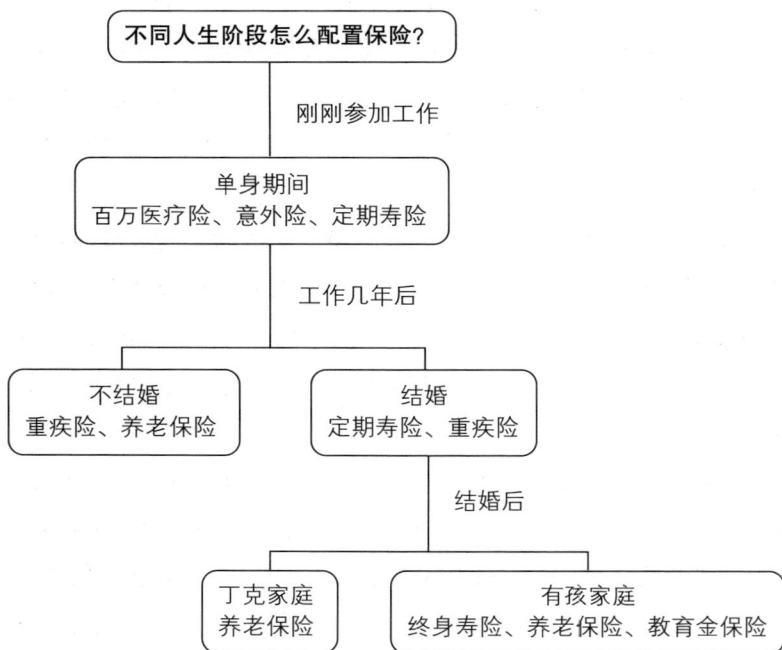

```
        ┌──────────────────────────┐
        │ 不同人生阶段怎么配置保险？ │
        └──────────────────────────┘
                    │ 刚刚参加工作
        ┌──────────────────────────┐
        │        单身期间            │
        │ 百万医疗险、意外险、定期寿险 │
        └──────────────────────────┘
                    │ 工作几年后
        ┌───────────┴────────────┐
 ┌──────────────┐      ┌──────────────┐
 │    不结婚      │      │     结婚       │
 │ 重疾险、养老保险 │      │ 定期寿险、重疾险 │
 └──────────────┘      └──────────────┘
                            │ 结婚后
                 ┌──────────┴──────────────┐
        ┌──────────────┐      ┌────────────────────────────┐
        │    丁克家庭     │      │          有孩家庭            │
        │   养老保险      │      │ 终身寿险、养老保险、教育金保险 │
        └──────────────┘      └────────────────────────────┘
```

在人生的不同阶段如何配置保险，我们还可以从另一个角度考虑：要给谁提供什么保障。

保障对象有两类：一是自己，二是家人。

我们自己面临的风险，主要有意外、医疗（包括大病）和养老。因此，我们要根据这些风险，配置相应的保险，如意外险、健康险、重疾险和养老保险。此外，如果有理财的需求，还可以配置具有理财功能的保险产品。

给家人提供保障，指的是万一我们出现不幸事件，能给家人留下一笔钱。基于对家人的责任，我们需要配置的就是意外险和人寿保险。如果对孩子的未来有一定的规划，可以配置教育金保险、婚嫁金保险等。

53 所从事的职业对买保险有影响吗?

薛先生之前在物业公司当保安,后来因为收入太低,就改行做了送外卖的骑手。薛先生的弟弟之前在老家理赔过几万元的医疗险,所以薛先生的保险意识很强,早就给自己配置了意外险。前段时间他去续保,发现保费增加了很多。一问之下才知道,投保人所从事的职业对购买保险也有影响。

▶▶▶ **专业解析**

我们知道,保险公司并非什么风险都可以承保。可以承保的风险有几个特征,其中很重要的一个就是"经济上具有可行性"。这一点既指向保险公司,也指向消费者。如果损失发生的频率低、风险小,消费者就没有意愿投保,这点损失自己承担就行,投保划不来;如果损失发生的频率高、风险大,保险公司就不愿意承保,因为要赔付的钱太多,保险公司划不来。

所以,"经济上具有可行性"的风险,应该是指"发生的频率低、损失的程度大"的风险。[①] 因为损失的程度大,个体承担不了,所以要投保;因为发生的频率低,保险公司一算账,有钱赚,所以愿意承保。

理解了这些,我们再来看所从事的职业对投保(这里指以从事某种职业的人为被保险人)的影响。假如有一种职业,发生意外死亡的概率较高,如高压电工作人员、特技演员、保镖等,显

---

① 孙祁祥. 保险学 [M]. 7 版. 北京:北京大学出版社,2021: 22.

然，他们的意外死亡风险就属于"发生的频率高、损失的程度大"的风险，因此一般的保险公司就不愿意承保。这就像很多保险公司不愿意给年龄太大的老年人承保重疾险一样，因为他们罹患重疾的概率比较高。

总的来说，从事不同职业的人，有的可以投保所有商业保险，有的只能投保部分保险产品，有的则无法投保一般的商业保险。

关于哪些职业能投保哪些保险产品，行业内没有完全统一的标准。2016年，中国保险行业协会发布过一份《商业保险职业分类与代码》，把所有职业划分成了20个大类、262个中类和1844个小类。虽然把职业的种类划分出来了，但每种职业对应的风险等级，保险行业协会则没有做相应的划分。实践中，各家保险公司会以《商业保险职业分类与代码》为基础，根据风险情况的不同，把这1884个类别的职业划分成6~8类。由于各家保险公司对职业分类的标准各有不同，因此即使同属一个险种（如意外险），有的职业在A保险公司能投保，在B保险公司可能就无法投保。

我们在网上找到一份相对详尽的《职业分类表》，供大家参考。一般来说，第1~3类职业属于低风险职业，正常情况下所有的商业保险都可以投保；第4~6类属于中风险职业，可能无法投保意外险，即便能投保，保费率也较高，投保医疗保险、疾病保险时可能需要增加保费，有的第5~6类职业，投保寿险也会受到限制；S类及拒保类则属于高危职业，大都无法投保常规商业保险。一般来说，意外险对职业的要求最严格。

需要提醒大家的是，购买了商业保险之后更换了工作，且新工作的风险更高（如从第2类职业换成第5类职业），需要及时通知保险公司，以免造成理赔纠纷。

不同险种对职业的要求也不同。我们根据实践经验，依据《职业分类表》制作了下面这个简单的表格，供大家参考。具体是否能够投保，还要以保险公司的核保结果为准。

不同险种对职业的要求

职业类别	意外险	医疗险	疾病险	寿险
第1～3类	正常投保	正常投保	正常投保	正常投保
第4～6类	拒保	加费	加费	正常投保
S类、拒保类	拒保	拒保	拒保	拒保

▶▶▶ **延伸阅读**

职业分类表 [①]

职业类别	工种描述
第1类	纯文职人员，从事非体力劳动人员：公司管理人员、研发人员、文职人员、柜面人员；教师；设计师；财务人员；法官、律师、书记员；警卫行政及内勤人员；编辑；医生、护士；工程师；实验室人员（化学、核能、放射实验人员除外）、质检员；仓库管理员等

---

① 不同保险公司对职业的分类标准有所不同，本表仅供参考。

职业类别	工种描述
第2类	从事少量体力劳动非纯文职人员：机关、企事业单位外勤人员（如银行信贷员、销售人员、采购人员、报关员）；外勤记者（非战地记者）；清洁工（非高空作业、公路清扫）；导游；餐饮、酒店服务业服务员；制造业车间主任、领班；电影、电视业人员（非跑片员、武打演员、特技演员、机械工、电工、布景搭设人员）；高尔夫球场、保龄球场、球场、游泳池、海水浴场、游乐园的教练、球童、服务员、记分员、管理员、服务员；门卫；理发师、美容师、洗衣店工人；学生；公共事业抄表员、收费员；批发、零售业商人；家政人员、退休人员、个体工商户；桌球、羽毛球、游泳、射箭、溜冰、射击、举重、民俗体育活动、手球、乒乓球的教练
第3类	内陆渔业养殖工人、水产品加工人员；非营运汽车司机及随车人员；航运稽查员；厨师；造修船业工程师；土木建筑业领班、监工；土木建筑承包商；电子业工人；仪器、仪表制造业工人；纺织及成衣业工人；食品饮料制造业工人；烟草业工人；文具制造业工人；塑胶业工人；橡胶业工人；包装工人；新闻杂志业装订工、送货员；舞蹈演员；酒家、歌厅工作人员；物业保安；司法警察；工商、税务执法人员；汽车教练；健身教练；体操教练；篮球教练；橄榄球教练；游泳、网球、垒球、溜冰、篮球、田径、体操、帆船、泛舟、手球、橄榄球、乒乓球的职业运动员

职业类别	工种描述
第4类	农牧业人员；沿海养殖工人、内陆捕鱼人；护林员；野生植物保护人员；人力三轮车夫；营运汽车司机及随车人员；搬运工人、装卸工人；铁路维护工；铁路保安；航运领航员、饮水员、缉私人员、拖船/轮渡驾驶员及工作人员；飞机洗刷人员、机械员、修护人员；土木工程建筑业工人（不含外墙及高空作业）；安装工人（非高空作业）；装潢人员（非高空作业）；印刷厂工人；地质探测员（山区、海上）；加油站人员；制药厂工人；铁工厂、机械厂工人；钣金工、车床工、水电工、电镀工、铣床工、冲床工、钻床工、铲车工、钳工、焊工、铸造工；化工产品生产人员；造纸业、床垫及枕头制造业、陶器业的工人；砖瓦厂、水泥厂的工人；玻璃厂工人；广告业拍摄人员、广告牌制作人员（室内）；电影、电视业机械工、电工、布景搭设人员；城管人员；兽医、兽栏清洁工；邮政外勤人员、快递人员；电讯及电力业工人（不含高空作业）；交警、治安人员；无业人员；篮球球员；排球、击剑、棒球的教练
第5类	野生动物保护人员；木材加工业工人；石材加工业工人；家具厂工人；五金工具厂工人；危险品运输司机及随车人员；拖拉机驾驶人员；铁路道路铺设工、修路工；码头工人及领班；矿业采石业坑外作业人员；港口作业吊车、堆高机、起重机操作员；海水浴池救生员；现金押运员、司机

职业类别	工种描述
第6类	森林砍伐业伐木工人、锯木工人、装运工人；造修船业工人；高速公路工程人员；道路清洁工；刑警、特警；消防队队员；警校学生
S类	高空作业人员；炸药处理警察；高压电工作人员；化学原料、易燃易爆易腐蚀品的制造业人员
拒保类	捕鱼人（沿海）、船员；矿业采石业坑内作业人员；石油、天然气开采业；所有海上作业人员；内河航运船员；国内外航线民航机飞行人员及服务员；飞行员、飞行学员；潜水人员；爆破人员；炸药、火药、雷管制造及处理人员；暴身于尘埃或有毒化合物之工人；战地记者；电视业跑片员、武打、特技、杂技演员；驯兽师、饲养员；保镖；防暴警察；现役军人；电力高压电工程设施人员；建造电缆、架空电线之操作及维修编拉电人员；拉线及维修工人、安装塔架工人；特种营业人员（如舞厅吧女、酒女、舞女、咖啡女郎、按摩师）

54 企业若给员工买团体保险，该怎么买？

付总经营着一家小微企业，有十几个员工。这两年受新冠肺炎疫情影响，业务不太好。又到年底了，他听说不少员工私下抱怨两年没涨工资了，感觉没有奔头。付总也很委屈，公司能维持着就不错了，哪有钱涨工资呢？可再不涨工资，员工跳槽的话，公司的损失就更大了。在一个朋友的建议下，他决定给员工购买一份团体意外险，既给了员工获得感，花费还不多，一年下来才几千块钱。

▶▶▶ 专业解析

记得在几年前，有些民营企业的管理者还在想方设法地逃避给员工缴纳社保，而在最近几年，越来越多的企业管理者开始给员工配置商业人身保险。一方面，由于劳动者的权利意识不断增强，向企业争取有利的条件；另一方面，随着人力成本的提高，越来越多的管理者意识到"得人才者得天下"，愿意用商业保险给员工更多的保障，提高员工的工作积极性，更好地留住员工。

有的年轻人在找工作时，会特别在意公司是否给员工配置商业保险。他们认为，公司是否给员工配置商业保险，不仅关系到员工的福利，更体现了这家公司的管理者是否具有现代意识。一个具有现代意识的管理者，理应而且一定能够正确认识保险的价值，并懂得充分利用这个风险管理工具。

作为企业管理者，首先应该按照有关法律的规定，足额为员工缴纳社保。如果企业没有按时、足额为员工缴纳社保，根据《中华人民共和国社会保险法》《中华人民共和国劳动合同法》，企业会面临诸多风险，比如需要补缴，且加收滞纳金；被处以罚款；员工以此为由解除劳动合同，并要求企业支付经济补偿金；等等。在税收征管日趋严格的形势下，我们建议企业一定要合规经营，依法为员工缴纳社保。

在此基础上，企业可以给员工购买一些团体人身保险。团体人身保险，一般指的是以团体组织为投保人，以团体成员或团体成员的家庭成员为被保险人的人身保险。团体人身保险一般要求最低参保人数为5人，公司员工及其家属都可以参保，受益人要求是被保险人的直系亲属。

相比个人人身保险，团体人身保险有一些不同的特征。比如在团体人身保险中，被保险人是允许更换的，如果某个员工离职，作为投保人的团体可将其剔除或更换为其他员工；团体人身保险的价格一般比个人保险更低；有的团体人身保险可以修改保险合同，根据团体的需求进行量身定制。

给员工配置团体人身保险时，我们认为可以根据企业情况分梯次配置。一般来说，企业会优先给员工配置意外险（附加意外医疗险），其次配置医疗险。意外险和医疗险价格便宜，保额相对较高，能给员工带来极大的安全感。企业条件允许的话，也可以给员工配置定期的疾病保险和寿险，就我们所见，很少有企业给员工配置年金保险。有人把意外险、医疗险、重疾险、寿险称为人身保险的"四大金刚"，一般情况下，如果企业能够给员工把这"四大金刚"都配齐，我们觉得这份保障就比较充分了。

除了给员工配置人身保险，企业也需要给企业所属财产配置财产保险（尤其是实体企业）。另外，企业主和主要管理人员也可以考虑购买雇主责任险和董监高责任险等，以规避风险。雇主责任险，是指"以被保险人对其所雇用的员工在受雇期间从事相关工作时因意外或患职业病导致伤残、死亡的赔偿责任为保险标的的责任保险"。董监高责任险，全称是"董事、监事及高级管理人员责任保险"，是指董事、监事及高级管理人员在履职中失误，需要进行民事赔偿时由保险公司赔偿的一种保险，这可以在一定程度上转嫁民事赔偿责任。[①] 因为这几种保险都属于财产保险的范畴，而我们这本书主要讲人身保险，所以在此就不多做解说了。

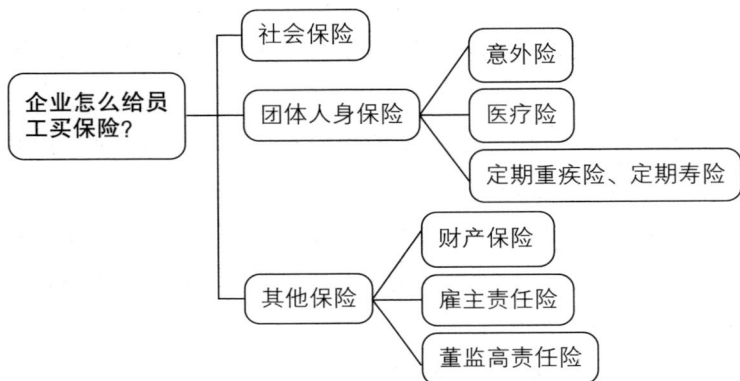

```
                          ┌── 社会保险
                          │
                          │                    ┌── 意外险
                          │                    │
企业怎么给员 ───────────────┼── 团体人身保险 ──────┼── 医疗险
工买保险?                  │                    │
                          │                    └── 定期重疾险、定期寿险
                          │
                          │                    ┌── 财产保险
                          │                    │
                          └── 其他保险 ─────────┼── 雇主责任险
                                               │
                                               └── 董监高责任险
```

▶▶▶ 延伸阅读

有的员工在找工作时，可能会主动要求公司不需要缴纳社保，多发点工资就行。那么，如果员工与公司有不缴纳社保的书面约定，公司就可以不给员工缴纳社保吗? 答案是"不可以"。

《中华人民共和国劳动法》明确规定："用人单位和劳动者必须依法参加社会保险，缴纳社会保险费。"也就是说，公司和员工均应当依法缴纳社保，这是双方共同的强制性法定义务，谁也不能擅自放弃。即便员工以书面形式约定自愿放弃缴纳社保，这样的约定也是无效的。

---

① 黎晓宏. 中国金融业风险管理 [M]. 北京：中信出版集团，2021.

55 可以通过哪些渠道买保险？这些渠道各有哪些优劣势？

洪女士想要买一份年金保险，可她之前除了公司给上的社保，从来没接触过保险，更没了解过保险，所以她就问朋友应该在哪儿买保险。有的朋友给她推荐自己的保险代理人，说这个代理人特别专业，解说产品非常流利；有的建议找保险经纪人，说保险经纪人那儿的产品多，可以随便挑；有的建议在网上买，便宜；有的建议去银行买，感觉更放心……洪女士被搞糊涂了，到底通过哪个渠道买保险最合适呢？

▶▶▶ **专业解析**

在 1992 年之前的中国，想要买保险的客户只能去保险公司的柜台，就像去银行办理业务一样。1992 年，友邦将风靡东南亚地区的个人保险代理人模式引入中国，保险代理人制度迅速改变了保险行业的营销模式。

随着行业及技术的发展，保险公司开拓了更多的销售渠道，客户在购买保险时也有了更多的选择。现在我们经常接触的购买个人人身保险的渠道，主要有保险代理人、保险经纪人、保险代理机构（如银行）、互联网等几种，还有电话销售、独立个人保险代理人和在保险公司柜面直接办理等方式。这里我们主要讲前四种购买渠道：

（1）保险代理人，就是根据保险公司的委托，向保险公司收取佣金，并在保险公司授权的范围内代为办理保险业务的机构或个人。

保险代理人可能是我们平时接触最多的保险购买渠道。截至 2021 年年底，我国保险代理人有 600 多万人，加上曾经从事过这一职业的，保守估计有不少于 5000 万人。

我们可以简单地把保险代理人理解为保险公司的销售人员（实际上他们与保险公司是"代理销售关系"，而非"雇佣关系"）。他们都接受过保险公司的培训，对自家的保险产品较为了解。不过他们只能销售自己所属保险公司的产品，所以可供客户挑选的产品有一定的范围限制。

（2）保险经纪人，在法律上指的是"基于投保人的利益，为投保人与保险人订立保险合同提供中介服务，并依法收取佣金的机构"。日常生活中，我们一般把从事保险经纪业务的公司称为保险经纪公司（就像称呼法律上的"保险人"为保险公司），把保险经纪公司的销售人员称为保险经纪人。

保险经纪人可以根据投保人的需求，从不同保险公司的产品中挑选、搭配合适的保险产品及其组合。不过，有的保险公司会针对不同渠道投放不同的保险产品，不会将所有产品都开放给保险经纪公司。

（3）保险代理机构，是指"专门从事保险代理业务的保险专业代理机构和兼营保险代理业务的保险兼业代理机构"。目前国内的保险代理机构，主要有保险代理公司和银行保险这两类。当下国内最主要的保险代理机构是银行，银行代理的保险简称"银保"，即银行与保险公司通过合作、成立合资企业、兼并收购和设立新公司等方式，为客户提供金融产品和服务的模式。银保的优势在于网点较多，客户可以方便地去银行购买，也方便沟通。不过，银保销售的保险产品以具有投资理财功能的保险为主。

通过以上三种渠道买保险时，我们都会跟具体的销售人员打交道，无论对方是保险公司的代理人、保险经纪公司的经纪人，还是银行的理财经理，在本书中，我们把所有这些保险销售人员统称为"保险顾问"。

（4）互联网，是指"保险机构依托互联网和移动通信等技术，通过自营网络平台、第三方网络平台等订立保险合同、提供保险服务的方式"。在互联网上买的保险，既有保险公司直营的（如保险公司的官网、App、官方公众号等），也有属于第三方平台销售的（如支付宝的蚂蚁保、微信的微保等）。

在互联网上购买保险，最大的好处就是方便、快捷，动动手就可以。而且因为减少了佣金支出，一些互联网保险的性价比较高。但一些合同条款复杂的保险，投保人在网上购买时往往因不清楚条款内涵，理赔时容易出现纠纷。

每个保险销售渠道都有自己的优劣势，不能一刀切地说哪个渠道最好。如果要买的是简单的短期意外险等保障内容比较单一的保险，可以在网上买；如果要买的保险产品比较复杂（如案例中洪女士要买的年金保险），我们认为一定要找一个靠谱的保险顾问，无论他是代理人、经纪人还是银行的理财经理。

在各个渠道购买保险的优势与劣势

渠道	优势	劣势
保险代理人	熟悉本公司产品及配套服务	可选择的保险产品有限
保险经纪人	可挑选的产品较多	可能无法获知保险公司全部的产品
保险代理机构	方便购买和沟通	所售保险多为理财类，保障类产品较少
互联网	方便购买，部分保险产品价格较低	容易误买，且易产生理赔纠纷

▶▶▶ **延伸阅读**

　　银保监会于 2020 年 11 月 23 日印发、于 2021 年 1 月 1 日开始
施行的《保险代理人监管规定》第三十九条提出："国务院保险监督
管理机构对个人保险代理人实施分类管理，加快建立独立个人保险
代理人制度。"根据《中国银保监会办公厅关于发展独立个人保险代
理人有关事项的通知》（银保监办发〔2020〕118 号）规定，"独立个
人保险代理人是指与保险公司直接签订委托合同，自主独立开展保
险销售的保险销售从业人员"。

　　相对于传统的保险代理人，独立个人保险代理人直接与保险公
司或保险经纪公司签订销售委托合同，不隶属于某家公司。独立个
人保险代理人能否破除传统的保险营销中多层级的关系，建构扁平
化的保险营销体系，成为中国保险市场上一个重要的保险销售及购
买渠道，还有待观察。

56 未来，互联网销售会取代传统的营销员销售吗？

　　根据银保监会下发的《关于 2021 年底保险公司销售从业人员执业登记情况的通报》，截至 2021 年 12 月 31 日，全国保险公司登记的销售人员是 641.9 万人，与 2020 年的 842.8 万人相比，减少 252.1 万人，同比下降近 30%。连续两年，保险销售人员都呈下降趋势。保险营销人员数量的减少，是由多种原因造成的，其中一个原因就是互联网保险"抢走"了一部分原本属于保险营销员的业务，导致他们在这个行业无法立足。那么，随着未来科技的发展，互联网会取代传统的保险营销员吗？

▶▶▶ 专业解析

　　早在 2017 年，原保监会发改部副主任罗胜在第二届中国互联网保险大会中就说："从趋势上讲，随着消费习惯的代际更替和产品的改造，网销保险的份额只会越来越大。……从长远看，成本过重的营销员模式，一定会逼迫投资人和经营者千方百计寻找替代模式，互联网、人工智能为他们提供了更多可能。"

　　在保险行业内部，罗胜的这个观点并非主流。主流的观点认为，车险、短期意外险、短期健康险等产品形态简单、产品同质化程度较高的保险产品的销售，会逐渐被互联网取代，而条款复杂、保险期间较长、客单价较高的保险产品，典型的如终身寿险、长期重疾险、年金保险等，依旧需要保险营销员提供专业的、有温度的、个性化的服务，这类产品的销售不会被互联网取代。

行业内的主流观点，是直击问题本质的卓越洞见，还是掩耳盗铃的自欺欺人，在寿险等领域，互联网销售会不会取代传统的营销员销售，是一个需要时间来验证的问题。我们认为，这个问题的答案，可能取决于三股力量的合力，而不是由任何一个单独的因素决定的。

第一个因素：保险消费者对保险产品的了解程度。我们买东西的时候大都会有这样的体验：对要买的东西了解越多，就越不需要听取别人的意见，直接选好下单就行；可如果对要买的东西不了解，就要多方咨询，生怕自己买得不对。一直以来，客户购买保险时之所以需要保险顾问，一个很大的原因就是保险合同复杂难懂，若不是专业人士，根本搞不清合同里面约定的内容是什么，更无从了解这些约定是不是合理、价格是不是合适。

随着现在这代人保险理念的改变和保险知识的普及，以及教育水平的提高，会有越来越多的客户愿意主动去了解保险知识，就像他们买车之前去学习一些关于汽车的知识一样。这样的人越多，他们对保险的了解程度越高，就会越倾向于在互联网上直接购买保险，而不需要听取保险顾问的意见。

但是，这种趋势受到两个条件的限制：第一个条件是，有多少人愿意去这么做，毕竟这里面有个"机会成本"的问题，很多人会考虑，我花大量的时间去学习保险知识，就为了给自己配置一份保险，值得吗？第二个条件是，保险公司推出的保险产品在条款和功能方面，能否做到更简洁明了，更容易让客户快速了解、吃透。

第二个因素：互联网技术的发展程度。罗胜在发言中说道："有人说保险的体验感不强，但正是营销员的存在，才为保险销售带来了温度，这是冷冰冰的互联网不可能替代的。但如果一款兼具秘书、助手、向导、咨询专家甚至闺密角色的聊天软件出现的时候，您是愿意花很多宝贵的时间，与其实算不上朋友的营销员聊保险，还是愿意在碎片化的时间里，与一款随时互动，对保险产品了如指掌，还不用担心欺诈误导的聊天软件聊保险呢？"然后他还加了一句："当然，这只是个设想，真正实现也许还需要相当长的时间。"

互联网技术越发展，尤其是人工智能的功能越强大，从营销员手里"抢夺"客户的能力就越强。这一点不用多说。值得关注的是，人工智能什么时候才能发展到如罗胜所描述的那个程度呢？

第三个因素：保险营销员的专业度和服务。在互联网销售的冲击之下，我们相信，一定会有一批营销员被淘汰出局。保险销售不再是一个只要"敢张嘴，勤迈腿"就能获得成功的职业，而需要保险营销员不断提升自己的能力，给客户创造更多的价值。

就目前来看，保险营销员尤其需要在"专业"和"服务"这两个方面下功夫，让自己从保险营销员升级为新时代的保险顾问。专业指的不仅仅是拥有专业的保险知识，更是要做客户的"健康管理顾问"和"财税顾问"，为客户提供包括保险在内的一揽子解决方案。拥有这样的专业能力的保险顾问，发展前景极为广阔，而且他们的出路不仅仅在保险销售这方面，保险只是他们与客户建立紧密联系的一个窗口。

同样，服务也不仅仅是做好保险规划的服务，而是要根据自己的能力和特长，为客户提供更多的附加值，与客户建立"利益＋情感"的双重联系。人是社会性动物，是有感情的动物，需要与活生生的人建立情感纽带。这种情感纽带被建立后，会同时给客户和保险顾问以安全感。

互联网销售与保险营销员销售的关系

因素	有利于互联网销售	有利于保险营销员销售
保险消费者对保险产品的了解程度	深	浅
互联网技术的发展程度	快	慢
保险营销员的专业度和服务	弱	强

▶▶▶ **延伸阅读**

为了规范互联网保险销售，减少纠纷，银保监会在 2020 年发布了《关于规范互联网保险销售行为可回溯管理的通知》（银保监发〔2020〕26 号），其中规定：

六、销售页面的首页必须是提示进入投保流程页面，保险机构应当通过设置提示进入投保流程页面，对销售页面和非销售页面进行分隔。非销售页面中不得包含投保人填写投保信息、提交投保申请等内容。

七、提示进入投保流程页面应当包含提示投保人即将进入投保流程、需仔细阅读保险条款、投保人在销售页面的操作将被记录等内容。

保险中介机构的提示进入投保流程页面，应当增加客户告知书内容并重点披露该保险中介机构和承保保险公司名称。

八、保险机构的销售页面应当展示保险条款或提供保险条款文本链接，说明合同内容，并设置由投保人自主确认已阅读的标识。

九、保险机构应当以足以引起投保人注意的文字、字体、符号或其他明显标志，对保险合同中免除保险公司责任的条款内容进行逐项展示，并以网页、音频或视频等形式予以明确说明。

十、保险机构销售以下保险产品时，应当按照要求展示可能影响保单效力以及可能免除保险公司责任的内容，包括但不限于：

（一）销售人身保险新型产品，应当增加保单利益不确定性风险提示内容；

（二）销售健康保险产品，应当增加保险责任等待期的起算时间、期限及对投保人权益的影响，指定医疗机构，是否保证续保及续保有效时间，是否自动续保，医疗费用补偿原则，费率是否调整等内容；

（三）销售含有犹豫期条款的保险产品，应当增加犹豫期条款内容。

十一、保险机构销售以死亡为给付条件、被保险人与投保人不一致的保险产品时，应当按照要求展示被保险人同意投保并确认保险金额的内容。父母为其未成年子女投保的除外。

十二、保险机构应当对健康告知提示进行展示。投保人健康告知页面应当包含投保人健康告知内容、未尽到如实告知义务后果说明等内容。健康告知提示应当与保险责任直接相关，表述通俗易懂，内容具体且问题边界清晰。

十三、保险机构应当将第七、九、十、十一、十二条的内容设置单独页面展示，并设置由投保人或被保险人自主确认已阅读的标识。

本通知要求由投保人或被保险人自主确认已阅读的销售页面，投保人或被保险人未自主确认的，保险机构不得接收投保人的投保申请、收取保费。

57 买保险时为什么要挑选保险顾问？

前些年，黄女士在一个保险顾问的劝说下，买了一份增额终身寿险。后来这位保险顾问改行，不做保险了。黄女士家中遇到困难，急需用钱，就把那份增额终身寿险退保了。最近经济情况有所好转，想着再买一份增额终身寿险，却发现不仅保费变高了，增额利率也下降了。她现在的保险顾问遗憾地说："我要是早些认识您就好了，当初您可以用保单贷款来应急，不需要退保的……"

▶▶▶ **专业解析**

很多人的保险都是通过亲戚、朋友、同乡、邻居或前同事的介绍购买的，除了因为抹不开面子，他们不知道怎么拒绝，还因为毕竟是熟人，沾亲带故的，彼此多少有些了解，觉得"可信"。这种想法无可厚非，因为保险本身是一种无形商品，产品价值的交付具有滞后性，有的甚至滞后几十年，并且投保时多少还要暴露自己的个人情况，若没有一定的信任基础，确实很难投保。

即使是给孩子报一个兴趣班，仅听朋友介绍，我们一般也都不会直接掏钱，还要去实地看看，让孩子试听一下。我们要考察这个兴趣班的环境和授课老师的水平，毕竟这直接关系到孩子的学习效果。同样，买保险，尤其是在买保障期限较长的保险时，有一定的信任基础固然重要，但我们同样需要考察一下这个保险顾问是否值得托付。

有人觉得买保险找谁买都一样，保险顾问就是帮着介绍一下产品、送送保险合同而已。这就大大低估了保险顾问的作用。在购买保险的时候，挑选一个靠谱的保险顾问其实非常重要。

靠谱的保险顾问可以帮你挑选出最适合当下情况的保险产品。在第2节我们说过保险的种类，这仅仅是从一个维度对人身保险做的粗略划分，如果从不同维度（比如，消费型保险和返还型保险，长期险和短期险）对保险做更详细的划分，各种维度之间相互组合，再加上保额的确定，一个非专业人士要想全部搞懂，并从中挑选出适合自己的产品组合，绝非易事。而这恰恰是保险顾问的职责所在。

一个靠谱的保险顾问，会根据你的财务状况、身体状况、家庭情况、保障需求等，为你量身定制一份保险计划书。高水平的保险顾问，还能结合法律、税务、经济环境等，为你做更全面的统筹规划。

靠谱的保险顾问还可以帮你定期做保单检视，及时调整保障方案。世界上唯一不变的事情就是，所有的事物都在不断变化。我们的身体状况、收入情况、家庭情况等，同样都处在变化之中。刚参加工作时，我们也许只需要一份100万元保额的定期寿险，但结了婚、有了孩子，身上背负了房贷，收入也提升了好几倍，这时，100万元的保额就远远不够了；医疗技术在不断发展，更好更高的医疗手段层出不穷，之前买的医疗险、重疾险是不是也需要随之调整？如果没有一个靠谱的保险顾问，大部分人不会主动想到这件事，而一旦发生风险，之前有限的保额也就变成"鸡肋"了。

保险事故发生时，靠谱的保险顾问可以帮助客户进行理赔。生病住院了，哪些单据、资料需要保留好，应该在医院做怎样的诊断、找医生开什么证明；出了事，你觉得保险公司应该赔，保险公司却下达了拒赔通知，要不要保险顾问去为你申诉、争取？很多客户都是经历过理赔之后，才发现保险的好，才发现保险顾问的重要性。

真正优秀的保险顾问，绝不只是向你推销一个保险产品然后收钱了事的人，他需要给你提供持续的服务，服务对象甚至不止一代人——保险教父梅第，他的客户就包括了一家三代人；梅第退休之后，他的女儿"继承"父业，继续给父亲的客户提供服务。

有个朋友说，现在他发现自己身体不舒服时，第一个电话不是打给自己的家人，而是自己的保险顾问。甚至在工作上的事要寻求帮助时，他也会打给自己的保险顾问。为什么呢？因为在他周边的人中，这位保险顾问的人脉最广，消息最灵通。

在人生的航道上，陪伴你一路前行，帮你掌舵的那个人，你不该仔细挑一挑吗？

保险顾问的主要价值

买前	买后	事故发生
量身定制的全方位规划	定期保单检视、保障完善	协助理赔

▶▶▶ 延伸阅读

《无惧与坚持：销售巨人梅第传》中记录，有人和梅第说："我的亲戚朋友都在做保险，没必要在你这儿买。"梅第的回答也可以被当作本节题目的答案：

"如果您身体不舒服，医生检查后，发现您有心脏方面的毛病，医生说您必须进行心脏手术，假设您堂哥是个外科实习医生，那么您是找他做手术，还是找心脏科最棒的医生做手术呢？我相信答案一定是找心脏科最棒的名医为您做手术，对吧？因为心脏手术是人命关天的大事，您不会因为自己的堂哥也是医生，就碍于情面，一定要找当实习医生的他为您做手术吧？同理，在保险规划上，我就是您最棒的'医生'。"

58 怎么挑选靠谱的保险顾问?

杨先生的朋友圈里有好几个保险顾问,有邻居,有前同事,还有玩电脑游戏时认识的"队友"。最近他想给自己配置养老保险,准备从朋友圈里挑一个靠谱的保险顾问。初步了解了一下这几位保险顾问,有的显得很专业,有的从业时间很长,有的各种荣誉加身,有的精力充沛、干劲十足……他该怎么给自己挑选一个靠谱的保险顾问呢?

▶▶▶ **专业解析**

保险行业里有"孤儿保单"这个说法,如果最初卖给你保单的那个保险顾问离职了,你的这张保单就成了"孤儿保单"。之所以有这个说法,是因为在早期,这类保单的后续服务往往没有人管,投保人想问个事儿都找不到人,保单就像孤儿一样。当然,现在各家保险公司对"孤儿保单"都已经形成了一整套的服务流程,一般不会存在没人管的状态。

保险顾问的收入主要来自佣金,其中,首期保费的佣金比例最高。跟进"孤儿保单"的业务员往往没有多少提成,虽然公司有要求,而且这个客户有续保、加保的可能,但缺少了直接的金钱刺激,依旧有部分保险顾问对"孤儿保单"不够重视,导致客户对"孤儿保单"的服务满意度不高。

"孤儿保单"的存在也提醒我们,找靠谱的保险顾问买保险多么重要!那么,怎么挑选保险顾问呢?

首先需要说明，第57节我们说很多人是找亲戚朋友之类的熟人买保险，有可能会给读者造成误解——不能找熟人买保险。事实绝非如此。我们想强调的是，不能仅仅因为熟人关系而找他们买保险。如果你身边的熟人是保险顾问，而且你认为他做保险业务足够靠谱，那么，不用多想，买保险就找他了！

问题的关键是：怎么识别一个保险顾问是不是靠谱？仅凭常识，每个人都可以给出几个判断标准，比如，从业时间长的、获得荣誉多的、在保险公司职级高的、拥有各种资格证书的……的确，这些都是很好的判断标准。

我想说的是，如果你的保单额度不大，也不用眼睛只盯着那些荣誉加身、从业十年以上的保险顾问。一个人的精力是有限的，一个保险顾问分配给每个客户的注意力也是不同的，顶尖的保险顾问必然会把更多注意力放在大单上。如果你想投保的只是一张普通的保单，找一个有干劲、有热情又能长期干下去的新人，得到的服务体验说不定会更好。再说了，也并不是每一个获得过荣誉、从业时间长的保险顾问，就一定是专业并适合你的。

那么，抛开从业时间、荣誉、职级等外在因素，我们怎么来判断一个保险顾问靠谱不靠谱呢？

有的书里会给读者一个表格，让读者一项项对照打分。这种方法固然很好，但我相信很少有读者会照着做。我们这里给出的判断标准就没那么复杂，总结起来就是"二正三负"。

从正面讲，看两个点，这两个点过关的保险顾问，应该靠谱。

第一，针对具体的保险条款，你多追问几个为什么，看对方的回答是否足够流利、清晰、有说服力。

保险合同中的每一个条款，背后都有着深刻的原理，一个人是不是专业，就看他是只掌握了条款的表面意思，还是能把条款背后的原理吃透，并能清晰表达出来。通过几个简单的"为什么"，你就能看出对方专业与否，表达清晰与否。一个肯下功夫钻研产品内容及其原理，并且拥有清晰、流畅的表达能力的人，靠谱的概率会比较高。

第二，问问自己，与对方交谈、相处的感觉是不是舒服。这是一个纯主观的感觉，但往往准确。退一步说，买长期险，你就要和这个保险顾问打很久的交道，要是相处起来感觉不舒服，着实没必要强迫自己。

"三负"，就是如果对方有以下这三种行为或表现，只要有任何一项，就可以"一票否决"，不用考虑了。

第一种行为是只讲交情不谈保险。如果对方一味和你说"我是什么人你还不清楚吗"，"放心吧，您信不过我，还信不过谁谁谁吗"，"咱们是老乡，我不会坑你的，不然我以后还做不做人了"……对你的保障需求、具体的保险产品等，闭口不谈，或者不重点谈，那我劝你还是再考虑考虑。

第二种行为是承诺给你返佣。返佣是《保险法》明令禁止的，是违法行为。你买的保险要是有返佣，这个保险顾问肯定干不长，你的保单基本都会成为"孤儿保单"。

第三种行为是与你交往时姿态很低，甚至卑躬屈膝，时时处处捧着你。也许有人挺享受这种被捧着的感觉，但这样的保险顾问，我认为大部分是不够专业的，这样的行为也背离了"服务"的本质。一个有着专业能力的人，无论从事任何行业，都会尊重自己，尊重自己的职业。

如果一个保险顾问能做到"二正"，又没有"三负"，我们认为，即便他从业时间不长，没有各种荣誉的加持，也是可以信赖的。退一万步说，哪怕他将来不做保险顾问了，也是一个你值得继续交往的朋友。

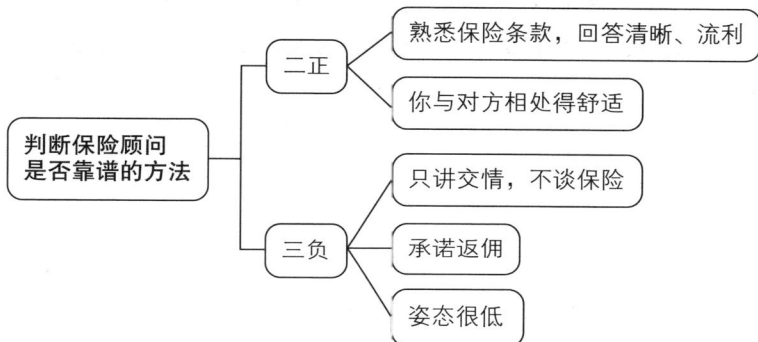

判断保险顾问
是否靠谱的方法

二正
　熟悉保险条款，回答清晰、流利
　你与对方相处得舒适

三负
　只讲交情，不谈保险
　承诺返佣
　姿态很低

▶▶▶ **延伸阅读**

《保险代理人监管规定》

第七十条　保险代理人及其从业人员在办理保险业务活动中不得有下列行为：

（一）欺骗保险人、投保人、被保险人或者受益人；

（二）隐瞒与保险合同有关的重要情况；

（三）阻碍投保人履行如实告知义务，或者诱导其不履行如实告知义务；

（四）给予或者承诺给予投保人、被保险人或者受益人保险合同约定以外的利益；

（五）利用行政权力、职务或者职业便利以及其他不正当手段强迫、引诱或者限制投保人订立保险合同；

（六）伪造、擅自变更保险合同，或者为保险合同当事人提供虚假证明材料；

（七）挪用、截留、侵占保险费或者保险金；

（八）利用业务便利为其他机构或者个人牟取不正当利益；

（九）串通投保人、被保险人或者受益人，骗取保险金；

（十）泄露在业务活动中知悉的保险人、投保人、被保险人的商业秘密。

59 买保险时怎么挑选保险公司？

前面我们说了如何挑选靠谱的保险顾问。如果你已经选定了保险顾问，就相当于你已经选定了保险公司——如果你选定的保险顾问是保险经纪人，也请你相信他挑选保险公司的眼光。如果你既看好一家保险公司的保险顾问（代理人），又青睐另一家保险公司，该怎么选呢？鱼与熊掌不可兼得。我们的建议是，优先考虑保险顾问。作为一个专业的保险顾问，他对保险行业有自己的观察和洞见，不会挑选一家不靠谱的保险公司去开展自己的事业。这一节，我们先撇开保险顾问的因素，看看怎么挑选保险公司。

▶▶▶ 专业解析

在解答"买保险时怎么挑选保险公司"这个问题之前，我们先问自己一个问题：为什么要挑选保险公司？原因无非有以下三个：第一，怕保险公司倒闭，自己花钱买的保险打水漂了；第二，怕保险公司拒赔，或者理赔速度太慢；第三，想知道哪家保险公司的产品性价比最高。接下来，我们就从这三个维度来讲讲怎么挑选保险公司。

1. 安全性

在第 11 节我们就说过，我们国家的保险公司有多重"安全机制"，破产的可能性极低。即便发生了保险公司破产的小概率事件，也有"强制接盘制度"和"救济制度"托底。

因此，对保险公司的安全性可以不用过多考虑。

当然，即便如此，我们仍希望买到更安全的保险公司的产品。考察保险公司的安全性，一般有两个角度：第一是规模，规模大的更稳当，这是常识，不用多说；第二是看一下偿付能力充足率这个值，简单来说，就是保险公司偿还债务的能力，这个数值越高，理论上保险公司就越安全。银保监会要求保险公司的综合偿付能力充足率要高于100%，否则银保监会会重点关注乃至介入。有需要的朋友可以通过以下路径查询各保险公司的偿付能力充足率：中国保险行业协会官方网站→信息披露→偿付能力信息披露→人身险公司。

某保险公司某季度偿付能力充足率指标

单位：万元人民币

项目	本季度	上季度
核心偿付能力溢额	62 927 297.36	64 318 604.15
核心偿付能力充足率	257.51%	259.03%
综合偿付能力溢额	66 428 063.89	67 819 309.96
综合偿付能力充足率	266.28%	267.69%
保险业务收入	11 113 781.49	11 840 713.23
净利润	704 482.21	1 069 847.59
净资产	46 798 429.58	46 938 797.46

需要说明的是，偿付能力充足率只是一个参考指标。即便偿付能力充足率很高，也不是百分之百意味着这家保险公司没有风险。

2. 理赔速度

根据我们掌握的数据，国内保险公司的理赔速度虽然有一定的差别，但差别不是太大。一般来说，理赔速度和公司大小关系不大，和理赔材料的提供、保险事故的复杂程度有关。

就理赔率来说，根据《中国银行保险报》记者的调查，2021年国内多数人身保险公司的理赔率都在98%以上。保单投诉方面，2020年投诉量排在前10位的保险公司，最高的一家是1万张保单中有3.3个投诉；排第二的，有1.29个投诉；排第五的，平均不到1个投诉。也就是说，绝大部分的保险公司在投诉率方面也都没有太大的差别。

3. 产品性价比

总的来说，规模大、名气大的保险公司，由于配套服务也多，单纯看产品的性价比，会显得稍低；规模小、名气小、成立时间不久的保险公司，为了快速抢占市场，有时会推出一些性价比较高的保险产品。在服务和安全性方面，大公司相对于小公司来说，一般都有优势。大小公司各有优劣，就看客户自己如何抉择了。

各家保险公司一般都会有自己的"明星产品"。对保险公司来说，推出这类产品的目的不是为了赚取利润，而是希望获得品牌、市场等方面的回报。保险公司的这类"明星产品"，一般来说性价比都比较高。

此外我们要提醒的是，性价比不能只看价格，还要考虑产品的配套服务。购买保险，不单纯是购买产品本身，与之配套的售后服务也非常重要，如健康管理体系、医疗护理安排、养老社区入住、保险金信托变更等。

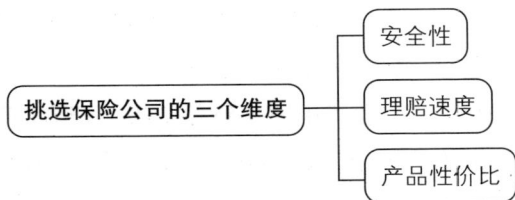

▶▶▶ 延伸阅读

根据中国银行保险监督管理委员会官方网站，截至 2022 年 6 月 15 日，中国（不含港澳台地区）共有 93 家人身保险公司。

中国（不含港澳台地区）人身保险公司数量

序号	机构名称	序号	机构名称	序号	机构名称
1	大家人寿保险股份有限公司	8	君龙人寿保险有限公司	15	招商信诺人寿保险有限公司
2	和谐健康保险股份有限公司	9	中银三星人寿保险有限公司	16	小康人寿保险有限责任公司
3	中信保诚人寿保险有限公司	10	华汇人寿保险股份有限公司	17	中国人民健康保险股份有限公司
4	国宝人寿保险股份有限公司	11	百年人寿保险股份有限公司	18	中邮人寿保险股份有限公司
5	爱心人寿保险有限责任公司	12	中荷人寿保险有限公司	19	国民养老保险股份有限公司
6	信泰人寿保险股份有限公司	13	财信吉祥人寿保险股份有限公司	20	光大永明人寿保险有限公司
7	鼎诚人寿保险有限责任公司	14	招商局仁和人寿保险股份有限公司	21	海保人寿保险股份有限公司

序号	机构名称	序号	机构名称	序号	机构名称
22	恒安标准人寿保险有限公司	34	太平洋健康保险股份有限公司	46	建信人寿保险股份有限公司
23	中华联合人寿保险股份有限公司	35	泰康养老保险股份有限公司	47	中美联泰大都会人寿保险有限公司
24	长江养老保险股份有限公司	36	新华养老保险股份有限公司	48	东方人寿保险股份有限公司
25	大家养老保险股份有限公司	37	中国人寿养老保险股份有限公司	49	富德生命人寿保险股份有限公司
26	恒安标准养老保险有限责任公司	38	中国太平洋人寿保险股份有限公司	50	工银安盛人寿保险有限公司
27	平安养老保险股份有限公司	39	华贵人寿保险股份有限公司	51	恒大人寿保险有限公司
28	太平养老保险股份有限公司	40	北大方正人寿保险有限公司	52	华夏人寿保险股份有限公司
29	中国人民养老保险有限责任公司	41	中韩人寿保险有限公司	53	君康人寿保险股份有限公司
30	复星联合健康保险股份有限公司	42	汇丰人寿保险有限公司	54	天安人寿保险股份有限公司
31	昆仑健康保险股份有限公司	43	长生人寿保险有限公司	55	友邦人寿保险有限公司
32	平安健康保险股份有限公司	44	德华安顾人寿保险有限公司	56	中国人寿保险股份有限公司
33	瑞华健康保险股份有限公司	45	和泰人寿保险股份有限公司	57	复星保德信人寿保险有限公司

序号	机构名称	序号	机构名称	序号	机构名称
58	利安人寿保险股份有限公司	70	泰康人寿保险有限责任公司	82	北京人寿保险股份有限公司
59	中宏人寿保险有限公司	71	横琴人寿保险有限公司	83	长城人寿保险股份有限公司
60	交银人寿保险有限公司	72	珠江人寿保险股份有限公司	84	华泰人寿保险股份有限公司
61	上海人寿保险股份有限公司	73	太平人寿保险有限公司	85	民生人寿保险股份有限公司
62	国富人寿保险股份有限公司	74	中国人民人寿保险股份有限公司	86	瑞泰人寿保险有限公司
63	三峡人寿保险股份有限公司	75	合众人寿保险股份有限公司	87	幸福人寿保险股份有限公司
64	东吴人寿保险股份有限公司	76	陆家嘴国泰人寿保险有限责任公司	88	中融人寿保险股份有限公司
65	渤海人寿保险股份有限公司	77	中德安联人寿保险有限公司	89	中意人寿保险有限公司
66	国华人寿保险股份有限公司	78	前海人寿保险股份有限公司	90	中英人寿保险有限公司
67	信美人寿相互保险社	79	新华人寿保险股份有限公司	91	农银人寿保险股份有限公司
68	阳光人寿保险股份有限公司	80	弘康人寿保险股份有限公司	92	中国平安人寿保险股份有限公司
69	国联人寿保险股份有限公司	81	英大泰和人寿保险股份有限公司	93	同方全球人寿保险有限公司

60 怎样挑选保险产品？

经过保险公司几十年的深耕，现在的商业人身保险市场上有数以万计的保险产品。同样一个险种，各家公司开发的产品也会不同，即便同一家保险公司，也会针对客户的不同需求，基于公司自身的营销策略，就同一个险种开发不同的保险产品。如果再加上各个保险产品相互组合构成的组合险，保险品种的数量就更不计其数了。保险品种的琳琅满目，固然让消费者有了充分的挑选空间，可也容易让人挑花眼。消费者应该如何挑选保险产品呢？

▶▶▶ **专业解析**

如果你已经选定了保险顾问，具体搭配什么保险产品，只要听他的就行，毕竟他是你的专业保险顾问。在这个过程中需要提醒的就是，一定要与你的保险顾问充分沟通。这里说的充分沟通有两层意思：第一层意思是把你的需求或者要求，明白无误地告诉你的保险顾问；第二层意思就是"不懂就问"，遇到你不明白的地方、有疑惑的地方，不要不好意思，也不要怕麻烦，直接和你的保险顾问说——这也是对他的一个小小的考验。

如果出于种种原因，你要自己挑选保险产品，应该怎么做呢？分两步走：

第一步就是选择要购买的保险产品的种类，比如确定自己现阶段要买的是医疗险还是定期寿险，是年金保险还是重疾险等。

确定了产品种类，接下来就是第二步：选定具体的保险产品。

就像我们去菜市场，已经确定了要买两斤牛肉，现在就要考虑，该在哪个摊位买。这也是我们这一节要讲的重点。

目前国内的保险市场，一方面保险产品的数量非常多，另一方面同类产品的同质化现象比较严重，很多产品只是在细节上有所不同，没有大的差别。这些细节主要表现在六个方面。我们在挑选保险产品时，重点看这六个方面就行了。

一看保费，直白点说就是需要花多少钱。在其他条件（保额、保障范围、保障期限、豁免条款、附加服务）相同或差别不大的情况下，自然是保费越低越好。

二看保额，就是出了事保险公司能赔给自己多少钱。对保险消费者来说，保额当然是越高越好。不过，在年金保险或增额终身寿险等具有理财性质的保险中，相对于保额，消费者更看重"保证收益"，保证收益越高的产品，对消费者越有利。

三看保障范围，就是出了哪些事保险公司会赔钱。保障范围差别较大的多为人身意外保险和健康保险（如医疗险、重疾险）。医疗险中，要看能报销的费用有哪些（如门诊、手术、自费药械等）、在哪些医院看病能报销（社保指定医院之外的医院能不能报销）等；重疾险中，要看保障的病种有多少，少的可能只有三四十种，多的可能有上百种。不过，重疾险的购买主要不看保障范围（因为所有的重疾险都保高发重疾），有关重疾险的购买，大家可以参考本系列图书的其他相关书籍。

四看保障期限。这一点很好理解，保障期限越长越好。

五看除外责任，也就是在哪些情况下出了事保险公司不赔。除外责任的内容有很多，宽泛地讲，免赔额、等待期也属于除外责任。一般来说，除外责任指的是条款中明确列出的不赔付的情况。对保险消费者来说，除外责任越少，相当于保障范围越大。

六看特色附加条件。比如，买医疗险，就要重点看续保的相关条件；比如，有的保险产品自带保费豁免条款等。此外，有的保险公司还会给客户提供就医问诊的绿色通道、定期体检、养老社区入住等特色服务。这类条款和服务，很多时候也能发挥很大的作用。

需要注意的是，现在很多保险公司推出的保险产品都是一个"综合套餐"，也就是多个保险产品组合而成的保险方案。面对这种"套餐"，要想对它进行细致分析，就需要先把它进行拆分，然后一项一项地看。

这里，我们主要从保障功能的角度来讲如何挑选保险产品。有的保险产品会有满期生存金，这类保险产品俗称"返还型保险"，关于这部分内容，我们会在第 64 节进行介绍。

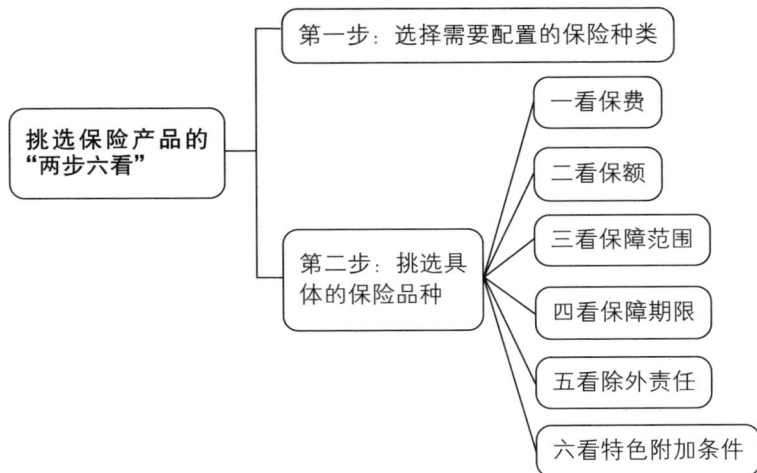

挑选保险产品的"两步六看"
- 第一步：选择需要配置的保险种类
- 第二步：挑选具体的保险品种
  - 一看保费
  - 二看保额
  - 三看保障范围
  - 四看保障期限
  - 五看除外责任
  - 六看特色附加条件

　　某保险公司提供的重疾绿通服务包含：导医导诊、专家直通车、重疾手术/住院加急、重疾门诊预约、重疾检查加急、重疾国内二诊、重疾康复医生关爱电话随访、重疾心理咨询、重疾就医行程安排。

61 买保险，是不是保障范围越广越好？

保险顾问小李根据张女士的情况，给她设计了一份投保方案：主险为终身寿险，附加重疾险、医疗险和意外险（意外险包含意外医疗险）。张女士看后不太满意，说："另一个朋友也给我做了份方案，说是还包括养老保险，生老病死全都保了。你这份没有他那份全面啊。买保险，不是保障范围越广越好吗？"

▶▶▶ **专业解析**

题目中的问题，是很多人都会问到的。同时，这又是一个让人难以回答的问题，就像有人问房产中介"买房子是不是越大越好"，房产中介同样难以回答。

这个问题难以回答，是因为问题本身就是模糊的，指向不明的。它实际上反映了问话人的两种心理。第一种：是不是要把所有的保险品种都配齐了，才能高枕无忧？第二种：在选择某个具体的保险产品时，它的保障是不是越全面越好？

关于第二种心理，我们在第 60 节已经说过了。挑选具体的保险产品，保障范围只是六项考量因素之一，除了保障范围，还要考虑保费、保额、保障期限、除外责任、特色附加条件等。所以，对这个问题，我们的回答是：在其他条件都相同或相差不大的情况下，当然是保障范围越广越好；否则，就需要通盘考虑。

这一节，我们主要来讲讲第一种心理。有的人要么不买保险，一旦决定买，就感觉这个也需要、那个也需要，非要把所有的保险都配齐了才觉得踏实。有的保险顾问在给客户推荐保险产品时，也会和客户说："我们这款保险产品，既保身故，又保疾病、意外，还能保养老，只要买了这个，您的保障就全了。"

保险顾问的这个说法，严格来说是有问题的。世界上没有任何一款保险产品能规避所有的风险。事实上，每种保险产品的保障范围是有限的，终身寿险就是保身故或全残，医疗险就是保医疗。如果一种保险既保身故又保医疗，基本上就是主险（如终身寿险）搭配附加险（如医疗险）的组合险。

客户"想要全面保障"的想法，我们认为也是不可取的，甚至我们可以略显武断地说：买保险时，过于贪求全面保障是不对的。

购买商业保险，应该有个先后顺序。在资金有限的情况下，要按照"先保人，再保财"的顺序购买。这一点我们在第46节已经讲过。

有的人也许觉得自己的经济条件很好，想要一次性把保险都配齐，不需要分先后。就此，我们想说：每个人面临的主要风险是不同的，每个人的家庭状况也是不同的。换言之，每个人的需求是不同的。这就要求我们在基本保障充足的情况下，应针对重点风险增加保额，而不是一味讲求全面保障。

2021年，多家保险公司的重疾险理赔数据显示，大部分重疾险的理赔金额都在10万元以内。显然，在当下这个时代，10万元的理赔金额并不能弥补患者的收入损失，解除其后顾之忧。

也就是说，在配置保险时，除了重视保障范围，还应该重视保额。比如，有的家庭贷款很多，家里的主要收入依靠一个经济支柱，这种情况下，给家庭支柱配置定期寿险或终身寿险的保额就不能过低，否则作用就很有限。

最后我们想说的是，随着年龄、身体、收入、家庭等各种情况的变化，我们的保险配置也需要"更新换代"，或者增加保险产品，或者增加保额，以适应新的变化。希望一次性配置保险，把所有的风险都覆盖到，以后再也不用为保险的事操心，其实是一种"偷懒"的想法。在这个世界上，要想把任何一件事做到足够好，都偷懒不得。如果真要偷懒，我们的建议是：找一个靠谱的保险顾问，让他替你操心。

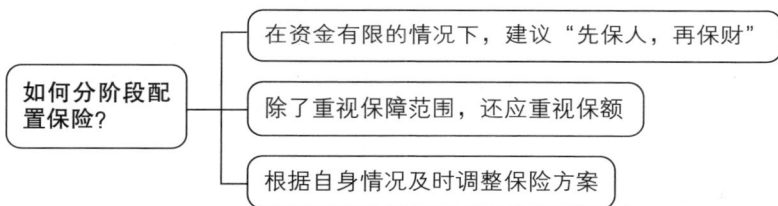

```
                    ┌─ 在资金有限的情况下，建议"先保人，再保财"
  如何分阶段配 ──────┼─ 除了重视保障范围，还应重视保额
  置保险?            │
                    └─ 根据自身情况及时调整保险方案
```

▶▶▶ 延伸阅读

　　针对客户"想要全面保障"的需求，不少保险公司推出了各种"保险套餐"，通过多个产品的组合，实现保障多种风险的效果。这种"套餐"当然有它的好处，客户只需要签一份保险合同，就能得到多种保障，并且客户和保险顾问都方便。需要注意的是，很多客户买了这样的"套餐"后，就觉得自己的保险配置已经齐全，可以高枕无忧，再也不用考虑保险的事了。可是，这种"套餐"由于保障范围大，保费一般不会定得太高，所以保额往往有限（有的"套餐"中，主险和附加险还会共享保额），并不能真的让客户高枕无忧。

62 同样一份保险，为什么有的人买价格高，有的人买价格低？

何女士想给丈夫买一份终身寿险，经朋友介绍，找到保险顾问小吴，并对小吴说就要买朋友之前买过的那份终身寿险。小吴在了解何女士丈夫的基本情况后，做了一份投保计划书。何女士一看就不乐意了："为什么我的保费比我朋友的要高？你们可不能搞价格歧视啊！"

▶▶▶ **专业解析**

买过保险的人大都知道，同样一份保险，男性作为被保险人的保费，通常要高于女性作为被保险人的保费。除了性别不同会导致保费差异，年龄、职业、生活习惯（如是否抽烟）、身体状况（如体重、血压等）等的不同，也都会对保费产生影响。

简单来说，同一家保险公司的同一款保险产品，不同的人购买（被保险人不同），价格可能是不一样的。被保险人为男性的，年龄较大的，有不良生活习惯的，身体状况较差的，职业风险系数较高的，通常保费都会更贵。

之所以会出现这种状况，是由保险产品的特性决定的。保险产品保障的是被保险人可能出现的风险，一旦被保险人发生相应风险，保险公司就要按照合同约定赔付保险金。因此，被保险人发生风险的概率，就成为保险公司确定保险费率、产品价格的重要考量因素。风险高的，保险公司就要多收保费，才有足够的钱赔付保险金、保证公司盈利；风险低的，就要少收保费，以确保产品的市场竞争力。

保险公司显然无法预测单个个体将来发生风险的概率，因为个体面临的偶然因素太多。但是，保险公司可以将年龄、性别、身体状况等相近的被保险人划分为同一保单组，根据相关的统计数据，运用大数法则，对这一组人群面临的风险进行预测。这一预测的结果，就成为保险定价的重要因素。

现实中，同一保单组中肯定有的人风险发生的概率高于当初的预测（比如总是因为各种伤病去医院），也有的人风险发生的概率低于当初的预测（比如从来没有去过医院），但只要预测模型没有大的偏差，两者发生风险的概率就可以相互抵消，从而使得这个保单组整体的风险发生概率不偏离当初的预测。

所以，买保险和买一般的商品不同。购买一般商品，比如，去超市买菜，无论谁去买，价格都是一样的。可是购买保险产品，即使同一款保险产品，被保险人不同，价格也可能会有差别。这就是为什么我们建议一定要趁年轻、健康的时候及时购买保险，因为这时候买保险，保费更便宜。

被保险人的状况影响保费的常见因素

因素	保费低	保费高
年龄	小	大
性别	女	男
职业	风险系数低	风险系数高
生活习惯	生活习惯好	有不良生活习惯
身体状况	正常	异常

《保险学》（第七版）对寿险产品定价中"死亡率"这一因素，有这样的介绍：

为确定未来需要多少资金来支付索赔，保险公司必须能够精确估计发生索赔的次数和时间。因此，在对寿险产品进行定价时，保险公司需要预测出一组被保险人中每年将发生的死亡人数。需要指出的是，精算师所关心的是给定一组被保险人中发生的死亡人数，而并不关心张三或者李四哪一位被保险人将死亡。

经验表明，男性和女性的死亡率不同，吸烟者和不吸烟者的死亡率不同，因此，保险人用以计算保费的生命表也可以分为男性非吸烟者和男性吸烟者生命表，女性非吸烟者和女性吸烟者生命表。此外，经验还表明，购买年金保险的被保险人其经济情形及身体状况通常较购买死亡保险的被保险人为好，前者的死亡率通常低于后者，故生命表也有寿险生命表和年金生命表之分。

63 买保险，是不是保费越便宜越好？

买东西的时候，有的人主要关注产品本身，有的人主要看品牌，有的人更在意后续服务，还有的人更关心价格。购买保险也是如此，有的人最看重保障内容和保额，有的人觉得一定要买大公司的保险产品，有的人特别重视保险公司的后续服务，还有的人觉得价格最重要，哪家便宜就买哪家的。

▶▶▶ 专业解析

作为消费者，挑选产品时当然要关注价格。买保险是不是该挑便宜的呢？我们的回答是：在其他条件相同的情况下，当然是保费越便宜越好，能省钱干吗不省？但关键就是：其他条件不可能完全一样。

我们在对比产品价格时，通常对比的都是不同公司的相似产品，比如两家公司都有百万医疗险，我们会对比一下哪家的更便宜。在做这样的产品对比时，如果只考虑价格这一个因素，显然有些偏颇；如果综合考量各种因素，又很难得出客观的结论。就算两家公司的百万医疗险保障内容、保额、免赔额等保险合同中约定的内容都是一样的，我们要不要考虑两家公司及其保险顾问在服务上的差异呢？要不要考虑理赔时效性、保全变更的便利性等因素呢？这些因素不可能是一样的。

网上很多人说，买保险不应该看重价格，而应该看重性价比。但是，怎么判断一个保险产品的性价比是高还是低，显然又是一个没有标准答案，也不可能有客观结论的问题。

当然，我们这么说，不意味着购买保险时关注保费就是不对的。我们只是想提醒大家，挑选保险产品时不能只关注保费，还应该关注其他因素。比如，只关注保费的客户最常踩的一个"坑"，就是没有关注保障内容，出了事想要理赔，却发现"这也不能赔，那也不能赔"。通常来说，如果一款保险产品的价格明显低于其他保险公司的同类产品，且保额相同或相差不大，我们就需要特别关注这款产品的保障内容，尤其是包括免赔额在内的免责条款，别抱着占便宜的心理，稀里糊涂签了字、交了钱，最后却没有获得相应的保障。

归根结底，购买保险是为了规避将来可能发生的风险，希望风险来临时能够获得一定的经济补偿。因此，在选择保险产品前，我们首先应该明白自己有哪些需求，想要规避哪些风险，再根据这些风险去匹配相应的产品，而不是像去菜市场赶晚市一样，只捡便宜的买。

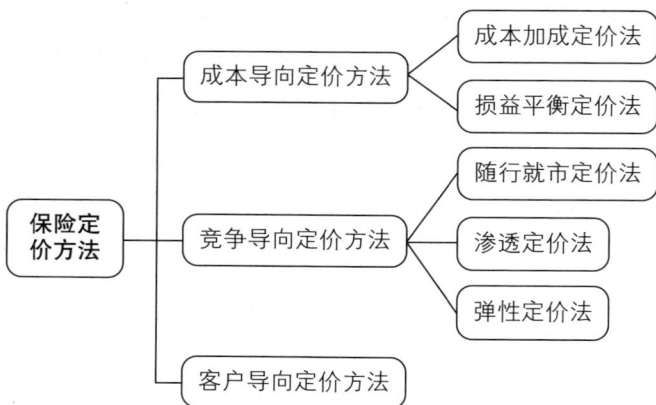

```
                                    ┌── 成本加成定价法
                   ┌── 成本导向定价方法 ┤
                   │                └── 损益平衡定价法
                   │                ┌── 随行就市定价法
  保险定            │                │
  价方法  ──────────┤── 竞争导向定价方法 ┼── 渗透定价法
                   │                │
                   │                └── 弹性定价法
                   │
                   └── 客户导向定价方法
```

目前主流的保险定价方法，是成本导向定价方法，即预先测算保险产品的成本，再根据公司的经营目标（如预估毛利、预估盈利等）确定保单价格的一种定价方式。

这种定价方法的核心是预测成本。影响保险产品成本的因素有三个，分别是预定的保险事故发生率（人寿保险中为死亡率）、预定的投资收益率和预定的费用率。预定的保险事故发生率就是保险事故发生的概率和时间，它决定了将来要赔付多少保险金；预定的投资收益率就是保险资金在赔付前进行投资理财获得的收益率，它决定了客户交的保费最后能变成多少钱；预定的费用率就是保险公司的运营成本，包括销售和佣金成本、维持总公司及分公司运行所需的费用等。

64 消费型保险与返还型保险，哪个更好？

罗先生准备购买一份定期寿险，保险顾问给他推荐了一款消费型的定期寿险。罗先生问："要是保险到期之后我没事，保险公司会给我退钱吗？"保险顾问告诉他不可以，罗先生就有些不满："我同事买的，怎么保险到期之后还会返钱呢？"保险顾问解释道："罗先生，我给您推荐的是消费型的定期寿险，保险期满后不返钱，但保费便宜、保额高；您同事买的应该是两全寿险，虽然保险到期后会返钱，但保费较高，保额也较低。"

▶▶▶ **专业解析**

消费型保险、返还型保险、储蓄型保险，这是一组内涵和外延都不明晰的概念。人们在口头上使用这组概念时，具有较大的随意性。

比如，人们把肯定能拿到保险金的保险称为储蓄型保险或返还型保险，这个能拿回来的保险金，可以是满期保险金，也可以是因发生保险合同约定的保险事故（如合同约定的重疾、身故等）而拿到的理赔金。如果一份保险有可能拿不回本钱（无论是满期保险金还是保险事故理赔金），人们就称之为消费型保险。

很多行业内人士因此把不含身故责任的重疾险称为"消费型重疾险"，把含身故责任的重疾险称为"储蓄型重疾险"。这么称呼时，可能没有考虑到"含身故责任的定期重疾险"，万一保险期间内没有发生重疾和身故，虽然这款重疾险含身故责任，但是被保险人或受益人却拿不到钱，所以很难说它是储蓄型重疾险。

对于这三个概念，我们可以这样定义：

消费型保险，就是没有满期生存保险金，且保单没有现金价值或账户价值的保险。典型的就是各种短期保险，如短期医疗险、短期意外险、短期防癌险等。非典型的就是没有满期生存保险金的定期寿险、定期重疾险，这类保险即便没有满期生存保险金，有的在交费后前期也会有现金价值，但在保险期满时，现金价值一般为零。

返还型保险，就是有满期生存保险金，或现金价值高于所交保费的保险。典型的就是人寿保险中的两全保险，保险期间若出现保险事故，保险公司就会赔付保险金，保险期间若没有出现保险事故，保险期满时保险公司就会支付满期生存保险金。非典型的就是一些终身重疾险，这类保险到了一定时间，现金价值会超过投保人所交的保费，投保人可以通过退保的形式获得"返还"。

储蓄型保险，又可以称为投资型保险，就是"仅有储蓄功能没有保障功能，或虽有保障功能但保障功能几乎可以忽略不计的保险"[①]。这类产品其实也可以称为"返还型保险"，只是我们在用"储蓄型保险"这个概念时，往往更强调其投资理财功能，而不是保障功能，如投连险、万能险等创新型保险产品，就是典型的储蓄型保险。

下面我们主要对比一下消费型保险和返还型保险。

返还型保险一度受到市场热捧。很多消费者觉得，买了保险，要是没出事，自己交的保费就"打水漂"了。如果有满期生存保险金，那么生病了有钱拿，没生病还能保本（大部分满期生存保险金

---

① 郭振华. 行为保险经济学 [M]. 上海：上海交通大学出版社，2020: 44.

会多于所交的保费），买的时候心里就会踏实得多。[①]

现在一般认为，返还型保险虽然迎合了消费者"生病有保障，没病能保本"的心理，但很可能不划算。返还型保险，不如"消费型保险＋投资理财"的组合性价比高，这种组合的保障功能更强（保额更高），投资理财效果更好。

总的来说，我们也赞同这种主流看法，建议优先考虑消费型保险。不过，返还型保险虽然性价比可能不高，但也有它的优点，比如，可以实现强制储蓄，对没有储蓄习惯的人来说是个不错的选择；返还型保险也比较省心，不用想着消费型保险需要搭配哪种投资理财方式。

在这里顺便说一下，市面上有一种和返还型保险听起来有点像的保险产品，叫"提前给付重大疾病保险"。提前给付重大疾病保险，同时保障身故和重疾，但两者共享保额，即如果身故之前患了合同约定的重大疾病，保险公司会给付一笔重疾保险金，同时减少身故保险金的保额。与之相对的概念是额外给付，即给付重疾保险金后，身故保额不会变化。

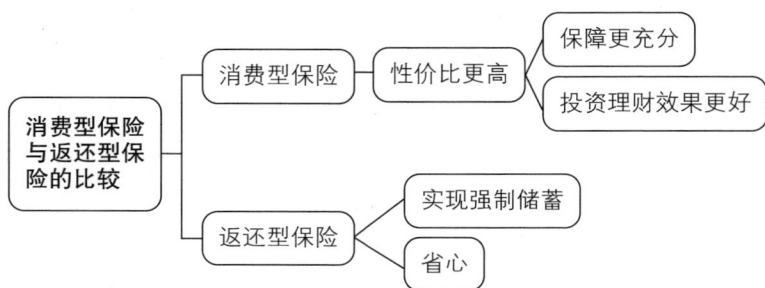

---

① 2019年银保监会修订的《健康保险管理办法》第十四条规定："医疗保险、疾病保险和医疗意外保险产品不得包含生存保险责任。"因此，现在市场上很多返还型保险，比如返还型重疾险，大都是"主险＋附加险"的组合保险，比如主险为两全保险，附加险为重疾险，这样就能同时保障重大疾病、身故和满期生存保险金。

▶▶▶ **延伸阅读**

某款两全保险有关保险责任的条款：

身故保险金

被保险人于本合同生效（或合同效力恢复）之日起 90 日内身故，本公司按本保险实际交纳的保险费给付身故保险金，本合同终止。

被保险人于本合同生效（或合同效力恢复）之日起 90 日后身故，本公司按以下一者之较大者给付身故保险金，本合同终止：

1. 本保险实际交纳的保险费与主险合同实际交纳的保险费二者之和；

2. 本保险实际交纳的保险费的 160%。

若被保险人身故是以其在本合同保险期间内遭受的意外伤害（详见释义）为直接且单独的原因所致，则不受前述 90 日的限制。

满期生存保险金

被保险人生存至保险期间届满，本公司按本保险实际交纳的保险费与主险合同实际交纳的保险费二者之和给付满期生存保险金，本合同终止。

65 香港保单与内地保单有什么不同？

袁太太听说周太太最近买了一份香港的大额保单，就找周太太问了问情况。周太太作为香港保单的忠实拥趸，把自己买的那份保单夸上了天，说得袁太太也心动了。袁太太就约了自己的保险顾问，问他香港的保单是不是比内地的好。保险顾问告诉他，香港保单和内地保单各有优劣，不能绝对地说哪一边的保单更好。那么，香港保单和内地保单有什么不同呢？

▶▶▶ **专业解析**

保险既是一种法律关系（以合同的形式约定保险合同主体的权利义务），也是一种金融工具（保险具有金融属性，因此和证券、股票一样，受市场环境的影响）。内地与香港分属不同的法域，各自的市场环境也存在很大差异，因此两地的保险存在着方方面面的不同。再考虑到两地具有不同特色的保险公司及保险产品众多，要想全面梳理两地保险的不同，几乎是一件不可能完成的事。

互联网上有很多对比两地保险的文章，大都只强调某地保险的优势或劣势，多少有点"以偏概全"的嫌疑。

就具体的保险条款来说，两地各有优劣。

举个例子来说。有些人强调香港保险的条款比较宽松，比如对"终末期肾病"① 的定义，根据内地的重疾险新规——《重大疾病保险的疾病定义使用规范（2020 年修订版）》，要求透析 90 天后才可申

---

① 新规中称为"严重慢性肾衰竭"。

请理赔，香港的重疾险则一般没有这项要求，这就体现了香港重疾险在理赔要求上更宽松；可是，购买香港的保险，要严格遵循最大诚信原则，若在如实告知方面存在瑕疵，很可能出现理赔纠纷，而内地则实行"有限告知"原则，大大减少了因为没有如实告知而遭到拒赔的可能性，在如实告知这个方面，内地的保险更为宽松。

再举个例子。很多人都强调，因为香港地区的人均寿命长、人均发病率低、保险资金的投资渠道广等，所以香港保单在投资理财上优势明显。但是我们知道，无论是分红险还是万能险，收益主要来自保险公司的"利差益"，也就是投资收益的回报。保险资金投入到市场中，能获得怎样的回报，与大的市场环境有关，具有较大的不确定性。前些年，不少香港保单的实际收益率确实很高，但香港保单实行的都是"非保证利率"，高收益率能否维持，谁也不敢肯定。当然，我们并不是说香港保单在投资理财的功能上不如内地保单，这需要针对具体的保险公司及其保险产品进行评估，同时结合对两地未来经济发展前景的预判。

就具体的保险产品来说，香港和内地的保险产品各有优劣，而在实际的保险配置操作上，内地居民购买香港保单则存在一些客观上的不便。比如，购买香港保单一般需要亲自赴港，办理香港的银行账户；理赔时需要邮寄理赔材料，万一出现理赔纠纷，解决纠纷的成本（如律师费）会比在内地高得多；此外，还要考虑外汇问题，比如资金出入境要符合外汇管制的相关规定；等等。

当然，相对于内地的保单，香港的保单也有自己的优势。比如，香港的保险公司往往是跨国集团，多数保险产品都支持海外就医；香港与内地属于不同的法域和关税区，持有香港保单可以有更多财富隐身、税务筹划的空间；香港保单理赔后，保险金进入被保险人或受益人的香港账户，可以方便地在海外使用、流通，等等。

综上所述，我们的建议是，如果是满足一般的保障和投资理财需求，最好在当地配置相应的保险产品；如果内地人士有移民、子女留学、海外就医、境外资产配置、风险隔离等方面的需求，持有香港保单通常是不错的选择。不过，需要提醒的是，香港拥有成熟的保险市场，各保险公司的保险产品差别较大，且香港的法律与内地的法律存在较大差异，有香港保单配置需求的人士，一定要找一个专业的保险顾问或财务顾问。

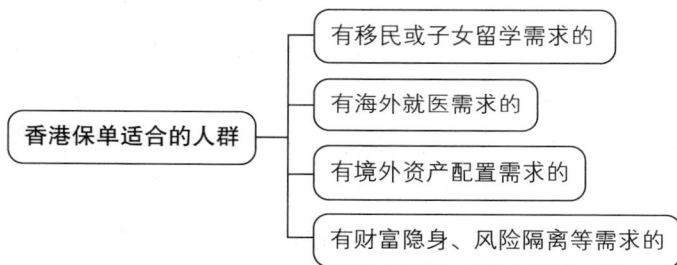

```
                      ┌─ 有移民或子女留学需求的
                      │
                      ├─ 有海外就医需求的
  香港保单适合的人群 ──┤
                      ├─ 有境外资产配置需求的
                      │
                      └─ 有财富隐身、风险隔离等需求的
```

▶▶▶ **延伸阅读**

跟内地保单相比，香港保单的一些条款颇有特色，比如以下某香港保单有关"多元货币计划"的条款：

货币转换选项

3.13 根据本保单之所有条款，在保单生效期间，由第三个保单周年日起，阁下可填妥及递交本公司所指定的表格连同已签署的保单预期价值一览表，将保单货币转换至以下另一种货币（新保单货币，于货币转换选项申请时的保单货币除外）：澳元、英镑、加元、港元、人民币、美元或在阁下提出申请时，本公司有绝对酌情权决定可供选择的任何其他货币，唯须获本公司批准及受下列规定所限：

（a）阁下须于保单周年日之前 30 日内申请将保单货币转换至新

保单货币（转换货币）及每个保年度内只可申请一次；

（b）于转换货币后，本保单之名义金额须不少于本公司在阁下的申请时厘定本计划的最低金额；

（c）阁下须缴清本保单下未偿还本公司之任何贷款及利息；

（d）阁下之转换货币的申请一经批准便不能撤回或更改；

（e）若阁下就同一个保单周年日同时递交红利锁定选项及货币转换选项的申请，前者将会被优先执行；

（f）若本公司批准阁下的申请，转换货币将于阁下递交申请后紧随的保单周年日生效；

（g）受限于有关的法律及规则，如新保单货币于转换货币时已被该货币之发行国家或地区废除，阁下将不能选择转换至该新保单货币。

当本公司批准阁下之转换货币的申请后：

（i）总现金价值（保证现金价值及终期红利之总和）及已缴总保费将按当时兑换率兑换；新保单货币之名义金额将根据新保单货币的总现金价值和过往锁定总百分比、保证现金价值率及终期红利率作出调整。保证现金价值、终期红利及将来保费将根据新保单货币之名义金额厘定；

（ii）任何红利锁定户口的金额将按当时兑换率被转换及按当时适用于新保单货币之非保证利率积存。锁定总百分比将转至转换货币后的本保单；

（iii）除上述外，本保单之条款及保单生效日将维持不变；

（iv）本公司会向阁下发出批注以记录转换货币、新保单货币之名义金额及新保单货币之新保费。

本公司有绝对酌情权不时厘定上述的当时兑换率。转换货币只会在该批注发出后以及于批注显示的生效日期起生效。

66 买保险时为什么要如实告知？都要告知哪些内容？

很多人之所以对保险行业存在误解，往往是因为理赔时遭到了拒绝，或看过类似的新闻。在网上搜索理赔纠纷的案例时，我们可以发现，绝大多数的理赔纠纷，原因都是投保人没有"如实告知"。那么，投保人为什么要如实告知？都需要如实告知哪些信息呢？

▶▶▶ 专业解析

2021 年 10 月，银保监会发布的《关于防范保险诱导销售的风险提示》中，特别提到消费者要履行如实告知义务，否则，"如发生保险事故，可能得不到保险赔偿，容易产生理赔纠纷"。在第 42 节我们提到，投保人在投保时有如实告知义务。事实上，如实告知作为保险最大诚信原则的重要内容，是投保人和保险公司都要履行的义务。

保险公司的如实告知义务，主要是"应当向投保人说明保险合同的条款内容"。在实践中，保险公司的如实告知义务更多表现为"提示说明的义务"。《保险法》第十七条规定："对保险合同中免除保险人责任的条款，保险人在订立合同时应当在投保单、保险单或者其他保险凭证上作出足以引起投保人注意的提示，并对该条款的内容以书面或者口头形式向投保人作出明确说明；未作提示或者明确说明的，该条款不产生效力。"

《保险法司法解释（二）》第九条进一步明确"免除保险人责任

的条款"包括"合同文本中的责任免除条款、免赔额、免赔率、比例赔付或者给付等免除或者减轻保险人责任的条款",并且,第十三条规定"保险人对其履行了明确说明义务负举证责任"。

购买保险的时候,有时要做"双录"(录音和录像),有时需要在合同上抄写某句话,都是保险公司在履行其如实告知的义务。

法律对保险公司做这样的要求,主要是因为:①保险合同具有附和性,双方签订的保险合同是保险公司提供的制式合同,一般情况下投保人无法更改;②保险合同的内容具有专业性,尤其是其中的法律名词、医学名词等,投保人大都不容易理解。

《保险法》第十六条规定:"订立保险合同,保险人就保险标的或者被保险人的有关情况提出询问的,投保人应当如实告知。"所以,投保人应履行如实告知义务。

投保人如实告知的内容都有哪些呢?《保险法司法解释(二)》第六条规定:"投保人的告知义务限于保险人询问的范围和内容。"简单来说就是八个字:"有问才答,没问不答。"

那么,保险公司无论问什么问题,投保人都得回答吗?当然不是。在人身保险中,保险公司只能询问与被保险人有关的情况,比如年龄、身体状况、家族遗传病史等。一般来说,保险公司需要问的问题,都会在保险合同及投保要求中明确列出。

投保人为什么要如实告知呢?为了避免信息不对称。每个被保险人的情况不一样,最了解被保险人情况的只有投保人和被保险人,客户投保的时候,保险公司也不可能对每个被保险人做详尽的调查。因此,要求投保人尽如实告知的义务,是最具可行性的办法。

如果不如实告知,会有什么后果呢?第一,保险公司拒赔;第二,保险公司解除保险合同,退保费;第三,保险公司解除保险合同，并且不退还保费。关于不如实告知会导致哪些后果，我们在下一节会详细介绍。

保险公司与投保人的如实告知义务

对象	如实告知的内容	法律依据	原因
保险公司	合同中免除保险人责任的条款	《保险法》第十七条；《保险法司法解释（二）》第九条	保险合同的附和性、专业性
投保人	保险人询问的范围和内容	《保险法》第十六条；《保险法司法解释（二）》第六条	信息不对称，保险公司就无法详细调查被保险人的情况

▶▶▶ **延伸阅读**

《关于防范保险诱导销售的风险提示》

三、履行如实告知义务

订立保险合同时，保险人就保险标的或者被保险人的有关情况提出询问的，投保人应当如实告知。投保人故意或者因重大过失未履行如实告知义务，足以影响保险人决定是否同意承保或者提高保险费率的，保险人有权解除合同。消费者应客观如实地反馈有关信息，避免因未能如实告知而影响保险合同效力。消费者隐瞒真实状况投保，如发生保险事故，可能得不到保险赔偿，容易产生理赔纠纷。

67 如果我没有如实告知，保险公司就肯定不赔付吗？

此前，保险顾问小谢接手了一份"孤儿保单"，投保人是陶先生。有一天，小谢接到了陶先生的电话："我刚看到系统的通知，我被拒赔了！"小谢说："您先别着急，保险公司拒赔的理由是什么？"陶先生说："说我没有如实告知。可当时我也没在意啊，投保的时候压根就忘了。"小谢道："即便没有如实告知，也不是说肯定就不能赔。我这就去找您，您把具体情况和我说说，我来和公司沟通。"

▶▶▶ 专业解析

先说题目所述问题的结论：不一定。

在以下三种情况下，即便投保人没有如实告知，保险公司仍须赔付：

第一，签订保险合同的时候，保险公司就知道投保人没有如实告知。这种情况的出现多是因为一些保险销售人员的不规范操作，比如他们为了自身利益，诱导投保人不如实告知。出现这种情况，一般需要投保人提供证据（如录音），证明是保险销售人员诱导自己故意不如实告知的。这种情况下，法院大都会判决保险公司承担赔付责任，但一般在赔付金额上会打折扣。保险公司有权追究该保险销售人员的责任。

需要注意的是，如果是保险经纪人引导投保人不如实告知的，不应视为"保险人在合同订立时已经知道投保人未如实告知"，因为保险经纪人代表的是投保人而不是保险公司。当然在这种情况下，投保人可以追究保险经纪人的责任。

第二，保险公司知道了投保人没有如实告知，但 30 日内没有行使合同解除权。根据我们检索到的司法判例，这种情况大都是这样的模式：保险公司收到理赔申请后，发现投保人没有如实告知，直接给投保人发了拒赔通知书，但没有及时（30 日内）解除合同。这时，法院一般会判决保险公司需要承担赔付责任。

第三，保险公司没有尽到提示说明的义务。比如，某人投保的重疾险合同中，将甲状腺乳头癌列为除外责任。后来，这个人真得了甲状腺乳头癌，并找保险公司理赔，而保险公司拒赔，但是，保险公司拿不出证据证明就这项除外责任向投保人做了提示说明。这种情况下，法院一般会判决保险公司承担赔付责任。

在以下两种情况下，投保人没有如实告知的话，保险公司赔不赔不一定：

第一，保险合同的订立超过了两年。保险合同订立超过两年后，保险公司就无权解除保险合同，很多人因此觉得"不如实告知，熬过两年就没事了"，其实是一种误解。关于这个问题，我们会在第 68 节详细分析。

第二，未如实告知的内容，对保险事故的发生没有直接影响。对于这种情况，目前业界有两种观点：一种认为，未如实告知的内容不影响保险人决定是否同意承保或者是否提高保险费率，因此保险公司依旧要赔；另一种认为，投保人未履行如实告知义务，违反了保险最大诚信原则，保险公司只要及时解除保险合同，就无须理赔。我们认为，如果是故意未如实告知，保险公司可以拒赔；如果是因重大过失未如实告知，保险公司应该予以理赔。案例中的陶先生就属于这种情况，他未如实告知的情况对保险事故的发生没有直接影响，而且不是故意不如实告知，经过小谢的积极申诉和沟通，保险公司最后还是给陶先生理赔了。

如果合同订立未满两年，投保人不履行如实告知义务，保险公司就可以解除合同，且不承担赔付责任。这里又分几种情况：

第一，故意不如实告知，可以解除合同，且不用理赔，也不用退还保费。

第二，因重大过失，而不是故意没有如实告知，且没有如实告知的内容对保险事故有严重影响，保险公司可以解除合同，且不用理赔，但需要退还保费。

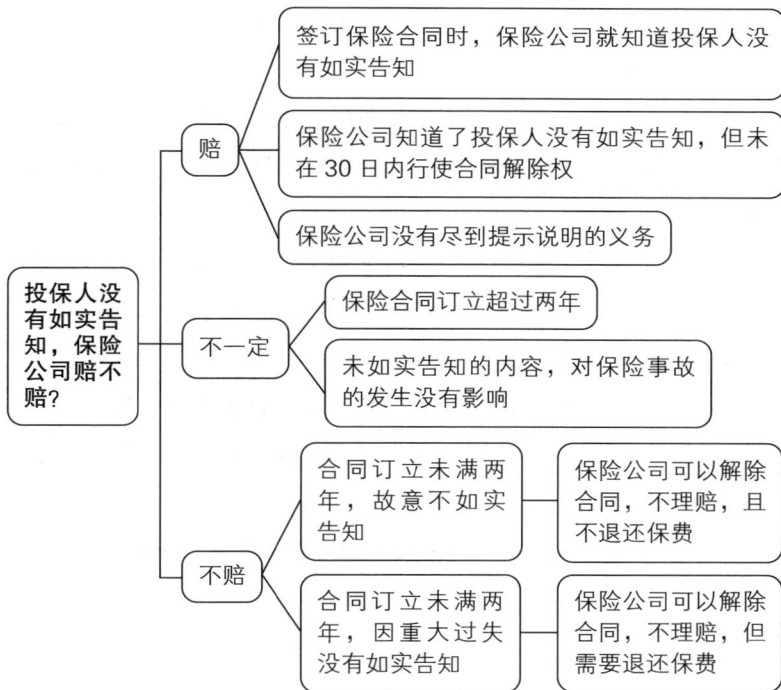

投保人没有如实告知，保险公司赔不赔？

- 赔
  - 签订保险合同时，保险公司就知道投保人没有如实告知
  - 保险公司知道了投保人没有如实告知，但未在 30 日内行使合同解除权
  - 保险公司没有尽到提示说明的义务
- 不一定
  - 保险合同订立超过两年
  - 未如实告知的内容，对保险事故的发生没有影响
- 不赔
  - 合同订立未满两年，故意不如实告知 → 保险公司可以解除合同，不理赔，且不退还保费
  - 合同订立未满两年，因重大过失没有如实告知 → 保险公司可以解除合同，不理赔，但需要退还保费

▶▶▶ 延伸阅读

《保险法》

第十六条　订立保险合同，保险人就保险标的或者被保险人的有关情况提出询问的，投保人应当如实告知。

投保人故意或者因重大过失未履行前款规定的如实告知义务，足以影响保险人决定是否同意承保或者提高保险费率的，保险人有权解除合同。

前款规定的合同解除权，自保险人知道有解除事由之日起，超过三十日不行使而消灭。自合同成立之日起超过二年的，保险人不得解除合同；发生保险事故的，保险人应当承担赔偿或者给付保险金的责任。

投保人故意不履行如实告知义务的，保险人对于合同解除前发生的保险事故，不承担赔偿或者给付保险金的责任，并不退还保险费。

投保人因重大过失未履行如实告知义务，对保险事故的发生有严重影响的，保险人对于合同解除前发生的保险事故，不承担赔偿或者给付保险金的责任，但应当退还保险费。

保险人在合同订立时已经知道投保人未如实告知的情况的，保险人不得解除合同；发生保险事故的，保险人应当承担赔偿或者给付保险金的责任。

保险事故是指保险合同约定的保险责任范围内的事故。

68 只要过了两年，不如实告知，保险公司也必须赔，是这样的吗？

祁先生三年前买了一份重疾险，前段时间做了次冠状动脉搭桥手术，就找保险公司申请理赔。保险公司以被保险人投保前已得过相关疾病，且在投保时未如实告知为由，予以拒赔。祁先生不服："不是说买保险有个'两年不可抗辩期'，只要过了两年，保险公司就不能解除合同，必须理赔吗？"现实中，很多人都和祁先生一样，误解了"两年不可抗辩期"的含义。

▶▶▶ 专业解析

19 世纪初，英国的保险市场经常可以看到这种情况：受益人拿着一份长期保单找保险公司理赔，保险公司却说投保人在几十年前投保时没有如实告知，拒绝理赔。保险公司的依据是最大诚信原则：投保人没有履行如实告知的义务，保险公司就可以拒绝履行保险责任。对于这种情况，受益人当然不接受，承保的时候不好好把关，要理赔了你突然说没有如实告知，这不明显是坑人吗？于是对簿公堂。

一时间，此类案件层出不穷，使保险公司的声誉大受影响，以致整个保险行业面临危机。为了应对这一危机，19 世纪中期开始，就有保险公司在保险合同中引入"不可抗辩条款"——只要保单生效超过一年，哪怕投保人没有如实告知，保险公司也不能解除保险合同。这个条款极大地保障了保险消费者的利益，挽救了整个保险行业的形象，此后逐渐被应用到各国的保险法律中。

2009 年，我国修订的《保险法》中也加入了"不可抗辩条款"。在最新的《保险法》（2015 年修正）中，不可抗辩条款载于第十六条。所谓的"两年不可抗辩条款"，指的就是《保险法》第十六条中的这一句："自合同成立之日起超过二年的，保险人不得解除合同。"通俗的解释就是，哪怕投保人没有如实告知，只要合同成立超过两年，保险公司就不能解除合同。

很多事情，往前走一步是对的，往前走两步就成了错误。"两年不可抗辩条款"的本意是维护保险消费者的利益，但很多投保人乃至一些保险营销员都将之曲解为"只要过了两年，不如实告知，保险公司也会赔"。实际上，至少在下面这两种情况下，即便过了两年，保险公司依旧可以拒绝赔付：

第一种情况是带病投保。如果在保险合同生效之前，保险事故已经发生，就属于恶意骗保，不再适用两年不可抗辩条款。比如，某人已经患有乳腺癌，出院后隐瞒病史，投保重疾险，合同生效两年后去保险公司办理理赔，保险公司就可以拒赔。在保险行业中，这一原则又被称为"既往症不赔"。

第二种情况是两年之内发生保险事故，等到满两年之后再去理赔。比如，某人隐瞒了肝硬化的病情，投保后第二年内确诊得了肝癌，他就隐瞒病情，想等到合同满两年之后再去理赔。这种情况下，保险公司只要能证明他是在两年之内（抗辩期内）得的肝癌，就可以拒赔。

此外，若投保人故意不如实告知，并且隐瞒的事项足以影响保险公司决定是否承保，即便合同成立超过两年，有的法院基于最大诚信原则，也会支持保险公司拒赔乃至解除保险合同的诉请。

"两年不可抗辩条款"同样适用被保险人自杀的问题。《保险法》

第四十四条规定："以被保险人死亡为给付保险金条件的合同，自合同成立或者合同效力恢复之日起二年内，被保险人自杀的，保险人不承担给付保险金的责任，但被保险人自杀时为无民事行为能力人的除外。"但在很多保险合同中，保险公司会将被保险人自杀作为除外责任。

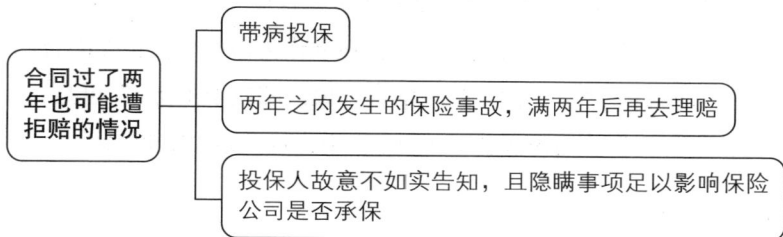

```
                    ┌─ 带病投保
   合同过了两        │
   年也可能遭 ───────┼─ 两年之内发生的保险事故，满两年后再去理赔
   拒赔的情况        │
                    └─ 投保人故意不如实告知，且隐瞒事项足以影响保险
                       公司是否承保
```

▶▶▶ 延伸阅读

《保险法》规定的"两年不可抗辩条款"切实维护了保险消费者的利益，但对保险合同的另一个当事人——保险公司，显然有失公平。《民法典》第一百四十八条规定："一方以欺诈手段，使对方在违背真实意思的情况下实施的民事法律行为，受欺诈方有权请求人民法院或者仲裁机构予以撤销。"（《民法典》颁布前，对应的法条为《中华人民共和国合同法》第五十四条）投保人与保险公司的利益，以及"两年不可抗辩条款"与《民法典》第一百四十八条的关系，一直以来，我国司法界也在试图平衡两者的利益。

2012 年 3 月 22 日，最高人民法院发布《最高人民法院关于适用〈中华人民共和国保险法〉若干问题的解释（二）（征求意见稿）》，其中第九条规定："投保人投保时未履行如实告知义务构成欺诈的，保险人依据《合同法》第五十四条规定行使撤销权的，人民法院应予支持。"只是在《保险法司法解释（二）》最终公布时，这一条被删除了。

2014 年 10 月 22 日，最高人民法院发布《最高人民法院关于适用〈中华人民共和国保险法〉若干问题的解释（三）（征求意见稿）》，其中第十条规定："投保人在订立保险合同时未履行如实告知义务，保险人解除保险合同的权利超过《保险法》第十六条第三款规定的行使期限，保险人以投保人存在欺诈为由要求撤销保险合同，符合《合同法》第五十四条规定的，人民法院应予支持。"可是，在最终公布的《保险法司法解释（三）》中，这一条也被删除了。

69 在看保险合同时，应该重点看什么？

　　杨先生的保险顾问小徐是个新人。虽然杨先生被小徐的热情打动，最终选择了他，但对小徐的专业能力还是不够放心，就想自己研究一下保险合同，看看自己准备买的这份保险到底是个什么情况——小徐有可能会犯错误，但白纸黑字的保险合同肯定是可以相信的。小徐把保险合同拿给杨先生后，他翻了几页，有点傻眼了：厚厚一大本的内容，诸多专业、生僻的词汇，该从何看起呢？难道非得拿出当年准备考研的劲头儿，一点点把整本合同全"啃"下来？

▶▶▶ 专业解析

　　保险合同有它的特殊性，一般人通读一遍都觉得困难，更别说详细了解里面的内容了。保险合同为什么有这个特点，我们会在第 94 节进行解说。在可以预见的一段时间内，这种情况恐怕难以改变。那么，我们在面对复杂难懂的保险合同时，重点应该看什么呢？

　　不同的保险品种，侧重点有所不同。我们针对人身保险的主要险种做了一份表格，供大家参考。在看保险合同的时候，大家可以根据表格的提示，随手记录、整理一下要点，这样保险合同中规定的主要内容，也就一目了然了。

人身保险合同的要点

保险品种	要点
医疗险	保费、保额、保障期限、保障范围、免赔额、除外责任、续保条件、特色附加条件
疾病保险	保费、保额、保障期限、保障范围、满期生存保险金、除外责任、身故保险金、特色附加条件
意外险	保费、保额、保障期限、保障范围、除外责任、续保条件
传统寿险	保费、保额、保障期限、保障范围、除外责任
年金保险、增额终身寿险	保费、保证收益、保障期限、领取条件、现金价值、除外责任

以下是某款重疾险合同要点梳理，供大家参考。

某款重疾险保险合同的要点

保障范围	保费	保额	保障期限	除外责任	满期生存保险金	身故保险金	特色附加条件
100种重大疾病	5060元/年×20年	30万元	终身	90天等待期（意外无）	无	30万元	①保费豁免；②重疾绿通服务；③30种特定轻度重疾

一般来说，一份保险合同主要包括以下六个部分的内容：

（1）保险单，内容为投保人、被保险人、受益人的基本信息，险种名称及保费、保额，营销人员信息；

（2）保险费收据；

（3）现金价值表；

（4）人身保险投保单（手工投保单或电子投保单）；

（5）条款，包括保险责任、除外责任、如何支付保费及领取保险金、如何退保及其他有关保险产品的内容；

（6）批注栏，由保险公司填写的一些特别告知内容。

70 期交、趸交是什么意思？哪种交费方式更好？

经过好几轮沟通，赵女士终于确定要购买某款保险产品。这时，保险顾问小吴问她："关于交费方式，您是选择期交还是趸交呢？"赵女士一下子有点懵，都没听明白"趸交"的"趸"是哪个字。那么，期交和趸交是什么意思？购买保险时选择哪种交费方式更好？

▶▶▶ **专业解析**

这两个概念本身很好懂。期交，就是分期付费，一般是以一年为一个交费周期；趸交，就是一次性交清所有保费。

这两种交费方式，不能绝对地说哪个好。总的来说，长期保障型的保险产品，期交会更合适，理财型的保险，趸交可能更划算；收入稳定的客户，建议选择期交，收入不稳定的客户，建议选择趸交。下面我们来具体看看期交和趸交的优缺点。

期交最大的优点是分散交费压力。相对于趸交一次性拿出大笔资金，把保费平均分摊到若干年中，压力自然较小。

选择期交，交费前期出现保险事故的话，杠杆率会更高。比如，某人购买了一份20年交费的重疾险，年交保费2万元，保额100万元。如果在第5个保单年度，被保险人得了合同约定的重疾，保险公司就要赔付100万元，保险合同终止。这样，相当于投保人以10万元的保费，撬动了100万元的保险理赔，有10倍的杠杆率。如果选择趸交，一次性交清保费30万元，则杠杆率只有3.3倍。

如果在交费期间没有出现保险事故，相对于趸交，期交的总保费会更高。比如，上面说的那个例子，选择 20 年期交，总保费为 40 万元；如果选择趸交的话，保费可能只有 30 万元。当然，如果考虑到通货膨胀、投资收益等因素，两者的差距实际上没有看上去那么大。

期交的另一个优点在于更加灵活，比如可以增加或减少保额，根据实际情况调整自己的保险规划。关于如何增加或减少保额，大家可以参考本书第 72 节的内容。

理论上来说，长期保障型的保险产品（如终身重疾险、终身寿险等），期交会更合适。除了只能趸交的短期保险（如短期意外险、短期健康险），具备投资理财功能的保险（如投连险、万能险），以及纯养老保险（不含重疾和意外功能）也可以选择趸交，毕竟能省些保费。

除了产品特点，在选择交费方式时，投保人也要考虑自己的经济状况。短期内收入较高，收入情况不稳定的客户，比如，一些拆迁户，可以考虑趸交产品，以免后期收入减少时交费压力过大。此外，趸交的形式还适用于一些特殊情况，比如，父母在孩子结婚之前，为其配置年金保险（子女为投保人和被保险人），为了防止出现离婚分割财产的风险，可以选择在婚前趸交；再比如，有的客户需要实现财富隐身，可以在配置前期现金价值较低的年金保险时，选择趸交。

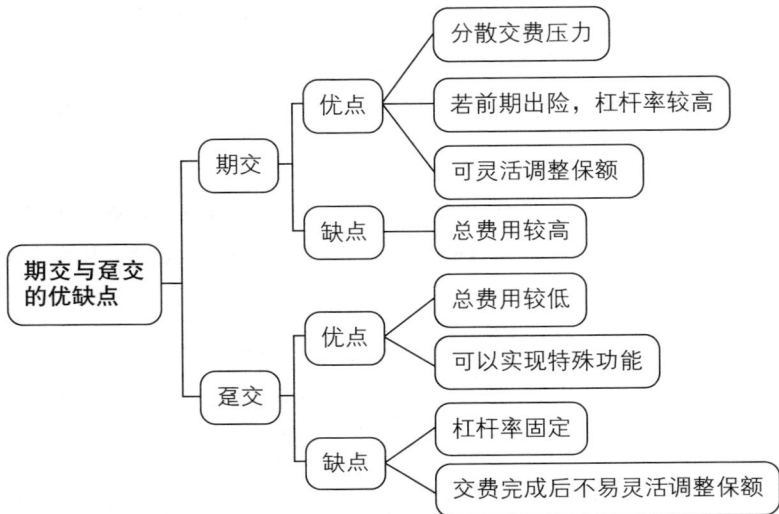

期交与趸交
的优缺点
- 期交
  - 优点
    - 分散交费压力
    - 若前期出险，杠杆率较高
    - 可灵活调整保额
  - 缺点
    - 总费用较高
- 趸交
  - 优点
    - 总费用较低
    - 可以实现特殊功能
  - 缺点
    - 杠杆率固定
    - 交费完成后不易灵活调整保额

▶▶▶ **延伸阅读**

购买保险产品时，投保人可以自行选择交费年限，如 10 年、20 年乃至 30 年。如果选择期交这种交费形式，那么该如何确定交费年限呢？

交费年限越少，其优缺点都越接近趸交，这一点不用多说。这里，需要提醒大家的是，投保人还要考虑自己的年龄和未来收入。假如投保人 40 岁，预计 65 岁退休，退休后收入会大幅减少，这时再选择 30 年期交就不太合适了，因为最后 5 年的交费压力会比较大。

总的来说，我们的建议是：如果投保人年龄较小，交费期限可以长一些；如果投保人年龄较大，就要综合考虑自己的退休计划和未来收入。

Chapter

4

第四章

一

常见问题：
理赔、投诉和其他

71 明明说可以续保，为什么真到续保的时候却被拒了？

龚先生 4 年前买了一份百万医疗险，买的时候他问保险顾问能不能续保，保险顾问清楚地告诉他："龚先生，您放心，肯定可以连续投保。"可前几天他想要续保时，却收到了拒保通知。龚先生愤愤不平："明明说可以续保，现在却拒保，这不是骗人是什么？"

▶▶▶ **专业解析**

在网上购物的时候，有些人会找到之前的订单，然后点击"再来一单"，简单方便，省去了来回挑选的麻烦。商业保险中的"续保"，指的是"在保单期满前，投保人和保险人双方约定以原来合同承保条件或者以一定附加条件继续承保的行为"，相当于日常购物时的"再来一单"。

我们可以从以下几个角度来看续保：第一，续保行为要发生在保单期满前，就是上一份保单的保障期限还没有结束的时候，这样就能实现保障期限的无缝对接；第二，续保一般没有等待期；第三，续保的保障内容（如保障期限、保障范围、保额等）一般与前一份保险是一样的；第四，续保时有可能要附加一定的条件，如增加保费、除外承保等；第五，有的保险在续保时也要进行核保，核保的结果可能是成功续保，也可能是拒保或附条件承保。

由此可见，续保有这几个好处：省去了选择保险产品的麻烦，没有等待期，可以实现保障期限的无缝对接。

那么，既然要续保，干吗不干脆买一份长期保险呢？首先，有的保险，比如我们常见的医疗险，由于各种原因，长期的保险品种（如长期医疗险）要么很少见，要么整体价格较贵；其次，长期保险一般采用的都是均衡费率，前期需要交的保费比较高，购买长期保险，相较于购买短期保险，短期来看交费压力较大；最后，短期保险相对于长期保险更灵活，很多场景下，人们只需要短期保险（典型的就是航空意外险），无须购买长期保险，且购买短期保险的投保人若想中断这份保险，付出的代价相对于长期保险更小。

可是，短期医疗险的最大缺陷就是：将来续保时，不一定能续上。

于是，消费者就希望有这么一种短期医疗险：只要我愿意续保，无论被保险人处于什么状况，保险公司就得承保，不能拒保；而且续保的条件（如保费、保障内容）要和之前的保险一样；哪怕是保险公司的这款产品停售了，我若想续保，保险公司也得给我续。这样的要求，用保险术语说就是"保证续保"（又叫"保证更新"）：在保单期满前，只要投保人提出续保申请，保险人必须按照约定费率和原条款继续承保。

我们在第 24 节说过，只要是有保证续保条款的健康险，都是长期健康险。长期健康险的价格较高，在市场上很难和短期健康险竞争。

保险行业是个很"卷"的行业，为了竞争，保险公司想出了各种招数。比如，有的保险公司在合同上写了"可以续保""自动续保"等概念，而不用《健康保险管理办法》中明确规定的"保证续保"这个概念，误导消费者，把实际上的短期健康险伪装成保证续保的长期健康险进行销售，案例中的龚先生遇到的就是这种情况；有的保险公司虽在合同中写上"保证续保"，但依旧按照短期健康险的价格销售，一发现苗头不对，就通过"产品停售"等方式逃避续保责任；还有的保险公司"长险短做"，把保证续保的长期保险当成短期保险来卖，只顾扩大市场，不考虑后面的赔付……

针对这些情况，《中国银保监会办公厅关于规范短期健康保险业务有关问题的通知》（银保监办发〔2021〕7号）明确规定："保险公司开发的短期健康保险产品中包含续保责任的，应当在保险条款中明确表述为'不保证续保'条款。不保证续保条款中至少应当包含以下内容：本产品保险期间为一年（或不超过一年）。保险期间届满，投保人需要重新向保险公司申请投保本产品，并经保险人同意，交纳保险费，获得新的保险合同。保险公司不得在短期健康保险产品条款、宣传材料中使用'自动续保''承诺续保''终身限额'等易与长期健康保险混淆的词句。"

我们相信，随着监管的不断完善和保险市场的日渐成熟，"可以续保"和"自动续保"这样误导消费者的文字游戏，在这个行业会越来越少。

连续投保与保证续保的区别

项目	保费是否有变化	保障范围是否有变化	是否可能拒保
连续投保	可能有	可能有	可能会
保证续保	否	否	否

关于互联网渠道短期健康保险续保问题的消费提示 [①]

近期，有消费者反映通过互联网购买的短期健康险产品到期后不予续保的问题。在此，中国银行保险监督管理委员会提示消费者对此类产品要谨防宣传误导，明确短期健康险不含有保证续保条款等方面情况。

一、明确"连续投保"不等同保证续保。目前网销短期健康保险的合同中虽然对续保做出了相应的约定，满足条件的消费者在保险期间届满时，可以向保险公司申请继续投保，但这并不等同于保证续保。保证续保条款是指，在前一保险期间届满后，投保人提出续保申请，保险公司必须按照约定费率和原条款继续承保的合同约定。对于非保证续保的产品，保险公司可能会出现停售、调整费率或推出替代的新产品等情况，届时保险消费者将会面临不能续保的风险。

二、短期健康保险不含有保证续保条款。消费者在购买保险期间在一年及以下的互联网短期健康保险产品时，应注意此类产品不含有保证续保条款。根据《健康保险管理办法》第三条规定 [②]：健康保险按照保险期限分为长期健康保险和短期健康保险。长期健康保险是指，保险期间超过一年或者保险期间虽不超过一年但含有保证续保条款的健康保险。短期健康保险是指，保险期间在一年及一年以下且不含有保证续保条款的健康保险。

三、确认保障期限，谨防宣传误导。短期健康保险是不含有保

---

① 该文出自中国银行保险监督管理委员会网站。
② 这一内容在 2019 年修订的《健康保险管理办法》第四条。

证续保条款的。消费者在投保此类产品时，应仔细阅读保险合同中关于保障期限和续保条款等内容，确认保险期间，了解产品属性，根据自身的保障需求选择购买相适应的健康保险产品。

按照有关规定，保险公司在销售过程中应当遵循最大诚信原则，向投保人阐明产品属性，说明所购产品为短期健康保险产品，提示消费者可能面临的无法续保风险，严禁以"保证续保"概念对消费者进行误导宣传。消费者在购买短期健康保险产品时，应谨防此类误导。

72 买了保险后，我想增加或减少保额，该怎么操作？

陈女士早年买了一份养老保险，合同约定，从陈女士年满 60 周岁的次月起，每月可领取 8000 元养老金。最近几年，陈女士眼看物价一步步上涨，觉得一个月 8000 元的补充养老金不足以实现自己理想中的养老生活，就想给自己增加一些保额，等合同到期时可以多领一些。她可以这样做吗？

▶▶▶ **专业解析**

《保险法》第二十条规定："投保人和保险人可以协商变更合同内容。"保额属于合同内容。因此，从理论上讲，购买了保险之后，是可以增加或减少保额的。不过在实践中，想要增加或减少保额，会受到一定的限制。

我们先来看增加保额。有的人买了保险之后，或是发现了保险的价值，或是个人收入提高，总之，出于各种原因，想要增加保额。

增加保额最常见、最可行也最简单的一种方式，就是再买一份保险。比如，已经买了一份 50 万元保额的重疾险，但考虑到医学技术的发展和自己收入水平的提高，觉得 50 万元的保额远远不够，这时，就可以再买一份乃至多份重疾险，直到觉得保额足够为止。

另一种方式是提升原有保险的保额，比如，之前买的终身寿险，保额是 100 万元，投保人感觉这个保额不够，那就多交点钱，增加到 200 万元。这种行为叫"加保"，即"在保险期间内，经投保人申请并提供可保证明，保险人同意增加保险金额的行为"[1]。不过，加保这件事并不是投保人想做就能做的。首先，要看保险合同是否允许变更保额，如果合同中规定了保额不能变，这条路就走不通了；其次，即便合同规定保额可以变化，还要看保险公司是否愿意，一般来说，保险公司需要重新核保，才能确定是否可以增加保额。案例中的陈女士能否加保成功，就看她之前购买的保险合同是怎么约定的，以及保险公司是否同意加保了。

此外，有的保险公司会对原保险产品进行升级，比如，放宽理赔条件、增加理赔次数、增加保额等。有的升级是免费的，有的升级则需要投保人增加费用，这就要看保险公司的规定了。

相对于加保，减少保额的操作在现实中较为少见。能进行减少保额操作的保险产品，必须具有现金价值，消费型保险无法进行减少保额的操作。

减少保额一般有两种方式：

第一种方式是减保，又叫部分退保，就是在保障期限内，经投保人申请，保险人同意降低保险金额，并退还部分保单现金价值[2]的行为。比如，某人买了一份终身寿险，保额150万元，保费40万元已经交清，他可以向保险公司申请，把保额降低到100万元，保险公司退给他10万元。现实当中，万能险、增额终身寿险等产品都具备这一功能。其他类型的保险是否可以部分减保，要看保险合同中有没有相应的规定。

第二种方式是减额交清，指的是投保人不能按合同约定交纳

---

[1] 在实践中，很多保险营销员在使用"加保"一词时，指的是同一投保人购买更多的保险产品。

[2]《保险术语》中此处说的是"退还保险费"，我们认为，保险公司退还的实际是保单的现金价值，而非保费。

保费，又想维持原保险合同约定的保险责任和保障期限，就把当时保单的现金价值作为趸交保费，并降低保额的一种处理方式。比如，某人买了一份定期寿险，每年交费 2 万元，10 年交清，保额 100 万元。交费到第 4 个保单年度的时候，他没钱了，又不愿意缩短保障期限，于是就选择减额交清，保险公司重新计算后，保额降低为 35 万元，投保人也不用再交纳续期保费。

与减额交清类似但又有所不同的一种方式，是保费自动垫交。有的保险合同中会约定这一条款，就是当投保人到了约定的交费日期却没有交费，保险公司会自动帮投保人垫交保费，保单继续有效，直到保单的现金价值低于应交的保费；保险公司垫交的保费相当于投保人和保险公司做的保单贷款，在保障期限如果发生保险事故，保险公司会按照合同约定进行赔付，只是赔付之前，会扣掉投保人应该偿还的贷款。如果投保人又有钱了或愿意交保费了，只需要补交相关保费及利息。需要提醒的是，如果投保人不想失去保障，在现金价值余额为零之前，要及时补交保费。

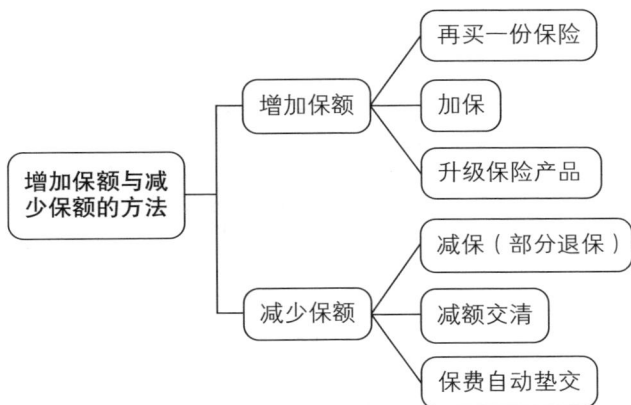

以下是某保险合同的减额交清条款：

第十七条 减额交清保险的选择

投保人在本合同有效期内可申请并经本公司同意将本合同变更为减额交清保险。若投保人超过宽限期仍未支付保险费，且已选择了减额交清保险，则本公司将以宽限期开始前一日本合同的现金价值（具体计算标准以投保人书面申请的减额交清保险的选项为准）扣除未偿还的借款及借款利息后的余额作为一次性支付的全部保险费，相应减少本合同的基本保险金额。变更为减额交清保险后的基本保险金额不得低于本公司当时规定的最低金额。

73 没钱支付后续保费，该怎么办？

前几天，黄先生找到他的保险顾问，说要退保。原来，这几年受到大环境的影响，黄先生收入锐减，每年需要交的保费成了他很大的负担。保险顾问劝他："黄哥，谁都有困难的时候，撑一撑就过去了，不要轻易退保，退保的话，且不说要损失一些钱，万一出了什么事，后悔就晚了。其实，咱们是有办法让您既不用退保，也能减轻经济压力的。"

▶▶▶ 专业解析

我们可以先打消这样一个顾虑：万一没钱交保费了，保险公司会像黄世仁一样催逼你一定要交续期保费。《保险法》第三十八条规定："保险人对人寿保险的保险费，不得用诉讼方式要求投保人支付。"实际上不仅是人寿保险（此处包括年金保险），所有的人身保险，投保人没有交续期保费的，保险公司也从来不会通过打官司让投保人续费。

这是因为，绝大部分的长期人身保险采取的是均衡费率，前期交的钱会多于保险公司支出的保障成本。续期保费不交，过了中止期，保险公司解除保险合同，不再支出保障成本即可，不会有大的损失。

没钱交续期保费，有两种简单粗暴的解决方式：一是退保，拿回一部分现金价值；二是放着不管，等着保险公司解除保险合同。这两种方式都会让我们失去保障，而且一般来说现金价值也会低于前期所交保费，因此我们不建议采用简单粗暴的解决方式。

如果没钱交续期保费，又不想失去保障，应该怎么办呢？在本书前面的很多章节中，我们对这个问题都有解说。总的来说，有以下几种方法：第一，减额交清，保险责任和保障期限都不变，但保额会减少。第二，利用保费自动垫交条款，这两种方式我们在第72节已经说过。第三，利用保单贷款功能，通过循环贷款的方式，投保人只需要半年付一次利息，就能既缓交保费，又不失去保障。第四，利用中止期。如果保险合同没有特别约定，投保人是可以多次进入中止期、多次复效的。在中止期即将结束前，交一次保费，恢复保单的效力；然后在下一次中止期结束前，再交一次保费。这样也能缓解自己的资金压力。需要注意的是，保单处于中止期时，被保险人会失去保障。第五，利用保险的展期功能。

展期，就是"投保人不能按合同约定交纳保费时，为保持原保险合同的保险金额不变，将当时保险合同保单现金价值作为趸交交费，计算新的保障期限的一种保单处理方式"。假如某人买了一份50万元保额的终身重疾险，交费10年，每年交2万元。交费交到第5个保单年度时，投保人没钱交续期保费了。这时，他可以向保险公司申请展期，保险公司经过计算，将保障期限从"终身"改为"到被保险人60周岁"，保额不变，投保人无须再交纳续期保费。

展期与减额交清性质上是一样的，都是将保单现金价值当保费使用。不同点在于，展期是"保额不变，保障期限缩短"，减额交清是"保额变少，保障期限不变"。投保人可以根据自己的需求进行选择。

以上五种方式，都可以不同程度地缓解投保人没钱支付续期保费的窘迫状况。不过，无论是哪种方式，都会导致保障或此或彼地有所不足。因此，我们不希望保费成为投保人过重的经济负担。就此我们建议：第一，在购买保险时要量力而行，根据自己的经济状况和对未来收入的预期，合理配置保险；第二，在经济条件不是很好的时候，尤其需要科学配置保险，给家里的哪个人配置什么保险，选择多少保额，采用什么样的交费方式，期交保费的交费期间如何设定等，都要有所筹划，通盘考虑。

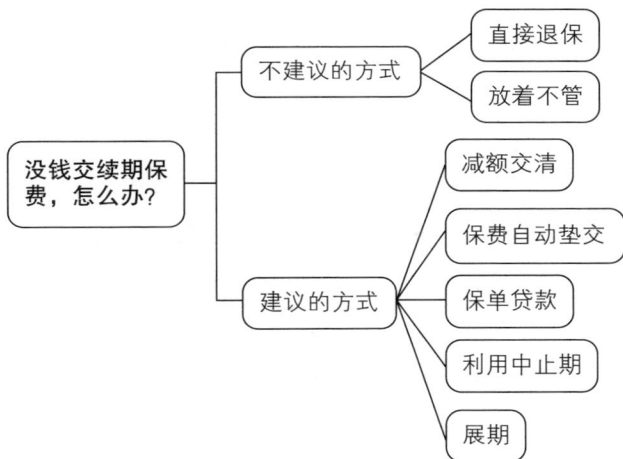

▶▶▶ 延伸阅读

以下是某保险合同的自动垫交条款：

您可以申请使用自动垫交功能。

当您无法继续交费时，可选择使用现金价值垫交您欠交的保险费，基本保险金额不会改变，当现金价值用完时，保险合同的效力中止。

如果您在宽限期结束时仍未支付保险费且您已选择了自动垫交，我们将以保险合同的现金价值扣除您尚未偿还的各项欠款之后的余额自动垫交到期应付的保险费，保险合同继续有效。所垫交的保险费视同贷款，按照保单贷款利率计算利息。

当现金价值扣除各项欠款后的余额不足以垫交到期应付的保险费时，我们将根据现金价值的余额计算保险合同可以继续有效的天数，保险合同在此期间继续有效。当现金价值余额为零时，保险合同的效力中止。

74 在什么情况下，没交完的保费可以不用再交？

郑先生购买了一份终身重疾险，年交保费 15 000 元，交费 20 年。第二年，他就确诊得了原位癌，获得了轻症的赔付。同时，保险顾问告诉他，后面还没有交的 285 000 元保费全都不用交了，因为他买的重疾险中，有一项保险责任是保费豁免，只要确诊轻症，接下来的保费全都不用交了，合同规定的各项保障却依旧存在。

▶▶▶ **专业解析**

按揭买房，要定期还贷款，不会存在剩余贷款可以不交的情况。以期交的方式购买保险，却有这种"保障还在，保费却不用交"的好事。保险的这个功能，是通过保费豁免实现的。

保费豁免，指的是"在保险合同约定的特定事项发生后，保险人不再向投保人收取以后的保费，而保险合同继续有效的行为"。它的主要作用就在于防范投保人因失去后续交费能力而导致被保险人失去保障的风险。保费豁免起初是在少儿险（以少儿为被保险人的保险）中出现的，它可以更好地给孩子提供保障。

保费豁免一经推出，就受到了客户的欢迎，因此很多其他保险产品也推出了保费豁免的功能。比如，养老年金险，有了保费豁免功能，投保人即便失去工作能力、无力支付后续保费，被保险人的养老年金也不会受到影响。

在目前的实践中，保费豁免的功能大都通过两种形式实现：一是投保人购买一份保费豁免保险，通常来说，保费豁免保险是作为附加险存在的；二是直接在主险的合同条款里约定保费豁免的相关内容。

那么，购买什么样的保险时应该考虑保费豁免功能呢？我们可以用排除法来考虑这个问题。趸交的保险，因为保费一次性交清了，所以不用考虑保费豁免功能；短期险，要么是趸交的，要么后期需要交的保费很少，也无须考虑保费豁免功能。所以，只有那些期限较长的、期交的保险产品，在购买时才需要特别考虑保费豁免的功能。

保费豁免功能，需要保险合同约定的特定事项发生之后才能激活。这个"特定事项"可以指向投保人，也可以指向被保险人或投保人指定的其他家庭成员，当其中一个或两个发生某项特定事件（如患上特定的疾病、失去工作能力等），保费豁免功能被激活，投保人不用再交续期保费。正常情况下，我们建议保费豁免的条款指向投保人，也就是需要交纳保费的人，毕竟，保费豁免的主要意义就在于防范投保人无力支付续期保费的情况发生。如果投保人和被保险人是同一人，一般来说，保险合同中自动就会有保费豁免的条款。

除了保费豁免功能被激活，还有一种情况，投保人可以不用交续期保费：发生了保险事故，保险公司进行赔付后，保险合同终止，续期保费自然就无须再交了。

现在有不少保险产品是支持多次赔付的（如一些重疾险产品）。在多次赔付的保险中，第一次理赔后是否需要交续期保费，要看保险合同具体是怎么约定的。有的是轻症赔付后依旧需要交保费，有的是轻症赔付后就无须再交保费。一般来说，在多次赔付的重疾险中，只要理赔一次重疾，就无须再交续期保费。

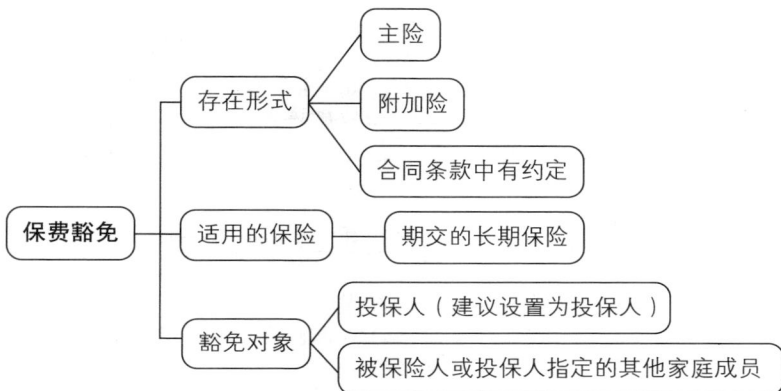

保费豁免
- 存在形式
  - 主险
  - 附加险
  - 合同条款中有约定
- 适用的保险
  - 期交的长期保险
- 豁免对象
  - 投保人（建议设置为投保人）
  - 被保险人或投保人指定的其他家庭成员

▶▶▶ **延伸阅读**

某保险合同对保费豁免附加险的部分规定如下：

2.2　保险责任　　在本附加合同有效期间内，我们按照以下约定承担保险责任：

轻症疾病豁免保险费　　若被保险人因意外伤害或于等待期后因意外伤害以外的原因被专科医生确诊初次患本附加合同所列的轻症疾病的一种或多种，我们将豁免主合同及其附加的保险期间超过一年的其他附加保险合同自被保险人确诊之日以后的各期保险费，同时本附加合同终止。

中症疾病豁免保险费　　若被保险人因意外伤害或于等待期后因意外伤害以外的原因被专科医生确诊初次患本附加合同所列的中症疾病的一种或多种，我们将豁免主合同及其附加的保险期间超过一年的其他附加保险合同自被保险人确诊之日以后的各期保险费，同时本附加合同终止。

重大疾病豁免保险费	若被保险人因意外伤害或于等待期后因意外伤害以外的原因被专科医生确诊初次患本附加合同所列的重大疾病的一种或多种,我们将豁免主合同及其附加的保险期间超过一年的其他附加保险合同自被保险人确诊之日以后的各期保险费,同时本附加合同终止。
身故豁免保险费	若被保险人因意外伤害或于等待期后因意外伤害以外的原因导致身故,我们将豁免主合同及其附加的保险期间超过一年的其他附加保险合同自被保险人身故之日以后的各期保险费,同时本附加合同终止。
全残豁免保险费	若被保险人因意外伤害或于等待期后因意外伤害以外的原因导致全残,我们将豁免主合同及其附加的保险期间超过一年的其他附加保险合同自被保险人全残之日以后的各期保险费,同时本附加合同终止。
	被豁免的保险费视为已交纳,主合同及其附加的保险期间超过一年的其他附加保险合同继续有效。
3.2 豁免保险费申请	一、在本附加合同有效期间内,若发生符合本附加合同约定的豁免保险费情形,根据发生情形的不同,申请豁免保险费时,应当按照下列约定的程序和条件进行:
轻症疾病豁免保险费、中症疾病豁免保险费及重大疾病豁免保险费申请	申请轻症疾病豁免保险费、中症疾病豁免保险费及重大疾病豁免保险费的,申请人须填写豁免保险费申请书,并向我们提供下列资料: (一)保险合同; (二)申请人的有效身份证件; (三)由医疗机构出具的附有病理显微镜检查、血液检验及其他科学方法检验报告的疾病诊断证明书; (四)所能提供的与确认保险事故的性质、原因、伤害程度等有关的其他资料。

身故豁免保险费申请	申请身故豁免保险费的，申请人须填写豁免保险费申请书，并向我们提供下列资料： （一）保险合同； （二）申请人的有效身份证件； （三）国家卫生行政部门认定的医疗机构、公安部门或其他相关机构出具的被保险人死亡证明； （四）被保险人因意外伤害导致身故的，需提供相关意外伤害的证明和资料； （五）被保险人的户籍注销证明； （六）所能提供的与确认保险事故的性质、原因等有关的其他资料。
全残豁免保险费	申请全残豁免保险费的，申请人须填写豁免保险费申请书，并向我们提供下列资料： （一）保险合同； （二）申请人的有效身份证件； （三）国家有关机关认可或具有合法资质的伤残鉴定机构出具的被保险人全残鉴定证明； （四）被保险人因意外伤害导致全残的，需提供相关意外伤害的证明和资料； （五）所能提供的与确认保险事故的性质、原因等有关的其他资料。

二、上述申请资料不完整的，我们将及时一次性通知申请人补充提供有关资料。

75 发生保险事故，我该怎么理赔？

付女士在好友的推荐下买了一份重疾险，正在分期交费。最近她上网时看到一篇新闻报道，说的是有个人买了重疾险，得了病保险公司却怎么都不赔。评论区里还有好多人说也有同样的经历。付女士看完又生气又担心，万一将来自己不幸得病，保险公司会不会也不赔呢？

▶▶▶ **专业解析**

我们先用数据来"辟个谣"。2021年，国内主流保险公司的平均理赔获赔率超过了98%。也就是说，绝大多数的理赔申请都得到了批准。剩下的2%，大都是因为没有如实告知、不符合理赔标准等原因。从保险公司的立场来看，保险公司的利润来源主要是用保费进行投资获益，拒赔会导致口碑下滑，进而降低销售量，所以，正常情况下，保险公司都是愿意进行理赔，而不愿意拒赔的。

随着国内保险行业的逐渐成熟，各家保险公司的理赔流程也越来越流畅、简便，绝大多数的案件，理赔申请人都可以独立办妥。这一节，我们就来看看申请理赔的具体流程。

1. 向保险公司报案

被保险人出了事后，应该向保险公司报案，告诉保险公司出了什么事。报案之后，保险公司就会立案，开始操办理赔的事。向保险公司报案是投保人、被保险人或者受益人的义务，《保险法》第二十一条规定："投保人、被保险人或者受益人知道保险事故发生后，应当及时通知保险人。"

要说明这一步，我们可以拆分成几个小点。首先你得知道，出了哪些事可以找保险公司报案。假如你买的是终身寿险，路上骑车摔倒，去医院治好之后向保险公司报案要求理赔医疗费，这显然是不合理的。因此，你要大概清楚你购买的是什么保险，保障的内容都是哪些（起码得知道自己买了哪几个险种），被保险人是谁。

接下来的问题是：谁来报案？一般来说，只有保险的投保人、被保险人或者受益人及他们委托的代理人才有权报案。

然后，怎么报案？报什么？现在通信技术发达，报案的渠道也很多，如客服电话、官方网站和 App、线下报案等，大家可以选择自己觉得方便的渠道。报案时，一般需要提供出险的时间和地点、事故经过、就诊医院等信息。要注意的是，保险公司是会留下报案记录的，所以在准备报案之前，最好先把这些信息梳理清楚，免得日后发生纠纷。

看到这里，可能有的人就发怵了：保险合同我都没认真看过，怎么可能记得清报案需要讲哪些信息，应该怎么讲？因此，在这里我们给大家一个建议：出现保险事故，你要做的第一件事就是联系你的保险顾问，你的保险顾问会指导你如何报案，如何收集相关信息，一些热心的保险顾问甚至会赶到你身边，尽可能地给你提供帮助。在接下来的每个环节，如果有专业的保险顾问的帮助，你的理赔会顺畅、轻松很多。这也就是为什么我们在这本书里屡屡强调要找一个靠谱的保险顾问。

2. 准备、递交理赔材料

接下来，还是假设没有保险顾问的帮助，由你自己独立完成整个理赔过程。那么，报案之后，接下来要做的就是准备理赔材料了。

关于需要准备的理赔材料都有什么，不同的保险公司和保险产品的要求有所不同，这里我们无法给出统一的答案。但理赔时需要准备什么材料一般会在保险合同上写明，这一点我们在投保时应该心里有数。如果对于理赔材料方面有不清楚的，我们建议你直接打保险公司的客服电话询问。

总的来说，理赔材料可以分为两类：第一类是基本材料，如身份证、理赔申请书、保险合同、银行账户等。这些材料比较容易准备，也基本没什么出错的可能，只要准备齐全就可以了。第二类是第三方开具的证明材料，不同的保险产品所要求的材料各不相同。这是理赔环节中最麻烦的部分，如果在这个环节出了问题，就有可能导致拒赔。

在这里我们提醒大家尤其要注意以下两点：

第一，在购买保险的时候，就要预先对理赔时需要的材料有所了解，并且出险时最好再核对一遍。这样才不至于在理赔时手忙脚乱、忙中出错。比如，去了不符合理赔条件的医院，或者没有及时开具理赔需要的证明材料而又无法补办。

第二，如果你投保的是健康类保险（如医疗险、重疾险），要格外注意病历的内容。病历上的一字之差，对保险公司理赔与否可能会起到决定性的作用，所以在就医时，一定要嘱咐医生填写病历的时候注意措辞，在不确定或者不必要的情况下，不要随意填写病历，以免理赔时产生纠纷。

材料准备好后，根据保险公司客服的提示，或者线上上传，或者邮寄，将材料提交给保险公司。

3. 等待审核结果

理赔材料递交后，就可以安心地等待保险公司的审核了。在审核过程中，保险公司有可能要求报案人提供补充材料，我们按照要求提供即可。关于审核的时间，《保险法》的规定是保险公司要在 30 日内做出审核（合同另有约定的除外。但在人身保险中，保险合同中另行约定审核时长的比较少见）。但实际上，只要不是特别复杂的情况，一般几天之内甚至当天就出审核结果了。

如果审核通过，接下来，保险公司就会把保险金汇入投保人先前提交的银行账户里。如果审核没有通过，保险公司会出具一份写明拒赔原因的拒赔告知书。如果我们对拒赔原因有异议，那就该进行维权了。至于如何维权，我们将在第 77 节详述。

▶▶▶ **延伸阅读**

我们根据几份保险合同梳理了其所需的理赔材料，总结成下表，供大家参考。需要说明的是，并非所有保险产品的理赔材料都与下表所列的一样，具体需要哪些理赔材料，还须以保险合同为准。

保险 类别	理赔材料
某款 意外 伤残 保险	在申请意外伤残保险金时，由意外伤残保险金的受益人作为申请人填写保险金给付申请书，并提供下列证明和资料： ①保险合同； ②受益人的有效身份证件； ③医院或法定伤残鉴定机构出具的被保险人伤残程度鉴定证明文件； ④所能提供的与确认保险事故的性质、原因等有关的其他证明和资料
某款 重疾 险	在申请轻症疾病保险金或重大疾病保险金时，申请人须填写理赔申请书，并提供下列证明和资料原件： ①保险合同； ②被保险人的有效身份证件； ③本公司认可的医院的诊断证明（包括完整的门诊病历、出院小结或出院证明、相关的检查检验报告等）； ④本合同附表一所列相应轻症疾病或附表二所列相应重大疾病中明确要求的其他医疗证明； ⑤所能提供的与确认保险事故的性质、原因等有关的其他证明和资料
某款 医疗 保险	在申请保险金时，尤其是一般医疗保险金、特定疾病医疗保险金，申请人须填写保险金给付申请书，并提供下列证明和资料： ①保险合同或电子保险单号； ②申请人的有效身份证件； ③医院出具的被保险人医疗诊断书（包括必要的病历记录及检查报告）、出院小结或出院诊断； ④指定医疗机构出具的医疗费用收据原件和医疗费用清单； ⑤所能提供的与确认保险事故的性质、原因、伤害或损失程度等有关的其他证明和资料

保险类别	理赔材料
某款终身寿险	在申请身故保险金时，申请人须填写保险金给付申请书，并提供下列证明和资料： ①保险合同； ②申请人的有效身份证件； ③国家卫生行政部门认定的医疗机构、公安部门或其他相关机构出具的被保险人的死亡证明； ④被保险人户籍注销证明； ⑤所能提供的与确认保险事故的性质、原因等有关的其他证明和资料

76 保险事故发生后索赔有时间限制吗?

食品都有保质期,过了保质期就不能再吃了;同理,应该行使的权利也有"保质期",如果长期不使用了,就不能再用了。在第67节我们说过,保险公司要是知道投保人没有如实告知,30日内不解除合同,就失去了解除合同的权利——这就属于"权利过期作废"的情况。对于被保险人和受益人来说,最重要的权利当然是保险事故发生后找保险公司理赔的权利,这份权利有"保质期"吗?

▶▶▶ **专业解析**

这一节我们主要讨论"索赔时效",它指的是"自被保险人或受益人知道或者应当知道保险事故的发生之日起,被保险人或受益人具有索赔或给付请求权利的一段时间"。简单地说,就是被保险人或受益人只有在一定的时间内申请理赔,保险公司才受理并进行理赔;否则,保险公司是可以拒赔的。

那么,索赔时效有多长呢?很多人认为,索赔时效就是《保险法》第二十六条规定的时间:"人寿保险以外的其他保险的被保险人或者受益人,向保险人请求赔偿或者给付保险金的诉讼时效期间为二年,自其知道或者应当知道保险事故发生之日起计算。人寿保险的被保险人或者受益人向保险人请求给付保险金的诉讼时效期间为五年,自其知道或者应当知道保险事故发生之日起计算。"即人寿保险(包括年金保险)的索赔时效是5年,健康保险、意外伤害保险的索赔时效是2年。

可是,《保险法》第二十一条又规定:"投保人、被保险人或者受益人知道保险事故发生后，应当及时通知保险人。故意或者因重大过失未及时通知，致使保险事故的性质、原因、损失程度等难以确定的，保险人对无法确定的部分，不承担赔偿或者给付保险金的责任，但保险人通过其他途径已经及时知道或者应当及时知道保险事故发生的除外。"根据这条规定，投保人、被保险人或者受益人应该及时向保险公司索赔，至于多长时间算"及时"，《保险法》中并没有明确说明。

实践中，保险合同中一般会要求出险后一定时间内（如 7 天或 10 天，意外险对报案时间的要求更严格，一般是 48 小时）通知保险公司。

保险公司为什么要这么规定呢？不是保险公司不想赔，而是需要"核赔"①，就是要确定保险事故属不属于保险保障的范围，保险公司应不应该赔。如果报案太晚，保险公司就很难确定是否应该理赔。

我们假设，一个人投保了终身意外伤害保险，被保险人去世 10 年之后，受益人要求保险公司理赔，这时保险公司是否应该理赔呢？我们认为，如果受益人能拿出确切的证据，证明被保险人的死亡是由于意外造成的，保险公司就应该赔付；否则，保险公司就可以拒赔。那么，如果保险公司不赔，受益人能不能发起诉讼告保险公司呢？这就要看是不是在诉讼时效内。

关于诉讼时效，人寿保险（含年金保险）是 5 年，健康保险、意外伤害保险是 2 年，这个 5 年或 2 年从什么时候开始计算呢？法条说得很清楚："自其知道或者应当知道保险事故发生之日起计算。"所以，能不能诉讼，要看被保险人或受益人知道或者应当知道保险

---

① 核赔：被保险人或受益人提出索赔或给付请求后，保险人对理赔材料进行认定、审核、调查，并作出赔付或拒赔决定的过程。

事故发生在哪个时间点，然后从这个时间点往后推，有没有超过 5 年（人寿保险、年金保险）或 2 年（健康保险、意外伤害保险）。

关于索赔时效，我们简单做个总结：

第一，在合同规定的时间内报案，保险公司必须受理案件，进行核赔，然后根据审核结果确定是否赔付以及怎样赔付。

第二，无论什么时候，即使不及时报案也不影响保险公司判断保险事故，或者说，只要能查明保险事故在保险合同的保障范围之内，保险公司就应该赔付。

第三，如果要和保险公司打官司，就得看是否在诉讼时效内。判断诉讼时效的要点我们前面已经说了。在具体的案件中，是否在诉讼时效内，要由法院来判断，被保险人、受益人、保险公司说的都不算。

其实，绝大多数情况下都不用考虑诉讼时效的问题。在此我们也提醒保险消费者，发生保险事故后，一定要及时告知保险公司，申请理赔。既然可以又快又省心地拿到保险金，又何必因为"拖延症"给自己增添不必要的麻烦呢？

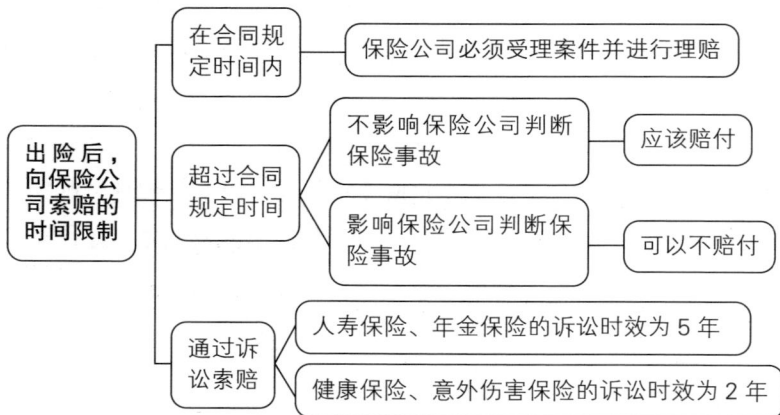

```
                  ┌─ 在合同规定 ── 保险公司必须受理案件并进行理赔
                  │   时间内
                  │
出险后，          │                ┌ 不影响保险公司判断 ── 应该赔付
向保险公          ├─ 超过合同 ─────┤ 保险事故
司索赔的          │   规定时间      │
时间限制          │                └ 影响保险公司判断保 ── 可以不赔付
                  │                  险事故
                  │
                  └─ 通过诉 ───┬── 人寿保险、年金保险的诉讼时效为 5 年
                      讼索赔    │
                                └── 健康保险、意外伤害保险的诉讼时效为 2 年
```

▶▶▶ 延伸阅读

我们认为，保险公司是否应该赔付，重点不是时效，而是明确保险事故是否属于保险责任。《重疾险100问》的作者陈凤山老师讲过这样一个真实案例：

被保险人何某2012年患急性心肌梗死，当时他向保险公司咨询能否理赔，被告知不能。

2020年，何某遇到了我的一个同行，同行出于好奇看了下他2012年的住院病历，判断已经达到理赔标准，遂协助申请理赔。

最终，何某不光得到了理赔款，还得到了保险公司退还的他2012年以后所交的保费。

77 被拒赔了，该怎么申诉、维权？

古女士之前在两家保险公司分别购买了重疾险，后来确诊得了恶性肿瘤，就找保险公司理赔。让她万万没有想到的是，其中一家保险公司赔付了，而另一家保险公司却拒绝赔付。她对此很不忿，决定找没赔付的保险公司维权。那么，她应该怎么做呢？

▶▶▶ 专业解析

发生保险事故、递交理赔材料后，保险公司会在 30 日内做出理赔决定，并给被保险人或受益人下达理赔通知书。理赔决定一般有三种：第一种是正常理赔，这当然是双方都乐见的；第二种是拒赔；第三种是部分赔付，比如保险公司认为保险事故只有一部分属于保障范围，就只在这个范围之内进行赔付。

对于第二种、第三种理赔结果，被保险人或受益人如果感到不满意，认为保险公司应该赔付或全额赔付，应该怎么做呢？我们认为，首先应该积极地和保险公司沟通，尽量取得一个令双方都满意的结果；如果对沟通的结果不满意，还可以采用其他办法，比如向银保监会投诉、向法院起诉。

与保险公司沟通之前，首先要看看保险公司给出的拒赔通知书的内容。有的时候，保险公司拒赔是因为我们之前提交的材料不完整或有问题，在解释沟通之后，是有可能获得保险公司的理赔的。保险公司有专门的人员负责与对拒赔有异议的客户进行沟通。我们要在沟通的过程中针对保险公司给出的拒赔原因，尽可能阐明我们的观点，即我们为何认为保险公司应该理赔。例如，保险销售人员

保险常识 100 问

在销售保险产品时没有解释清楚条款，病例上所谓的既往病史是口述病例时产生的理解错误等，最好能拿出相应的证据，据理力争。

这个阶段也凸显了保险顾问的重要性。如果有专业的保险顾问，拒赔的可能性会大大减少（保险顾问会针对保险公司核赔的要求，提示或帮助客户准备各种资料），即便发生拒赔，保险顾问也能迅速判断问题出在哪里，并通过公司内部渠道进行反馈、沟通，争取最好的理赔结果。

此外，现在国内也有一些专业人士，如律师、保险行业从业者，可以帮助客户去做理赔工作。如果你感觉有必要，且愿意付出一定的金钱代价，也可以寻求专业理赔人士的帮助。

如果与保险公司直接沟通后没有得到满意的结果，可以拨打中国银保监会设立的银行保险消费者投诉维权热线 12378，向银保监会投诉。银保监会接到消费者的投诉后，会与保险公司联系，要求保险公司进行处理并予以反馈。同时，你也可以拨打 12315 进行投诉。

最后一个解决方案，就是向法院提起诉讼。如果你和保险公司对理赔的看法存在严重分歧，又协商不成，就只能通过诉讼解决了。有些人可能会担心保险公司财力充足，又有专业的律师团队，自己势单力薄，肯定告不赢他们。其实，这种担心是没有必要的。在保险合同纠纷中，法院是倾向于消费者的，《保险法》中对此也有规定，在保险合同对有两种以上不同解释时，法院应当作出有利于投保方的解释。不服一审判决的，还可以在上诉期内向上级人民法院上诉。

以上三种方式，由易到难、由简单到复杂，客户可以根据自己的情况进行选择。在此我们需要提醒的是，保险公司理赔的原则是"不惜赔，不滥赔"，我们在面对不理想的理赔结果时，要看看保险公司的拒赔理由是否合理，保险事故是否在保障范围之内，这就要求我们自己了解一些保险知识，明白自己配置的保险都承保哪些风险。当然，如果你有信得过又专业的保险顾问，就可以省去这些麻烦。

最后，再说一下案例中的古女士，她最终还是与拒赔的保险公司对簿公堂，却不幸败诉了。这是因为这份重疾险是后买的，买时她已经查出身体有异常，对其后来所患癌症进行了除外处理，并且保险公司能拿出证据证明保险公司就此除外责任对古女士做过提示说明。

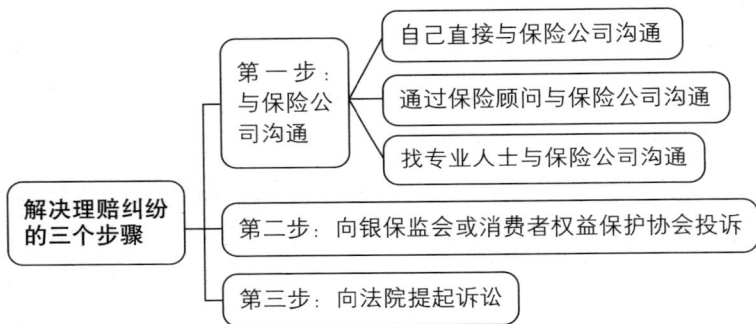

▶▶▶ **延伸阅读**

《保险法》第三十条规定："采用保险人提供的格式条款订立的保险合同，保险人与投保人、被保险人或者受益人对合同条款有争议的，应当按照通常理解予以解释。对合同条款有两种以上解释的，人民法院或者仲裁机构应当作出有利于被保险人和受益人的解释。"

这个法条体现的是保险合同解释原则中的"有利于被保险人的解释原则"。我们需要注意，"这一原则不能滥用。如果条款意图清楚，语言文字没有产生歧义，即使发生争议，也应当依据有效的保险合同约定作出合理、公平的解释"①。

---

① 魏华林，林宝清.保险学 [M].4 版.北京：高等教育出版社，2017: 61.

78 谁有权解除保险合同？解除保险合同时保险公司会退钱吗？

对保险稍有了解的人都知道，买了人身保险之后，投保人可以任性地退保，保险公司却没有这个"任性"的权利。那么，被保险人、受益人能不能要求退保呢？解除合同的时候，保险公司会退钱吗？退给谁呢？这一节，我们对此问题做一个详细梳理。

▶▶▶ 专业解析

保险合同的四方主体——保险人（保险公司）、投保人、被保险人、受益人，谁拥有合同的解除权呢？

1. 受益人与被保险人

在解除合同这件事上，受益人没有任何发言权，可以放在一边不说了。

被保险人在特定情况下有发言权。根据《保险法司法解释（三）》第二条的规定，在以死亡为保险标的的保险合同中，被保险人可以撤回自己之前的意思表示，也就是说不同意以自己的死亡为保险标的了。一旦被保险人这么做，事实上就起到了解除保险合同的效果。这时，保险公司需要向投保人退还保单的现金价值。

2. 投保人

在退保这件事上，话语权最大的是投保人，毕竟掏钱的是投保人，保单也属于投保人的资产。《保险法》第十五条给了投保人任意退保的权利："除本法另有规定或者保险合同另有约定外，保险合同成立后，投保人可以解除合同，保险人不得解除合同。"

在当前的人身保险实践中，一般来说，投保人可以随时退保。

投保人退保，如果是在犹豫期内，保险公司需要退还保费（部分保险公司会扣除少量工本费）；如果过了犹豫期，保险公司退还的就是保单的现金价值。

3. 保险人（保险公司）

保险公司解除合同的权利受到了严格限制。只有在下列情况下，保险公司才能解除人身保险合同：

第一，投保人过了中止期还没交费，且合同中没有用现金价值垫付保费的条款，或现金价值已不足以交纳保费。这种情况下，保险公司有权解除保险合同，并退还保单的现金价值给投保人。实践中，一些保险公司会将中止期无限延长，哪怕是过了两年没有交费，保险公司也不会终止保险合同。

第二，投保人没有履行如实告知义务，且足以影响保险公司决定是否同意承保或提高保险费率的，保险公司可以解除合同。这种情况下，投保人若是故意不如实告知的，则不退保费；投保人若是因重大过失而没有如实告知的，则退保费给投保人。但是，在三种情况下，保险公司的合同解除权消失：①知道有解除事由之日起30日内没有行使此权；②合同成立已超过2年；③订立合同的时候，保险公司已经知道投保人没有如实告知。

第三，被保险人或受益人谎称发生了保险事故的，保险公司可以解除合同，且不退保费。

第四，投保人、被保险人故意制造保险事故的，保险公司可以解除合同，且不退保费。特殊情况下，保险公司按合同约定向其他权利人退还保单的现金价值。

第五，投保人谎报被保险人的真实年龄，且被保险人的真实年龄不符合合同约定的年龄限制的，保险公司可以解除合同，但需要退还保单的现金价值给投保人。

第六，如果被保险人的情况发生重大变化，比如从事的职业危险等级提高，却没有按照合同约定及时通知保险公司的，保险公司可以解除保险合同。这时，保险公司应退还保单的现金价值给投保人。

只有在以上六种情况下，保险公司才可以解除保险合同。这六种情况，都是投保人存在一定的过失，或者损害了保险公司的正当利益，或者有可能引发道德风险，保险公司才解除合同的。在投保人依法、依约行事的情况下，保险公司是不能解除合同的。

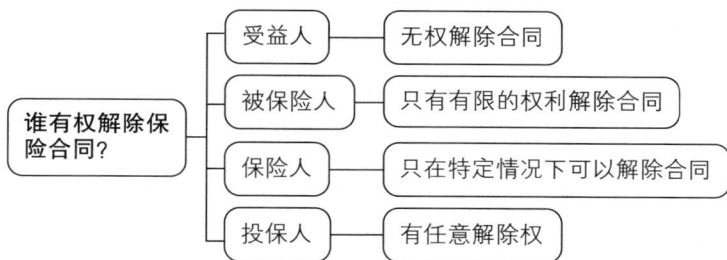

▶▶▶ **延伸阅读**

《保险法司法解释（三）》

第二条　被保险人以书面形式通知保险人和投保人撤销其依据保险法第三十四条第一款规定所作出的同意意思表示的，可认定为保险合同解除。

《保险法》

第十五条　除本法另有规定或者保险合同另有约定外，保险合同成立后，投保人可以解除合同，保险人不得解除合同。

第十六条　订立保险合同，保险人就保险标的或者被保险人的有关情况提出询问的，投保人应当如实告知。

投保人故意或者因重大过失未履行前款规定的如实告知义务，足以影响保险人决定是否同意承保或者提高保险费率的，保险人有权解除合同。

前款规定的合同解除权，自保险人知道有解除事由之日起，超过三十日不行使而消灭。自合同成立之日起超过二年的，保险人不得解除合同；发生保险事故的，保险人应当承担赔偿或者给付保险金的责任。

投保人故意不履行如实告知义务的，保险人对于合同解除前发生的保险事故，不承担赔偿或者给付保险金的责任，并不退还保险费。

投保人因重大过失未履行如实告知义务，对保险事故的发生有严重影响的，保险人对于合同解除前发生的保险事故，不承担赔偿或者给付保险金的责任，但应当退还保险费。

保险人在合同订立时已经知道投保人未如实告知的情况的，保险人不得解除合同；发生保险事故的，保险人应当承担赔偿或者给付保险金的责任。

保险事故是指保险合同约定的保险责任范围内的事故。

第二十七条　未发生保险事故，被保险人或者受益人谎称发生了保险事故，向保险人提出赔偿或者给付保险金请求的，保险人有权解除合同，并不退还保险费。

投保人、被保险人故意制造保险事故的，保险人有权解除合同，不承担赔偿或者给付保险金的责任；除本法第四十三条规定外，不退还保险费。

第三十二条　投保人申报的被保险人年龄不真实，并且其真实年龄不符合合同约定的年龄限制的，保险人可以解除合同，并按照合同约定退还保险单的现金价值。保险人行使合同解除权，适用本法第十六条第三款、第六款的规定。

第三十七条　合同效力依照本法第三十六条规定中止的，经保险人与投保人协商并达成协议，在投保人补交保险费后，合同效力恢复。但是，自合同效力中止之日起满二年双方未达成协议的，保险人有权解除合同。

第四十三条　投保人故意造成被保险人死亡、伤残或者疾病的，保险人不承担给付保险金的责任。投保人已交足二年以上保险费的，保险人应当按照合同约定向其他权利人退还保险单的现金价值。

79 想要退保，应该注意什么，怎么办理？

变化是无处不在的。我们的想法随时在变，我们周遭的环境、自身及家庭的情况，也都处在变化之中。持有保单一段时间后，随着主观想法和客观条件的改变，想退保也是正常的。这一节，我们就来聊聊退保的话题。

▶▶▶ **专业解析**

所谓退保，就是投保人向保险公司要求解除保险合同的行为。在第 78 节我们就说过，投保人拥有单方面解除保险合同的权利，保险公司无权拒绝。退保之后，保险合同终止，投保人和保险公司相互不再具有权利义务关系。

除了投保人，其他人有权退保吗？一般来说，其他人无权退保，但有两种特殊情况：第一，如果是以死亡为保险标的的合同，被保险人可以要求撤销之前同意的意思表示，实际上就是退保，不过在这种情况下，退保金 [①] 不会给到被保险人，而是给到投保人；第二，如果投保人身故时，保险事故尚未发生，且保单没有第二投保人，那么保单就成了投保人的遗产，由其法定继承人继承，这时，投保人的法定继承人可以要求退保，退保金由投保人的法定继承人领取。

退保的时候，投保人能拿到的退保金，不少客户认为应该是已交的保费，即交了多少保费就该退多少钱；大多数保险顾问都会笼统地说是保单的现金价值。这两种情况在现实中都有，不过退还现

---

① 退保金：在退保时，保险公司返还给投保人或相关权益人的金额。

金价值的情况更多见。

我们先来看退还保费的情况。在这两种情况下，投保人可以申请退还保费：一是在犹豫期内，关于犹豫期的概念，我们在第 12 节说过，在此期间投保人要求退保的，保险公司必须退还保费（有的保险公司会扣除不超过 10 元的工本费）；二是过了犹豫期之后，投保人能证明保险公司或保险代理人存在某些过失（比如保险代理人诱导或欺骗投保人、保险公司没有回访等），可以要求退回保费。

除了这两种情况，退保时，投保人拿到的退保金都是保单当时的现金价值。有关现金价值的问题，我们在第 20 节已经说过，这里不再重复。需要提醒的是，保单的现金价值是随着时间不断变化的，可能比投保人所交的保费少，也可能比投保人所交的保费多。

那么，什么保险可以退保呢？理论上，所有的商业保险，只要保单还在有效期内，投保人都可以要求退保，哪怕是已经赔付过的保险（如多次赔付的重疾险）。但是通过以上分析，我们可以发现，如果不能退还保费，就只能退还现金价值。所以，在不能退还保费的前提下，只有那些具有现金价值的保险，才有退保的必要，一些消费型的保险不具有现金价值，即便退保也没有退保金，何必还要去退保呢？

在此，我们还想提醒大家：退保有风险，操作需谨慎。大部分情况下，投保人退保都只能拿到保单的现金价值，在交费前期，现金价值大多时候都低于所交的保费，这时退保可能会遭受经济损失。更重要的是，一旦退保，就会失去保险提供的保障，随着年龄、身体状况的变化，再想拥有这些保障（重新投保），可能需要付出更大的代价，甚至无法投保。此外，社会上还存在一些"退保骗局"，我们会在下一节对这个问题做详细讨论。

退保的流程很简单。投保人一般只需要准备身份证、保单、银行账户等资料，通过保险公司的网点或线上服务平台（如保险公司的

App），就可以办理退保手续。各家保险公司的退保流程和要求略有不同，有退保需求的客户，可以拨打保险公司的客服电话询问，按照客服提示的内容操作即可。一般情况下，办理完退保后，退保金会在3~5个工作日内汇入投保人指定的银行账户，最晚也不会超过30天。

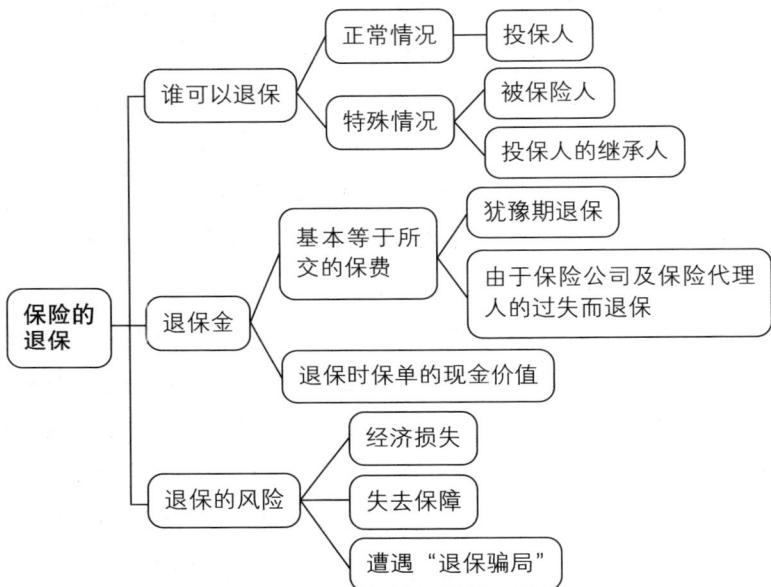

```
                              ┌─ 正常情况 ──── 投保人
              ┌─ 谁可以退保 ──┤
              │               └─ 特殊情况 ──┬─ 被保险人
              │                            └─ 投保人的继承人
              │
              │                            ┌─ 犹豫期退保
  保险的  ────┤               ┌─ 基本等于所交的保费 ──┤
  退保        ├─ 退保金 ──────┤              └─ 由于保险公司及保险代理
              │               │                 人的过失而退保
              │               └─ 退保时保单的现金价值
              │
              │                            ┌─ 经济损失
              └─ 退保的风险 ──┼─ 失去保障
                                           └─ 遭遇"退保骗局"
```

▶▶▶ 延伸阅读

大部分情况下，退保金就是退保时保单的现金价值，而不是投保人所交的保费。对此，一些投保人不理解："我又没有出险，保险公司为啥不退给我保费？"

投保人之所以不理解保险公司的做法，是因为他们忽视了一个问题：即使没有出险，但在持有保单期间，保险公司给他们提供的保障一直存在，这需要保险公司付出一定的成本。基于此，投保人在退保时，保险公司就不能直接退还保费。

80 "代理退保"骗局，你遇到过吗？

2017 年，董某与某保险公司签订保险代理合同，代表某保险公司向客户销售保险，并取得佣金。2020 年董某离职后，为诱导客户"退旧买新"以再次获取保险佣金，利用唆使客户提供虚假证据等手段教唆、代理该客户进行恶意投诉，以存在销售瑕疵为由，向某保险公司提出全额退保。该公司在与客户协议解约后，将董某起诉至法院要求赔偿损失。2021 年，经法院判决，被告董某赔偿某保险公司佣金损失、违约金并承担诉讼费。

▶▶▶ **专业解析**

很多人在微信朋友圈等社交媒体中都看到过"全额退保""成功率百分之百""退还保费"之类的广告信息，怂恿、诱骗消费者授权第三方进行退保。前面所引案例，就是一起典型的"代理退保"骗局。

不法分子以"代理退保"为名进行不法活动，形式很多。我们总结了一下，大致有这些种类：①以消费者所购的保险产品"有瑕疵""会亏损""需要升级"等理由，诱导消费者退保，购买新的保单，从而赚取佣金，有的还会借此骗取保险公司的企业奖励津贴；②教唆消费者伪造证据，对保险公司恶意投诉，胁迫保险公司全额退保，"退保代理人"以"手续费"等名义向消费者收取费用；③利用各种手段，截留、侵占消费者的退保金，有的还会诱导消费者参与非法集资；④套取消费者的个人重要信息，利用这些信息进行信用卡套现、小额贷款业务等。

不法分子在从事"代理退保"的非法活动时，有的冒充保险公司的工作人员，有的冒充监管部门的工作人员，还有的谎称与银保监局、保监会退保中心"有关系"，以骗取消费者的信任。其实在第79节我们已经说过，退保的程序非常简单，退保时能获得的退保金也是透明的，完全没必要依靠那些所谓的"内部人士"。遇到退保问题，如果没有专业的保险顾问可以咨询，最好的办法就是打保险公司的官方客服电话。

"代理退保"的非法活动不仅扰乱了保险市场的正常经营秩序，也损害了保险消费者的权益。银保监会在《关于防范"代理退保"有关风险的提示》中，就指出了"代理退保"行为给消费者带来的三种风险：一是失去正常保险保障的风险，二是资金受损或遭受诈骗的风险，三是个人信息泄露的风险。

基于此，银保监会在上述文章中给保险消费者提供了三条建议：一是充分考虑自身的保险需求，谨慎办理退保；二是注意保护个人重要信息；三是通过正规渠道依法合理维权。除了这三条建议，我们另外给大家两条建议：一是多少了解一些保险知识，哪怕只具备基本的保险知识，也能识破大部分的"代理退保"骗局；二是找一个靠谱的保险顾问，让专业人士帮助你绕过"代理退保"的坑。

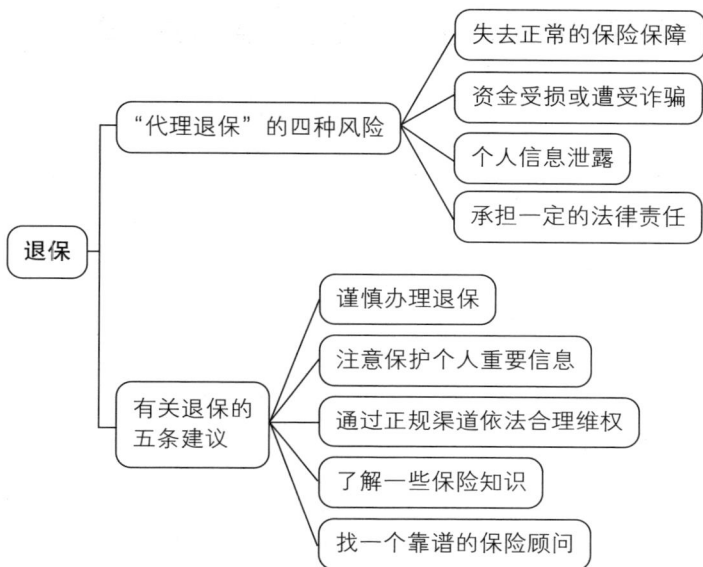

失去正常的保险保障

资金受损或遭受诈骗

"代理退保"的四种风险

个人信息泄露

承担一定的法律责任

退保

谨慎办理退保

注意保护个人重要信息

有关退保的
五条建议

通过正规渠道依法合理维权

了解一些保险知识

找一个靠谱的保险顾问

▶▶▶ **延伸阅读**

2021 年 11 月，新华网发表了一篇名为《防范"代理退保"等风险，这些套路要当心！》的文章，揭露了"代理退保"的三个套路：①通过虚假承诺、伪造证据等不法手段阻碍消费者正常维权；②鼓动消费者退保后购买所谓"高收益"的理财产品；③套取消费者重要的身份信息、敏感的金融信息。其实，套路千万条，只要谨守一条原则，就能"不上套"，那就是：莫贪心。

81 我的保单失效了，还能让它重新生效吗？

常先生在给客户做保单检视时发现，由于客户银行卡等信息变动，没有成功扣费，有一份终身寿险的保单已经失效了。客户很紧张，问道："这么说，我这份保单已经没用了？"常先生告诉他："这份保单现在处于中止期，只是暂时失效，您可以申请复效。"

▶▶▶ **专业解析**

保单失效并不是一个严谨的概念，行业中也没有关于这个概念的规范定义。按照通常的理解，所谓"失效"，就是已经生效的保险合同，由于种种原因不再有效，也就是保险公司对被保险人不再具有保障责任了。

就此，我们可以把保单失效分为两种：

第一种是"保单永久失效"，也就是保险合同终止。关于保险合同终止，我们在第 15 节已经详细介绍过。

第二种是"保单暂时失效"，这种情况下，保单还有恢复效力（复效）的可能。在我们当下的保险实践中，保单暂时失效的情况基本都是保单处于中止期，即过了宽限期之后，投保人依旧没有交纳续期保费且保单中没有保费垫交条款，此时，保险合同的效力中止。这种情况我们在第 13 节也说过，并且还提到，中止期至少会有两年，两年后，有的保险公司会选择解除保险合同。

这一节我们就重点聊聊处于中止期（保单暂时失效的时候）的保单，如果投保人想要复效，应该怎么做？

首先，投保人要主动申请复效，否则保险公司不会自动进行复效操作。当然，如果投保人没有及时交纳续期保费，保险公司会通过短信、电话等方式提醒投保人，但如果投保人没有主动提出申请，保险公司就无法做任何其他操作。

其次，投保人申请复效，保险公司不见得会同意。一般来说，保险公司收到投保人的复效申请后，会进行审核。审核的结果可能是正常复效，也可能需要投保人增加保费或对某种风险不承担保险责任，乃至直接拒绝复效申请。

当然，一般情况下，保险公司不会轻易做出增加保费、除外或拒绝复效申请的决定。因为保险公司做出这类决定，是要给出充分的理由的。如果申请复效时，被保险人的状况和中止期之前没有较大的变化，保险公司就不能做出这样的决定。对此，《保险法司法解释（三）》第八条有明确规定："保险合同效力依照保险法第三十六条规定中止，投保人提出恢复效力申请并同意补交保险费的，除被保险人的危险程度在中止期间显著增加外，保险人拒绝恢复效力的，人民法院不予支持。保险人在收到恢复效力申请后，三十日内未明确拒绝的，应认定为同意恢复效力。"

再次，申请复效时，投保人不仅需要交纳续期保费，还要把之前拖欠的保费及利息一并补上。

最后，如果投保人曾经用这份保单做过保单质押贷款，申请复效时，需要把之前贷的款全部还上。

我们可以看到，保单暂时失效，会造成保障中断乃至失去保障、经济受损（如补交中止期保费及利息、加费等）等。因此，我们建议投保人不要轻易让保单处于暂时失效的状态。一般来说，只有期交的长期险才会面临保单暂时失效的风险，因此手上有这类保单的消费者，要提前做好规划。

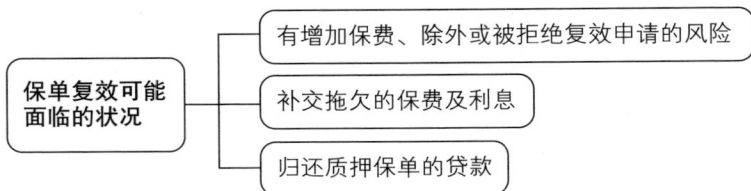

```
                          ┌─ 有增加保费、除外或被拒绝复效申请的风险
  保单复效可能  ────────┼─ 补交拖欠的保费及利息
  面临的状况              └─ 归还质押保单的贷款
```

▶▶▶ **延伸阅读**

某款保险合同中有关"复效"的内容如下：

合同效力的中止和恢复（以下简称"复效"）

在本合同效力中止期间，我们不承担保险责任。

本合同效力中止二年内，您可以书面申请恢复合同效力。经我们与您协商并达成协议，并且您已偿清保单借款、自动垫交的保险费等款项的本金和利息以及您欠交的保险费，我们将出具批单或在本合同上进行批注，本合同从我们同意您的复效申请当日二十四时起恢复效力，此日期我们将在批单或批注上载明。

自本合同效力中止之日起满二年您和我们未达成协议的，我们有权解除合同。我们解除合同后，将向您退还合同效力中止时本合同的现金价值。

82 商业保险可以异地购买、异地理赔吗？

许先生很早就有保险意识，上大学的时候就为自己购买了医疗险和重疾险。大学毕业后，他没有留在求学所在的城市，而是去了另外一个城市工作和生活。那么，他大学期间买的保险还能用吗？如果出险，应该怎么办理理赔呢？

▶▶▶ **专业解析**

异地购买，又称异地投保，指向的是购买保险这个环节。如果投保人在 A 地生活，却在 B 地的保险公司买了保险，就是异地投保。

异地理赔，从保险公司的角度来讲，指的是客户在 C 地投保，却在 D 地办理理赔；从消费者的角度来讲，指的是在 E 地买的保险，在 F 地出现了保险事故，应该怎么赔。这里，我们主要从消费者的角度来讲。

这里说的"异地"，指的是购买、出现保险事故时投保人和被保险人生活居住的地方，与其户籍所在地无关。

商业保险是否可以异地购买，取决于保险产品本身的规定，法律法规对此并无限制。

虽然《保险公司管理规定》中提到，保险公司的分支机构不得跨省、自治区、直辖市经营保险业务。但这个规定只限制了保险公司不能跨地区销售，没限制消费者跨地区购买，它的主要目的是保护消费者的权益。毕竟，如果身处异地，投保时涉及体检等环节时可能会比较麻烦，承保效率也会受到影响。如果消费者认为某款产品适合自己，愿意异地购买，法律也不会禁止。

尽管法律并不禁止异地购买保险，有些保险产品本身却对投保人所在的区域有所限制。部分保险产品要求投保人和被保险人在投保签署地有长期固定的地址和工作，这些要求一般会在投保须知和保险合同中写明，有此类要求的保险显然就不能异地购买。那么，如果投保时确实居住在当地，后来又搬走了，怎么办呢？这种情况是不会影响保单效力的，只要及时通知保险公司修改地址就可以了。虽然可以在投保后修改地址，但我们不建议您为了异地购买保险在签署保险合同时虚构投保地的地址和工作，因为这很可能在日后引发纠纷。

总的来说，只要产品本身没有规定，商业保险就可以异地购买。但随着《保险销售行为可回溯管理暂行办法》的深入落实，"双录"正在成为购买保险时的规定动作，这一情况会大大增加异地购买的成本。

那么，异地理赔可不可以呢？异地出险是不会影响理赔的。如果保险事故发生地也有投保保险公司的分支机构，被保险人或受益人可以直接在当地的分支机构办理理赔；如果当地没有分支机构，理赔时就需要亲自过去或者将材料邮寄过去。因此，《互联网保险业务监管办法》也提到，对于异地投保，保险机构应在销售时就其可能存在的服务不到位等问题做出明确提示。有一部分开设了线上理赔渠道的保险产品支持线上理赔，但如果想进行续保等操作，可能依然需要在签单机构办理。

办理异地理赔还有一个方法：保单迁移，就是把保单迁移到保险公司在当地的分支机构。案例中的许先生在咨询保险公司客服后，就做了保单迁移。

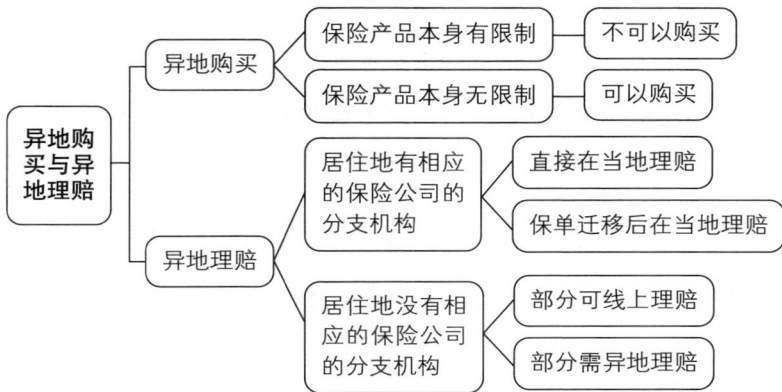

異地購買与异地理赔
- 异地购买
  - 保险产品本身有限制 → 不可以购买
  - 保险产品本身无限制 → 可以购买
- 异地理赔
  - 居住地有相应的保险公司的分支机构
    - 直接在当地理赔
    - 保单迁移后在当地理赔
  - 居住地没有相应的保险公司的分支机构
    - 部分可线上理赔
    - 部分需异地理赔

▶▶▶ 延伸阅读

《保险公司管理规定》

第四十一条　保险公司的分支机构不得跨省、自治区、直辖市经营保险业务，本规定第四十二条规定的情形和中国保监会另有规定的除外。

《保险销售行为可回溯管理暂行办法》

第六条　除电话销售业务和互联网保险业务之外，人身保险公司销售保险产品符合下列情形之一的，应在取得投保人同意后，对销售过程关键环节以现场同步录音录像的方式予以记录：

（一）通过保险兼业代理机构销售保险期间超过一年的人身保险产品，包括利用保险兼业代理机构营业场所内自助终端等设备进行销售。国务院金融监督管理机构另有规定的，从其规定。

（二）通过保险兼业代理机构以外的其他销售渠道，销售投资连结保险产品，或向 60 周岁（含）以上年龄的投保人销售保险期间超过一年的人身保险产品。

《互联网保险业务监管办法》

第十七条　保险机构应提高互联网保险产品销售的针对性，采取必要手段识别消费者的保险保障需求和消费能力，把合适的保险产品提供给消费者，并通过以下方式保障消费者的知情权和自主选择权：

（一）充分告知消费者售后服务能否全流程线上实现，以及保险机构因在消费者或保险标的所在地无分支机构而可能存在的服务不到位等问题。

83 出国了，之前在国内买的保险该怎么处理？

梁先生是"富二代"，小时候，父母就给他配备了各种保险。高中毕业后，梁先生出国留学，毕业后就留在了国外。小时候，父母给他买的不少保险都是长期的，有的还是终身保险。梁先生决定在国外定居、生活后，想起自己的那些保险，不知道该怎么处理。

▶▶▶ **专业解析**

随着中国改革开放的步伐不断深入，中国人选择出国留学、工作乃至移民定居的也越来越多。出国之后，先前在国内购买的保单该怎么办，也随之成了一个备受关注的问题。

首先我们要明确一点：出国并不会影响保险合同本身的效力。一般来说，只要投保人继续支付保费，并告知保险公司信息的变更，保险合同就不会失效。如果保险产品无法为在国外的客户继续提供保障，保险公司会在得到通知后联系投保人寻求解决办法。

虽然保险合同本身有效，但不代表在国外出险一定能够顺利理赔，比如，一些保险产品不支持国外医院开具的病例、发票单据等。因此，如果打算长期出国居住，尽量就不要配置意外医疗险等险种了。毕竟很少有人在出了意外后，为了理赔先坐飞机回国，再到国内医院接受治疗。

下面，我们分别就不同的险种，讲一讲关于跨国理赔的问题。在此要先提醒大家，这里说的只是一般情况，具体还要以保险合同为准。

1. 医疗险

一般情况下，医疗险都是凭发票报销的，并且保险公司对就诊医院也有要求，比如要求是国内二级及二级以上医院。所以除了专门的国外医疗险和约定可以全球就诊的高端医疗险，在国外就医的话，一般的医疗险是不支持理赔的，如果想要理赔，就得回国看病。

2. 意外险

意外险的保险责任，一般包括意外身故、意外伤残和意外医疗三项。除非有特殊约定，否则意外医疗一般是不可以跨国理赔的，不能理赔的原因和医疗险是一样的。

意外身故和意外伤残可以正常理赔，但有关意外事故的证明材料需要额外进行翻译和公证，并且意外伤残可能还需要回国进行鉴定，比较麻烦。

3. 重疾险

重疾险在国外出险是可以正常理赔的，而且大部分保险公司都支持国外医院的诊断证明，只是需要额外附加所在国家或地区使领馆的认证和国内的公证。但也有部分保险公司不支持国外医院的诊断证明，被保险人必须在国内医院重新诊断一次才能理赔。建议投保人如果有出国的打算，最好在投保之前问清楚保险公司具体的规定。

4. 寿险（包括年金保险）

寿险在国外出险，除非条款中有特殊规定，否则都是可以理赔的。但证明材料同样需要额外附加所在国家或地区使领馆的认证和国内的公证。

总的来说，像重疾险、寿险（包括年金保险）这种出险即赔付的给付性保险，在国外出险通常是可以理赔的；医疗险、意外医疗险等补偿型人身险，由于需要国内医院出具医疗证明等缘故，在国外出险通常很难理赔。另外，还有一点需要注意的是，意外险和寿险（包括年金保险）的免责条款中，可能会标注一些经常发生战乱的特殊国家或地区。如果合同中有类似条款，在这些国家或地区出险也是无法理赔的。

综上所述，我们建议大家如果有未来定居国外的打算，投保时应该注意所投的保险在国外是否方便理赔。如果已经投保，在出国之前可以考虑退掉一些在国外难以理赔、不能再起到保障作用的保险，以保障自己的最大利益。

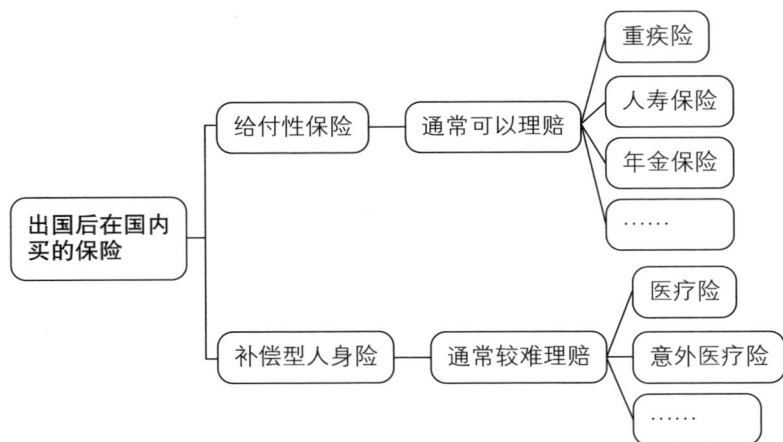

▶▶▶ **延伸阅读**

国外理赔与国内理赔，其实在本质上没有区别，保险公司在核赔时要做的是同一件事：被保险人出现的事故，是否在保障范围内。

保障范围的第一层含义是保险事故发生的地理空间，即保险事故发生的地点是不是在保险合同规定的范围内。国外理赔如此，国内理赔同样如此，如很多旅游意外险，只保旅游线路范围内发生的保险事故，在此范围之外的就不能理赔。

保障范围的第二层含义是保险事故本身是否在保险合同规定的范围内。如果在国内出险，保险公司同样要核查一系列材料，如医疗单据、死亡证明等；只是如果在国外出险，保险公司大都没办法到当地去核查，因此需要报案人提供更详尽的资料（如中国在当地使领馆的证明）。

保险公司只要确定保险事故属于保障范围，都会按照保险合同的约定履行赔付义务。

84 公务员买保险都要申报财产吗?

杨先生是某市民政局的处长，想给自己买一份重疾险，可听说买保险需要进行财产申报，他就有些犯怵。有一天，他和同事偶尔聊起这个，同事告诉他："杨处长，您别担心。您买的如果是保障型的重疾险，没有分红之类的条款，不用申报。"杨先生听后说："原来是这样啊，我还以为只要买保险就都得申报财产呢。"

▶▶▶ **专业解析**

很多人都知道，根据 2017 年 4 月中共中央办公厅、国务院办公厅印发的《领导干部报告个人有关事项规定》(以下简称《规定》)，达到一定级别的公务员、国企干部需要进行财产申报。保险也属于财产申报的范围，但并非所有的保险都需要申报。

首先，我们来看看都有哪些人需要申报：

第一，根据《规定》要求，下表所示的领导干部，也就是县处级副职以上的领导干部需要进行财产申报。

需要进行财产申报的领导干部级别 [1]

级别	是否申报
县处级副职以上的党政机关、公检法干部	是
参照公务员法管理的人民团体（如工会、妇联）、事业单位（如红十字会）中县处级副职以上的干部	是

---

[1] 沃晟学苑.大额保单配置法商攻略 [M]. 北京：中国商业出版社，2022: 133.

级别	是否申报
国企领导班子成员（省、市级）	是
央企领导班子成员和中层管理人员	是
上述范围中已退出现职、尚未办理退休手续的人员	是
科级干部	视当地要求而定

第二，需要注意的是，对于科级干部是否需要申报，要视当地要求而定。很多地区对公务员财产申报的要求比《规定》更严格，要求科级干部也需要申报。也就是说，科级干部是否需要申报，除了看《规定》，还要看当地的要求。

第三，不仅仅是领导干部本人需要申报，《规定》要求领导干部本人及配偶、共同生活的子女都需要进行财产申报。

第四，根据《规定》要求，投资或者以其他方式持有投资型保险的都需要申报。因此，领导干部及其配偶、共同生活的子女如果是投资型保险的投保人或被保险人，就都需要申报，作为受益人则无须申报。

然后，我们再来看看，哪些保险需要申报。

对于这一点，《规定》说得很明确："本规定……所称'投资型保险'，是指具有保障和投资双重功能的保险产品，包括人身保险投资型保险和财产保险投资型保险。"在人身保险中，一般含有"两全""年金""投资连结型""万能型""分红"等字样的保险，都具有投资功能，需要进行申报。

但这并不意味着不含有这些字样的保险产品就没有投资功能、不需要申报。保险市场上的保险产品在不断地推陈出新，随时都会出现新型的保险产品，这些保险产品哪怕没有"两全""年金""投资连结型""万能型""分红"等字样，也可能具有投资功能。比如增额终身寿险，一般会被认定为投资理财类保险。

简单来说，"只有在被保险人出现保险事故的情况下，被保险人或受益人才能拿钱，否则就没钱可拿，且现金价值较低"的保险产品，基本都属于保障型保险，不具有投资理财功能，无须申报。当然，稳妥起见，公务员及其家庭成员在购买保险之前，最好向有关部门正式咨询一下，或者秉持"宁可多报，不可漏报"的原则进行申报。

有的公务员朋友可能还会问：在国外购买保险产品，是否需要申报呢？我们可以明确地告诉大家：只要是具有投资理财功能的保险，无论是国内保单还是国外保单，按照《规定》的要求，都需要申报。

最后，我们要说的是，只要是用合法财产购买的保险，大可放心申报。

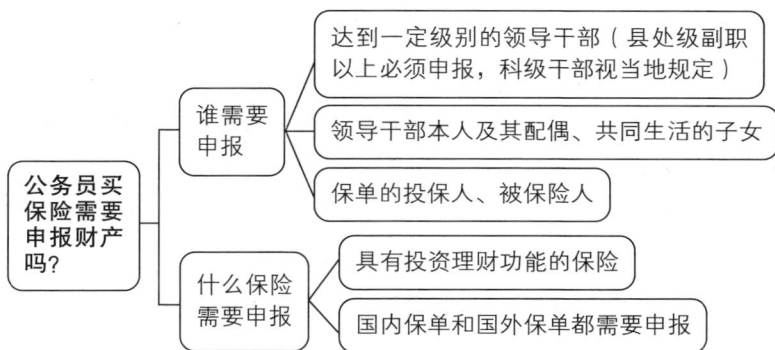

```
                                    ┌─ 达到一定级别的领导干部（县处级副职
                                    │   以上必须申报，科级干部视当地规定）
                        ┌─ 谁需要 ──┤
                        │   申报      ├─ 领导干部本人及其配偶、共同生活的子女
公务员买                │            │
保险需要 ───────────────┤            └─ 保单的投保人、被保险人
申报财产                │
吗？                    │            ┌─ 具有投资理财功能的保险
                        └─ 什么保险 ─┤
                            需要申报   └─ 国内保单和国外保单都需要申报
```

《领导干部报告个人有关事项规定》

第二条　本规定所称领导干部包括：

（一）各级党的机关、人大机关、行政机关、政协机关、审判机关、检察机关、民主党派机关中县处级副职以上的干部（含非领导职务干部，下同）；

（二）参照公务员法管理的人民团体、事业单位中县处级副职以上的干部，未列入参照公务员法管理的人民团体、事业单位的领导班子成员及内设管理机构领导人员（相当于县处级副职以上）；

（三）中央企业领导班子成员及中层管理人员，省（自治区、直辖市）、市（地、州、盟）管理的国有企业领导班子成员。

上述范围中已退出现职、尚未办理退休手续的人员适用本规定。

第四条　领导干部应当报告下列收入、房产、投资等事项：

（一）本人的工资及各类奖金、津贴、补贴等；

（二）本人从事讲学、写作、咨询、审稿、书画等劳务所得；

（三）本人、配偶、共同生活的子女为所有权人或者共有人的房产情况，含有单独产权证书的车库、车位、储藏间等（已登记的房产，面积以不动产权证、房屋所有权证记载的为准，未登记的房产，面积以经备案的房屋买卖合同记载的为准）；

（四）本人、配偶、共同生活的子女投资或者以其他方式持有股票、基金、投资型保险等的情况；

（五）配偶、子女及其配偶经商办企业的情况，包括投资非上市股份有限公司、有限责任公司，注册个体工商户、个人独资企业、合伙企业等，以及在国（境）外注册公司或者投资入股等的情况；

（六）本人、配偶、共同生活的子女在国（境）外的存款和投资情况。

本规定所称"共同生活的子女"，是指领导干部不满 18 周岁的未成年子女和由其抚养的不能独立生活的成年子女。

本规定所称"股票"，是指在上海证券交易所、深圳证券交易所、全国中小企业股份转让系统等发行、交易或者转让的股票。所称"基金"，是指在我国境内发行的公募基金和私募基金。所称"投资型保险"，是指具有保障和投资双重功能的保险产品，包括人身保险投资型保险和财产保险投资型保险。

85 离婚时分割财产，买的保险怎么办？

婚姻即将走到尽头，李女士没有悲伤，只感到如释重负。让她烦恼的反而是一大堆保单：有婚前买的，有婚后买的，有给自己买的，有给孩子买的……这些保单在离婚的时候，都应该怎么分呢？

▶▶▶ **专业解析**

婚姻财产分割的原则，说起来并不复杂：有约定的遵照约定；没有约定的，个人财产归个人，共同财产共同分。但具体到保险的离婚分割，就相对复杂了，这是因为很多保险都是期交的，交费周期可能跨越了婚前和婚后两个阶段，保单是个人财产还是夫妻共同财产，需要甄别；同时，还因为保险是一种"三权分立"的架构，有投保人、被保险人和受益人三个主体，夫妻一方在保单架构中的位置不同，诉求也就有所差异。

我们先来看看保单的归属，怎么判断一张保单是夫妻一方的个人财产，还是夫妻双方的共同财产，抑或是两种情况都有。同时了解一下，在这几种情况下，保单应该如何分割。

从易到难，先看两种简单的情况及分割原则。

第一种情况：保费全部来源于一方的个人财产，则保单属于其个人财产。如果这张保单在一方婚前已经完成交费，自然就属于其个人财产。还有一种情况是，保单在婚后购买，或者婚后交纳了部分保费，但婚后购买或交纳保费的资产，投保人可以证明是其婚前或婚内个人财产，在这样的情况下，保单就属于其个人财产，离婚时无须分割。但需要注意的是，如果一方持有的是投资型保险，保

保险常识100问

单在婚后的增值部分，有可能属于夫妻共同财产。

第二种情况：保费全部来源于夫妻共同财产，则保单属于夫妻共同财产。这种情况在现实生活中最为常见。此种情况下的分割原则也很简单：退保的话，一般是平分退保金；不退保的话，持有保单的一方（离婚后持有保单的人）给另一方支付保单现金价值的一半，或双方协商，持有保单的一方给另一方已交保费的一半；如果是给孩子买的保险，实践中一般不会退保，但夫妻双方需要协商续交保费由谁承担以及承担比例的问题。

第三种情况：夫妻一方在婚前买了保单，婚后以夫妻共同财产交纳续期保费。这种保单，婚前交纳保费对应的部分，属于一方的个人财产；婚后交纳保费对应的部分，属于夫妻共同财产。这种保单的投保人与被保险人通常是同一个人，且受益人一般不是其配偶（除非婚后变更了受益人），因此一般不会退保，但投保人将婚后所交保费的一半，或婚后所交保费对应的现金价值的一半补偿给配偶；如果退保，则配偶能获得婚后所交保费对应现金价值的一半。

接下来，我们从保单架构的角度来看看离婚时保单如何分割。在一家三口的小家庭中（这种情况最为普遍，因此将之作为标准模型进行分析），因为孩子一般不会是投保人（如果孩子是投保人，夫妻离婚时保单不会被分割），且被保险人与受益人不能是同一个人，所以，只会出现12种保单架构。

如果站在妻子的角度，离婚时如何处理保单才最有利？我们做了下面这张表格，供大家参考。

离婚时如何处理保单对妻子最有利

序号	投保人	被保险人	受益人	处理方法
1	妻子	妻子	孩子	保留保单，架构不做变动
2	妻子	妻子	丈夫	保留保单，受益人变更为孩子或父母
3	妻子	丈夫	孩子	保留保单，投保人变更为丈夫，要求丈夫给予补偿
4	妻子	丈夫	妻子	①保留保单，投保人变更为丈夫，受益人变更为孩子，要求丈夫予以补偿； ②退保，分割现金价值
5	妻子	孩子	妻子	保留保单，架构不做变动
6	妻子	孩子	丈夫	保留保单，受益人变更为自己或父母
7	丈夫	丈夫	孩子	保留保单，要求丈夫给予补偿
8	丈夫	丈夫	妻子	保留保单，要求丈夫给予补偿，变更受益人
9	丈夫	妻子	孩子	保留保单，投保人变更为妻子
10	丈夫	妻子	丈夫	保留保单，投保人变更为妻子，受益人变更为孩子或父母
11	丈夫	孩子	丈夫	保留保单，投保人变更为妻子，受益人变更为自己或父母
12	丈夫	孩子	妻子	保留保单，投保人变更为妻子

在考虑保单架构时，有两个原则需要把握：第一，如果能保留

保单，最好保留，不要选择退保，退保是双方无法达成一致意见后的最差选择，因为从三方总体的角度来看，退保的损失肯定大于收益；第二，如果被保险人与受益人为夫妻双方，在离婚后一定要及时变更受益人，在第 36 节我们讲过，身故保险金会因为关系的变化而变成被保险人的遗产，这样的话，保险的很多法商功能就无法实现。

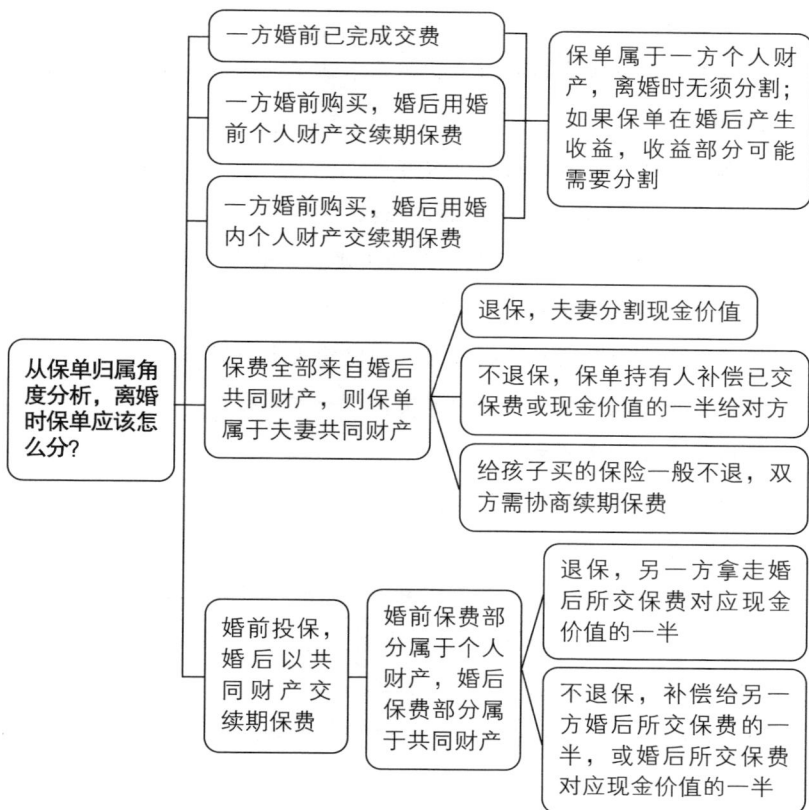

```
                         ┌─ 一方婚前已完成交费 ────┐
                         │                        │  保单属于一方个人财
                         ├─ 一方婚前购买，婚后用婚  ├─ 产，离婚时无须分割；
                         │  前个人财产交续期保费    │  如果保单在婚后产生
                         │                        │  收益，收益部分可能
                         └─ 一方婚前购买，婚后用婚  ┘  需要分割
                            内个人财产交续期保费

                                              ┌─ 退保，夫妻分割现金价值
从保单归属角                                   │
度分析，离婚     保费全部来自婚后               ├─ 不退保，保单持有人补偿已交
时保单应该怎 ── 共同财产，则保单 ─────────────┤   保费或现金价值的一半给对方
么分？          属于夫妻共同财产               │
                                              └─ 给孩子买的保险一般不退，双
                                                 方需协商续期保费

                                                    ┌─ 退保，另一方拿走婚
                婚前投保，    婚前保费部            │   后所交保费对应现金
                婚后以共 ── 分属于个人 ───────────┤   价值的一半
                同财产交      财产，婚后            │
                续期保费      保费部分属           └─ 不退保，补偿给另一
                              于共同财产              方婚后所交保费的一
                                                     半，或婚后所交保费
                                                     对应现金价值的一半
```

《民法典》

第一千零六十二条　夫妻在婚姻关系存续期间所得的下列财产，为夫妻的共同财产，归夫妻共同所有：

（一）工资、奖金、劳务报酬；

（二）生产、经营、投资的收益；

（三）知识产权的收益；

（四）继承或者受赠的财产，但是本法第一千零六十三条第三项规定的除外；

（五）其他应当归共同所有的财产。

夫妻对共同财产，有平等的处理权。

第一千零六十三条　下列财产为夫妻一方的个人财产：

（一）一方的婚前财产；

（二）一方因受到人身损害获得的赔偿或者补偿；

（三）遗嘱或者赠与合同中确定只归一方的财产；

（四）一方专用的生活用品；

（五）其他应当归一方的财产。

《第八次全国法院民事商事审判工作会议（民事部分）纪要》

二、关于婚姻家庭纠纷案件的审理

（二）关于夫妻共同财产认定问题

4.婚姻关系存续期间以夫妻共同财产投保，投保人和被保险人同为夫妻一方，离婚时处于保险期内，投保人不愿意继续投保的，保险人退还的保险单现金价值部分应按照夫妻共同财产处理；离婚时投保人选择继续投保的，投保人应当支付保险单现金价值的一半给另一方。

5. 婚姻关系存续期间，夫妻一方作为被保险人依据意外伤害保险合同、健康保险合同获得的具有人身性质的保险金，或者夫妻一方作为受益人依据以死亡为给付条件的人寿保险合同获得的保险金，宜认定为个人财产，但双方另有约定的除外。

婚姻关系存续期间，夫妻一方依据以生存到一定年龄为给付条件的具有现金价值的保险合同获得的保险金，宜认定为夫妻共同财产，但双方另有约定的除外。

86 保险合同存续期间，投保人或受益人去世了，该怎么办？

多年前，程先生的母亲买了一份终身寿险：被保险人是程先生，投保人和身故受益人都是程先生的母亲。买这份保险时程先生还小，他根本就不知道这份保单的存在。半年前，程先生的母亲去世，程先生在整理母亲遗物时发现了这份保单。面对这份保单，程先生有些困惑：保单依旧有效，但作为投保人和受益人的母亲已经去世了，这份保单应该怎么处理呢？

▶▶▶ 专业解析

早些年，由于对保险不够了解，很多父母在给孩子买保险时，保单架构并不合理，如案例中说的以子女为被保险人、以父母为投保人和受益人的终身寿险架构，并不能给孩子带来保障。在这种保单架构中，很容易出现保险合同依旧存续，但投保人和受益人已经去世的情况。

即便保单架构不存在这种缺陷，但意外随时可能发生，投保人或受益人在保险合同存续期间去世，现实生活中也屡见不鲜。那么，保险合同存续期间，如果投保人或受益人死亡，应该怎么办？

保险合同存续期间，指的是保险合同依旧有效，被保险人出了事，保险公司有赔付的义务。如果被保险人还没出过险，保险还没理赔过，并且还处于保险期间，这份合同当然就处于保险合同存续期间。还有一种情况是，合同还在保险期间，被保险人也出过险，保险公司也理赔过，但保险合同是多次赔付的，保险公司依旧有赔偿责任，那么，这份合同仍处于保险合同存续期间。

保险合同存续期间，如果投保人去世，会有两种风险：

第一种风险是保费断交，导致保险合同失效。如果保单的保费已经交纳完毕，或者保单本身有投保人保费豁免功能，就不存在保费断交的可能。如果这份保险依旧需要交费，就可能因无人交纳保费而导致保单失效。即便保单已经无须交费，如果不变更投保人，也会存在一些不便的情形，比如无法进行续保、增减保额、退保、保单贷款等操作。

第二种风险是保单被继承分割。保单属于投保人的资产，如果没有特殊约定，投保人去世后，保单会由投保人的法定继承人来继承。如果投保人的法定继承人无法就保单继承达成一致意见（比如共同指定某一人为投保人并变更投保人），法院很有可能判决退保，并由所有法定继承人平均分割退保金。

保险合同存续期间，如果受益人先去世，最大的风险就是这份保险的身故保险金成为被保险人的遗产，导致保险的诸多法商功能无法实现。关于这一点，我们在第 36 节已经有详细介绍，这里就不再赘述。

面对上述风险，我们该怎么办呢？

首先，可以设置第二投保人和第二受益人。人身保险合同本身就可以设置第二受益人，现在很多保险公司也都提供了设置第二投保人的服务。如果保险公司支持的话，大家在投保时，不妨设置一个第二投保人 / 第二受益人。这样一来，如果将来投保人 / 受益人出了什么意外，保单的投保人 / 受益人会自动变更为预先设置的第二投保人 / 第二受益人。这样不仅免去了日后进行变更的麻烦，也能避免保费断交、保单被继承分割、保险金变成被保险人的遗产等不利情况的发生。

其次，如果保险公司没有这种服务，或之前购买的保单没有设置第二投保人和第二受益人，应该怎么处理呢？受益人先去世的比较容易处理，由被保险人重新指定新的受益人即可。投保人先去世的话，如果被保险人是唯一法定继承人，及时将投保人变更为自己就可以了；如果被保险人不是投保人的唯一法定继承人，最好及时与其他法定继承人沟通、协商，由自己掌控这张保单，即成为保单新的投保人。

如案例中的程先生，首先他可以把受益人变更为自己的妻子或孩子；其次他应该及时与父亲协商，在征得父亲同意和配合的情况下，将保单的投保人变更为自己。

投保人或受益人先去世的风险及解决方案

情况	风险	解决方案
投保人先去世	保费断交	考虑投保人保费豁免功能 设置第二投保人 及时变更投保人
	继承分割	设置第二投保人 及时变更投保人
受益人先去世	身故保险金成为被保险人的遗产	设置第二投保人 及时变更受益人

某保险合同中有关保费豁免的条款:

意外伤害身故 豁免保险费	投保本合同时被保险人未年满 18 周岁且您未年满 55 周岁的,若您在本合同交费期间内发生意外伤害(见释义)事故,且自该次意外伤害事故发生之日起 180 日内因该次事故导致身故的,则我们自您被认定身故后的下一个保险费约定支付日起豁免剩余各期的本合同期交保险费,但不包含附加合同的保险费,已豁免的保险费视为已支付,本合同继续有效。 若本合同已豁免保险费,则我们不接受变更交费期间申请。

87 亲人意外去世，怎么查询他有哪些保险？

陶女士的父亲前段时间不幸遭遇车祸去世，处理完父亲的丧事后，陶女士忽然想起父亲生前和自己提过，他曾经买过一份商业保险，但是具体是在哪家公司买的、买的是什么保险，父亲没细说，陶女士当时也没细问。那么，陶女士应该如何查询父亲买的这份保险呢？

▶▶▶ **专业解析**

生活中，像陶女士遇到的这种情况虽不普遍，却也不算罕见，尤其是父母和子女不在一起生活的，会更多地遇到这种问题。面对这种情况，我们不得不遗憾地说，目前还没有特别高效便捷的方式可以查询已故亲人名下的所有保单。其实不只是保单，其他的金融资产，如银行存款，也会面临这种情况。

如果已故亲人是通过靠谱的保险顾问购买的保险，保险顾问得知亲人出事后，会主动联系亲人的家属，并协助理赔。但如果该保单无人服务，在当前的条件下，我们可以给大家提供三条查询思路：

第一，通过官方平台查询。如果去世的亲人生前使用过中国保险行业协会推出的"中国保险万事通"公众号或中国银保信推出的"金事通"App，家人也知道密码，可以通过登录其账户，查询到他本人名下的保单。

这是我们目前已知的最高效的查询方式。但是，这两个平台首次登录时，需要人脸验证，如果死者生前没有注册过这两个平台，这个办法就行不通了。并且，这两个平台目前尚不能检索到所有的保单信息。

第二，通过生活中的线索查找。在整理已故亲人的遗物时，或许能找到有关其所购保险的线索，最理想的当然是直接找到保险合同，如果找不到，我们就要充分发挥自己的"侦查"能力了。

我们可以先查看已故亲人的手机短信和电子邮箱。保险公司一般都会通过这两种方式联系投保人，并在节日期间为投保人发送节日祝福，如果已故亲人购买的是定期交费的保险，还会收到提醒交费的通知。如果无法查看已故亲人的手机短信和电子邮箱，或者已故亲人有随手清理的习惯导致找不到相关的信息，还可以通过查询银行的明细，联系已故亲人认识的保险顾问，留意家中带有保险公司 logo 的物品等方式来寻找线索。找到线索后，就可以致电保险公司做进一步的确认。

这种方式十分考验我们的"侦查"能力，但即便如此，我们还可能会有一些遗漏：有的保单并没有留下任何线索，或者线索被我们忽略了，我们可能永远不知道这份保单的存在了。要想百分之百地确定死者买了哪些保单，就只能用第三条思路：向多家保险公司逐个查询。

第三，向多家保险公司逐个查询。我们携带相关的身份证明文件以及亲人去世的证明，到保险公司的网点进行查询。全国有近百家人身保险公司，一家一家地排查，是一项庞大的工程，而且，不一定每家保险公司都会配合。

在此我们也建议大家，找个机会和亲人相互交流一下各自购买保单的情况，让彼此心里有个数。

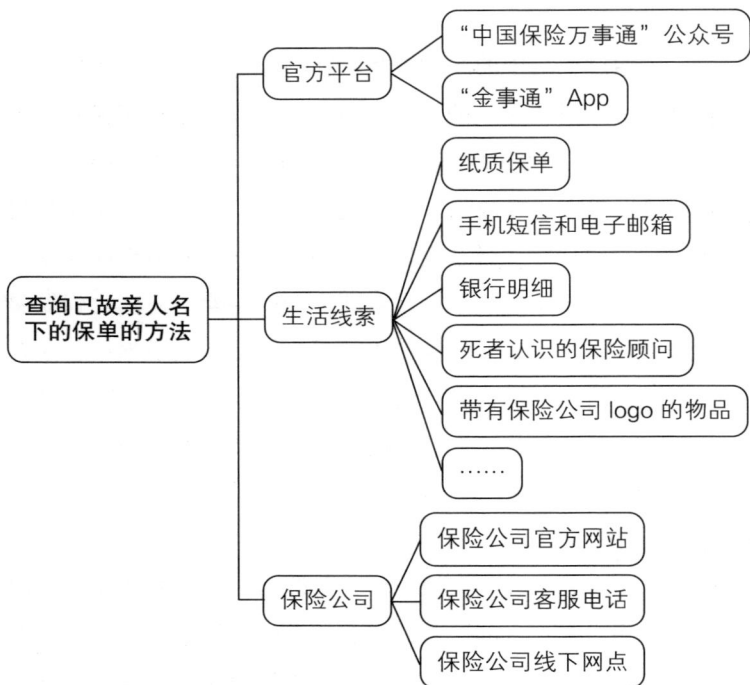

```
                                        ┌─────────────────────────┐
                           ┌─────────┐──│ "中国保险万事通"公众号  │
                           │ 官方平台 │  └─────────────────────────┘
                           └─────────┘──┌─────────────────────────┐
                                        │ "金事通" App            │
                                        └─────────────────────────┘
                                        ┌─────────────────────────┐
                                        │ 纸质保单                │
                                        └─────────────────────────┘
                                        ┌─────────────────────────┐
                                        │ 手机短信和电子邮箱      │
                                        └─────────────────────────┘
┌──────────────────┐                    ┌─────────────────────────┐
│ 查询已故亲人名   │──┌─────────┐───────│ 银行明细                │
│ 下的保单的方法   │  │ 生活线索 │       └─────────────────────────┘
└──────────────────┘  └─────────┘       ┌─────────────────────────┐
                                        │ 死者认识的保险顾问      │
                                        └─────────────────────────┘
                                        ┌─────────────────────────┐
                                        │ 带有保险公司 logo 的物品│
                                        └─────────────────────────┘
                                        ┌─────────────────────────┐
                                        │ ……                      │
                                        └─────────────────────────┘
                                        ┌─────────────────────────┐
                           ┌─────────┐──│ 保险公司官方网站        │
                           │ 保险公司 │  └─────────────────────────┘
                           └─────────┘──┌─────────────────────────┐
                                        │ 保险公司客服电话        │
                                        └─────────────────────────┘
                                        ┌─────────────────────────┐
                                        │ 保险公司线下网点        │
                                        └─────────────────────────┘
```

▶▶▶ 延伸阅读

亲人意外去世，保单难以查询的现状提醒我们：平时就要做好保单管理。

保单管理包括两个方面：一是利用保单检视，厘清家里保单的具体情况，我们在第 89 节会介绍。二是电子保单纸质化、纸质保单电子化。有时，保险公司没有提供纸质保险合同，这时我们最好把合同下载、打印出来，和其他纸质保险合同放在一起，集中管理，这样当我们需要查询或理赔时就很方便。有的保单只有纸质版，没有电子版，我们可以把纸质保单全部拍照，存在电脑或移动硬盘或云盘里，或者发送到家人的邮箱中。这些事做起来都不费劲，但等到真正有事时，我们会发现这些不费劲的举手之劳，将会带来很大的便利。

此外，现在有些保险公司还提供保单托管服务，有需要的消费者也可以尝试。

88 卖给我保险的营销员离职了，我该怎么办?

孩子出生后，杜女士就给孩子配置了一份少儿意外险，保险营销员是小区里的邻居。几个月后，孩子玩滑梯时摔伤了腿，杜女士就找保险营销员，想咨询理赔的注意事项，如该保留哪些单据，没想到这位保险营销员已经离职了。杜女士就郁闷了:"那我的保单该怎么办? 遇到问题我该问谁呢?"

▶▶▶ 专业解析

自保险代理人制度出现以来，保险营销员的流动率一直很高。根据我们的观察，以及与同行业内人士的交流，整个保险行业中，近几年保险营销员的流动率不低于 80%，也就是说留存率不足 20%。

保险营销员的留存率如此低，也是这个行业一直以来被客户诟病的原因之一，很多客户因此觉得"卖保险的都是骗子":让我买保险时说得天花乱坠，过几个月我要问个事儿，他居然离职了!

保险营销员干不长，整体流动性高，有着行业内在的结构性因素，虽然包括监管层面的银保监会以及整个保险行业都在致力于解决这个问题，但这并非一朝一夕就能见效。在短时期内，一定还会有不少客户遇到"买了保险之后，保险营销员离职"的情况。那么，面对这种情况，作为保险消费者，我们该如何看待、如何处理呢?

首先我们要知道，保险营销员离职，丝毫不会影响我们保单的效力。因为我们购买的保单，签约主体是保险公司，不是保险营销员。就像我们去 4S 店买汽车，一开始接待我们的是某个导购，已经签了约、交了钱，这个导购突然离职，这时候我们需要担心 4S 店不给我们交车吗？当然不会。买保险也是一样的道理。

理赔同样如此。只要我们整理好相关资料，按照保险公司的规定上传或邮寄，绝大多数情况下都能顺利理赔。即便遇到有争议的问题，我们也可以通过咨询保险公司的官方客服、拨打银保监会的投诉电话等方式维权。而且，随着近年来保险行业的竞争越发激烈，互联网渠道销售的保险越来越多，各大保险公司都在尽可能简化自助办理保险业务的流程，相信以后自助办理保险业务的流程会越来越简便。

当然，我们也要承认，如果没有一个专业的保险营销员给我们提供各种服务（如提醒交费、保单检视、保单变更、保障升级、协助理赔等），我们确实需要操更多的心。针对这种担心，很多保险公司在保险营销员离职后，会指派新的保险营销员为客户提供服务。如果保险公司没有主动这么做，我们完全可以要求保险公司指派一个新的保险营销员给我们。案例中的杜女士就是通过这种方式，让保险公司给自己指派了新的保险营销员，帮助自己顺利完成了这次理赔。

还有一种解决方式是：投保新的保单时，找到一个靠谱的保险营销员，要求新的保险营销员协助处理此前旧保单的各种问题。据我们所知，一般没有保险营销员会拒绝客户的这种要求。当然，正如我们在书中屡次强调的，在刚开始购买保险时就找一个靠谱的保险营销员，当然是最理想、最省事的了。

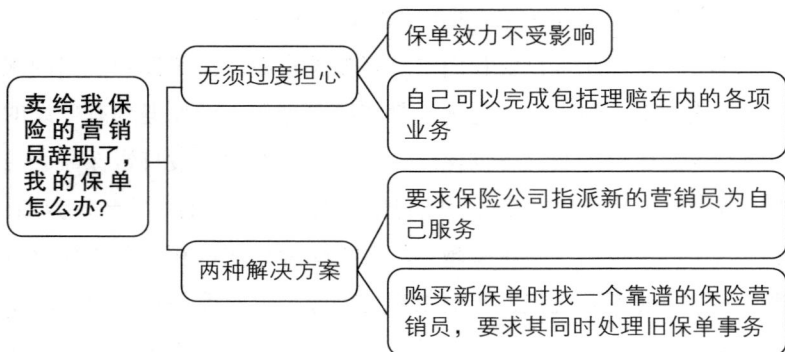

```
                              ┌──────────────────────────┐
                 ┌──────────┐ │ 保单效力不受影响           │
                 │ 无须过度  ├─┤                          │
                 │ 担心      │ └──────────────────────────┘
                 │          │ ┌──────────────────────────┐
┌─────────┐     └──────────┘ │ 自己可以完成包括理赔在内的各项 │
│ 卖给我保 │                  │ 业务                      │
│ 险的营销 │                  └──────────────────────────┘
│ 员辞职了，├──┐              ┌──────────────────────────┐
│ 我的保单 │   │ ┌──────────┐ │ 要求保险公司指派新的营销员为自 │
│ 怎么办? │   └─┤ 两种解决  ├─┤ 己服务                    │
└─────────┘     │ 方案      │ └──────────────────────────┘
                 └──────────┘ ┌──────────────────────────┐
                              │ 购买新保单时找一个靠谱的保险营 │
                              │ 销员，要求其同时处理旧保单事务 │
                              └──────────────────────────┘
```

▶▶▶ 延伸阅读

　　提升保险营销员专业技能，实现高素质人才的引进和留存，是这几年监管机构和各大保险公司共同努力的方向。从 2020 年开始，银保监会相继发布《保险代理人监管规定》《保险销售从业人员执业失信行为认定指引》《人身保险销售管理办法》《关于保险公司发展独立个人保险代理人有关事项的通知》等多项文件，加强对保险营销员的监管，引导保险机构加大对保险营销员的培养。各大保险公司也根据自己的情况，陆续推出各种人才培养项目，以期实现保险营销员的专业化转型，增员的重点也从"增进来"转变为"留得住、干得好"。我们相信，随着国内保险市场的愈加成熟、民众保险意识的逐渐普及，一定会出现一大批以保险营销为终身职业的专业的"保险顾问"和"保险企业家"。

89 怎么做保单检视？

杨太太问张太太："你们家那么有钱，应该买了不少保险吧，都买了什么？我最近也想买保险，你给我说说，我参考参考。"张太太想了一会儿说："我们家买的保险的确不少，但具体都买了哪些，我还真不是特别清楚。"

▶▶▶ 专业解析

保单检视，又叫保单体检，一般指的是专业的保险顾问对客户的保单进行系统的梳理、分析，结合客户的家庭情况，判断客户的保障是否全面，并给出调整建议的全过程。通俗来说，就是看看某个人或家庭都有哪些保险，哪些需要补上，哪些可以退保或不再续保。

虽然自 1992 年保险代理人制度引入中国以来，商业人身保险取得了长足的发展，但很多人对保险依旧存在着这样那样的误解，即便是已经购买了商业人身保险的消费者，有不少也像案例中的张太太一样，对所购保险知之甚少。这就会造成诸多误解：因为不了解保障范围，有的出了事明明能理赔却没有理赔，有的出了事不在保障范围内却要申请理赔，结果被拒赔；因为保额不够，拿到的保险金显得很"鸡肋"，不足以解决被保险人和受益人面临的经济困境；有的保险已经失效或终止却不知道，自己以为有保障，其实却在风险中"裸奔"……

通过做保单检视，我们可以对自己和家庭的保障情况有一个全面了解，避免前面说的诸多风险。一般来说，已经成家的人士尤其需要做保单检视，因为一个家庭往往有多份保单，各个家庭成员，有的是这份保单的投保人和被保险人，有的是那份保单的受益人，不梳理清楚，很容易搞混。单身人士如果拥有多份保单，建议也要进行保单检视。

那么，保单检视应该怎么做呢？其实很简单，只需要三步。无论是专业的保险顾问，还是保险消费者自己，按照这三步，都可以轻松实现保单检视。

第一步，梳理自己已有的保单；第二步，想想自己需要哪些保障；第三步，把已有的保单和自己需要的保障进行匹配，不足的补上，多余的去掉。下面我们来具体看看这三步。

第一步，梳理自己已有的保单。把已经拥有的所有保单都找出来，看看它们都保障什么（如保障范围、保额、保障期限等）。这是保单检视过程中最基础，也是最烦琐的一步。但这一步一定要做，而且一定要做扎实，否则后面的工作就没有意义了。

把所有的保单找出来之后，就需要以被保险人为中心，检查每一份保单，填写下面这个表格。

保单梳理示例

被保险人	产品名称	保额	保障期限	保险责任	投保人	受益人	交费期间	保费	交费日期
丈夫	××公司××定期寿险	100万元	2020.7.1—2040.6.30	身故/全残	妻子	女儿	10年	20 000元/年	××月××日
妻子									

这份表格做好之后，对于已经有的保单，我们就可以做到一目了然。接下来就要进行第二步：想想自己需要哪些保障。注意，这里的关键词是"需要"。对于保单检视的这一步，我们很难给出统一的模板了，因为每个家庭的情况各不相同，需求自然也各有差异。

我们可以通过问自己一些问题，来确定我们的需求。假如李四要做保单检视，他可以问自己这些问题：

假如我突然去世，要给家里留多少钱？（对应的是意外险、定期寿险和终身寿险）

假如我得了重病失去工作能力，需要多少钱才能给自己提供营养费，弥补自己的收入损失？（对应的是重疾险）

假如我生了病，希望享受到什么样的医疗条件？（对应的是医疗险）

假如我和妻子预计能活到 85 岁，退休后每个月需要多少钱养老，这些养老金从哪里来？（对应的是养老保险）

假如我去世了，身故后希望留给孩子多少钱？（对应的是终身寿险）

诸如此类的问题，可以多问一些，问细一些。问得越全面、越细致，我们的需求就越明确。

了解了现有保障，明确了现阶段的需求，就要进行第三步：把已有的保单和自己需要的保障进行匹配，不足的补上，多余的去掉。通过保单检视，很多人会发现自己要么保障不够全面（比如没有配置定期寿险或终身寿险），要么保额不够（比如重疾险保额不高）；也有人会发现自己不小心买了好几份医疗险，有的医疗险是隐藏在主险合同里的附加险，自己没有发现；还有人会发现，自己有的保险因为没有续保（如短期意外险），保障已经终止，需要及时续保。这时，我们就可以根据匹配的结果，结合自己的经济情况进行相应的操作了。

关于保单检视，我们最后想说两点：第一，保险合同的内容比较难读、难懂，有的信息找半天也找不到，有的保险合同对保障范围会有特殊约定，我们在做保单检视的第一步时，一定要有耐心。如果实在没有耐心，不妨找一个专业的保险顾问，让他来帮我们做这件事。第二，保单检视不是一劳永逸，做一次就保终身的。随着家庭情况、社会经济形势的变化，我们的需求也在相应地发生变化，因此有必要隔几年做一次保单检视（建议至少 5 年要做一次）。

第一步　梳理保单　　第二步　确定需求　　第三步　进行匹配

▶▶▶ **延伸阅读**

在做保单检视的同时，我们还可以顺手把另外两件事做了：一是梳理保费；二是做好保单管理。保单管理的内容我们在第 87 节已经说过了，这里主要讲梳理保费。

每年到什么时候应该交多少保费，很多人都不太清楚，只是往卡里存够钱，让保险公司直接划扣。这样的处理方式有两个缺陷：一是为了省事，在交费账户中多存钱，不利于资金的高效利用；二是没有提前准备好保费，突然想起要交费了，却没有流动资金，需要东拼西凑乃至断交保费。因此，在做保单检视时，把需要交的保费情况梳理清楚，就更容易做好规划。

Chapter

5

第五章

一

走出误区：
拨开人云亦云的"迷雾"

90 为什么很多人说"保险骗人"？

参加完新人培训，老张就满怀信心地约老李出来吃饭——他和老李有 20 多年的交情了，关系好得能穿一条裤子。当他说自己现在是保险代理人时，老张本以为，凭着俩人的关系，老李怎么也得帮自己一把。没想到，老李毫不留情地怼道："保险都是骗人的！你怎么干起这个来了？"老张愣了一下，反问："保险骗人？难道你被骗过？"老李回答："我没被骗过，但大家都这么说。"

▶▶▶ 专业解析

人身保险在发展的初期被污名化，各国皆然。在美国，19 世纪前期，人们认为人寿保险是对人生命本质的亵渎；在法国，直到 19 世纪后半期，依旧有很多人认为人寿保险是不道德的，甚至是非法的。在中国，人身保险也受到了诸多指控，其中流传最广、最根深蒂固的一个观念，就是"保险骗人"。

保险到底是不是骗人的，不必过多解释。如果它真是骗人的，国家根本就不会承认它。这里我们想探讨的是："保险骗人"这个说法是怎么出现，并被广为传播的？

个中原因当然很复杂，详细分析的话，足够写一篇博士论文。我们就重点说两个方面：一是保险行业自身的不足，二是客户及媒体有选择性的传播。

由于保险这种商品的特殊性（如合同条款复杂、无形商品、合同履行的滞后性及射幸性），在对保险没有深入了解的情况下，一般人很难建立起对保险的信任。因此，在人身保险发展的初期，保险营销员更多依赖"缘故"去销售保险，即以自己与亲戚朋友的关系为保险的可靠性做背书。

在行业发展的早期，不仅一般客户不了解保险，很多保险营销员自己对保险也一知半解。

这两个因素叠加，很容易造成这样一种情况：营销员甲向好朋友 A 推荐一款保险，因为不够专业、急于成交，甲在向 A 解释保障范围时，就许诺了合同中没有的内容，比如保本，比如只要生病就能赔付；A 出于对甲的信任，没有仔细看合同，就签字交钱了；后来 A 生病，找甲理赔，核保人员一看，A 的病不属于合同规定的保障范围，就拒赔了。这时，客户 A 就自然觉得"保险骗人"。

比如，20 世纪末、21 世纪初，某保险公司推出的投资连结保险（投连险），因为某些营销员或有意或无意地"放大收益，缩小风险"的销售行为，使得这种保险一度"横扫"整个保险行业。后来市场波动，投连险反而出现亏损，引起大规模的退保事件，加深了大众对保险的偏见。

大众产生"保险骗人"的认知，除了因为保险营销员不专业，还有两个因素也不容忽视。

早期，大众不了解保险代理人模式，不知道保险代理人卖保险可以拿佣金。很多人之所以买保险，就是为了帮一帮自己的亲戚或朋友。后来代理人的佣金制度向社会公开，原本那些因为帮朋友才买保险的客户，心里就不舒服了："我帮了你，你还从我身上赚钱？"于是，就产生了"朋友骗我，保险骗人"的想法。

此外，不得不承认的是，在佣金制度的激励下，少数保险代理人只知道"往钱看"，为了卖出保单，故意夸大保险的功能，诱导客户。这些人自己赚了快钱，却让整个行业背负"骗人"的骂名。

前面说了"保险骗人"这种观念是怎么出现的，接下来说说这种观念是怎么被大范围传播的。

中国有句古话："好事不出门，坏事传千里。"这句话用在"保险骗人"观念的传播上，最恰当不过。

购买了保险的客户，我们可以说，绝大部分都得到了正常理赔，只有极少部分才会被拒赔。被拒赔的和得到理赔的，分别是什么反应呢？

被拒赔的人，无论出于什么原因被拒赔，心里都会不爽。如果他之前购买保险时，被保险营销员误导过（无论是有意误导还是因为不专业而误导），很自然地就会认为"保险骗人"。而且，他会很乐于和别人说自己的经历，同时传递"保险骗人"的观念——和别人说的动机可能是多样的，比如怕身边的人也受骗，倾诉自己的不幸以获取安慰和同情，报复骗了自己的保险公司，心有不爽不吐不快，等等。对于这种事，人们一传十、十传百，"某人买保险被骗"的事就被大范围传播开来。

在这个过程中，新闻媒体起了推波助澜的作用。新闻媒体报道的一般是不常见的事，而且新闻从业者一般都有"帮助弱者"的理念，所以他们更乐于报道没有得到理赔的事件（得到理赔的太常见，不值得报道；相对于保险公司，保险消费者是弱者）。

身边人的口耳相传，再加上新闻媒体有选择性的报道，会让任何一个"保险拒赔"的事件被无限放大，形成舆论。

那么，那些获得理赔的人，难道就不会出来说句公道话吗？社会学家陈纯菁教授曾经针对保险市场做过田野调查，她发现，那些获得理赔的客户，普遍不愿意讲述自己和保险的故事。其中的原因也不难理解：要讲理赔，就要讲述自己过去的伤痛——这恰恰是很多人潜意识里要遗忘和回避的。

少部分被拒赔的客户有关"保险骗人"的观点被无限放大，得到理赔的客户虽然更多，却成了"沉默的大多数"。再加上中国人寿保险的发展时间不长，大规模的理赔高峰期还没有到来，许多人还没有真正享受到保险带来的好处。

"保险骗人"是一种偏见，是对保险行业的污名化，从世界各国保险行业的发展历程来看，保险终究是能被"正名"的。正处于这个"去污名化"过程中的我们，应该怎么做呢？从保险从业者的角度讲，应该提高专业素养，遵守职业道德，用自身的努力提升整个行业的形象；从保险消费者的角度讲，也要学习一些保险常识，免得被少数不良的保险营销员忽悠，让保险真正保障自己及家人的身体和财富安全。

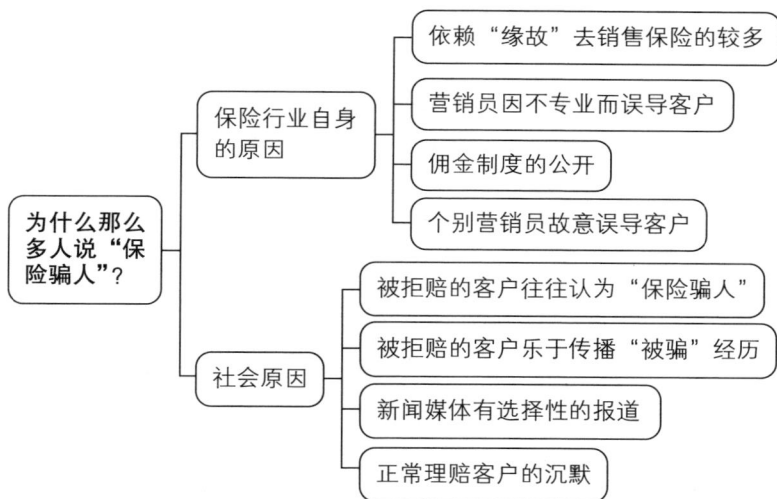

下面这段话体现了很多保险消费者的心理：

买保险的时候，我都不知道保险是什么东西。我相信那个卖保险的，因为她是我很好的朋友。我当时以为她给我推销保险是为我好……所以我就买了她给我推荐的保险……那时候，我还不知道她会把我保费里面的四成直接装入自己的腰包……老实说，我是很震惊的。怎么说呢……我不反对她通过卖保险来养家糊口，但从我身上赚钱就让我很受不了。①

---

① 陈纯菁. 生老病死的生意 [M]. 魏海涛，符隆文，译. 上海：华东师范大学出版社，2020: 180.

91 保险和传销有什么区别?

有一次在咖啡馆看书等人,无意中听到邻桌两位女士聊天。很明显,俩人认识很久了,其中一位女士刚进保险行业没多久,略显吃力却激情洋溢地给朋友介绍保险的功能。她那位朋友听了一会儿,半开玩笑地说:"感觉你像被洗脑了。"这句话的潜台词:你是不是加入传销组织了?

▶▶▶ 专业解析

不知道从什么时候开始,"保险"与"传销"在很多人的脑海中被画上了等号,"卖保险"就成了"搞传销"。我们知道,保险和传销肯定不是一回事,最明显且无可辩驳的区别就是:保险是合法的、国家鼓励的正当商业行为,传销则是国家明令禁止的非法行为。

既然区别如此显而易见,为什么还有那么多人把保险和传销混为一谈呢?这一节,我们就来探讨一下这个问题。

保险是什么,前面我们已经讲了很多。传销又是什么呢?根据《禁止传销条例》,传销是指"组织者或者经营者发展人员,通过对被发展人员以其直接或者间接发展的人员数量或者销售业绩为依据计算和给付报酬,或者要求被发展人员以交纳一定费用为条件取得加入资格等方式牟取非法利益,扰乱经济秩序,影响社会稳定的行为。"

保险和传销本就完全不同,要详尽罗列它们的不同,既不可能,也没必要。这里,我们主要从两个角度简单说说这个问题:第一个角度是保险公司会给人"洗脑"——这也是最容易被大众误解的一点;第二个角度是两者的本质区别。

很多人会发现，身边的朋友在进入保险行业成为保险代理人之后，一下子就变得很不一样。具体表现在：精神亢奋，好像每天都元气满满，充满斗志；热情洋溢，在各种场合都表现得积极、热情，对谁都是笑脸相迎；见人就谈保险，动不动就和你聊生老病死、安全保障……

一个人怎么会发生这么大的变化呢？很多人就觉得，这个人肯定是被保险公司"洗脑"了。而且看保险公司的各种制度，动不动就搞团队建设，设立各种奖项，晨会上喊口号……这些不都是在给保险代理人"洗脑"吗？

那么，什么是洗脑呢？在一篇名为《教育与洗脑》的文章中，陈嘉映提出，洗脑有两个关键要素，第一是只宣传一种观念，屏蔽其他不同信息，不让被洗脑者接触其他信息；第二是以暴力为后盾，如果被洗脑者试图接触其他信息、表达不同意见，通常会受到暴力镇压。

代理人进入保险公司，既能接触保险公司之外的其他信息，保险公司也不可能对代理人施加暴力。所以，说代理人被保险公司"洗脑"，完全不成立。

实际上，很多公司都会想尽办法让自己的销售人员像保险代理人一样：充满斗志，充满热情，随时随地都在推广公司的产品。只是其他公司做得不如保险公司成功而已。保险代理人之所以进入保险公司后变得"不一样"，只能说他们愿意接受保险公司的文化及其所提倡的行为方式，这完全是他们的自由选择，谈不上"洗脑"，更和传销沾不上边。

接着，我们来看看传销和保险的本质区别：传销组织卖的东西价值极低，甚至根本没有真正的产品。这也是传销与直销、微商的根本区别。传销组织也号称自己在销售产品，实际上他们的产品要么毫无价值，要么根本就没有实际产品，主要以"人头费"作为传销头目的牟利来源。

保险顾问销售的保险产品，却是实实在在的产品，它的诸多功能和价值，我们在本书前面的内容中已经讲了很多，这里不再重复。只是，由于保险合同是一种射幸合同，尤其是消费型保险，可能理赔，也可能没有保险事故无须理赔，所以很多买了消费型保险最后却没有理赔的人，就觉得保险是"骗人"的。我们只能说，这一点误解是由于大众对保险功能的认识不足导致的。

把保险误认为传销，毋庸置疑，是大众对保险行业的一个极大误解，是由于很多人对保险的不了解造成的。但之所以出现这种误解，保险行业自身也有一定的责任。比如，部分保险营销员的强行营销，销售保险产品时的过度宣传等，都会让人联想到"传销"二字。让保险不再引发人们关于"传销"的联想，需要所有保险行业从业者的共同努力。

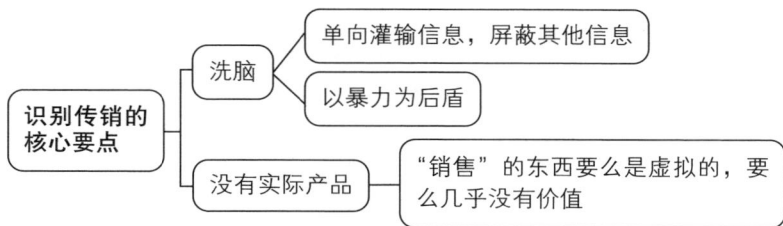

```
                    ┌── 单向灌输信息，屏蔽其他信息
          ┌── 洗脑 ─┤
          │         └── 以暴力为后盾
识别传销的 ┤
核心要点   │
          └── 没有实际产品 ── "销售"的东西要么是虚拟的，要
                              么几乎没有价值
```

▶▶▶ 延伸阅读

洗脑，也称"再教育"，是通过一种手段改变一个人或一群人的信仰或行为，多用于政治、宗教及商业领域。洗脑与宣传最大的不同之处在于，洗脑具有强制性、长期性和非对称性（阻止被游说者接触对立的消息）的特点。此词含贬义。喻义把人们脑袋里的记忆

清空，换入一些新的知识。最常见的有效洗脑为政治洗脑。洗脑的最大特性是要你承认之前的思想是错误的，必须改变。

另外，洗脑所使用的方法也可以按照洗脑的目的而大同小异。洗脑最容易发生在没有主见的未成年人身上以及受教育程度较低的人群身上，不过，受教育程度较高但缺乏主见的人也容易被洗脑。

92 保险是庞氏骗局吗?

近几年来,大量 P2P 网贷平台的"爆雷",让庞氏骗局再次进入人们的视线。所谓"城门失火,殃及池鱼",P2P 网贷平台的爆雷,让一些人产生了过度联想:保险不会也是一种庞氏骗局吧?

▶▶▶ 专业解析

庞氏骗局的类型有很多,比如前面讲的传销,其实也是庞氏骗局的一种。在第 91 节,我们着重从洗脑等角度剖析了保险与传销的区别,这一节,我们换个角度来看看,保险与庞氏骗局在本质上有着怎样的区别。

庞氏骗局,指的是通过用新投资人的钱向老投资人支付利息和短期回报,制造赚钱假象,从而骗取更多资金的行为。庞氏骗局的"庞氏",指的是查尔斯·庞兹,1919 年,他在美国波士顿展开了他的骗局,在一年左右的时间里,骗取了将近 4 万名投资者的约 1500 万美元。1920 年,庞兹破产,并被判刑。此后,"庞氏骗局"成为一个专有名词。

"庞氏骗局"这个名词虽然出现于 20 世纪上半叶,但这种行骗的方式却古已有之。中国人常说的"拆东墙补西墙""空手套白狼",描述的其实就是庞氏骗局。

为什么有的人会觉得保险是庞氏骗局呢?他们大都基于这样的思路:我只需要给保险公司交一小笔钱,保险公司将来就会给我一大笔钱,尤其像年金保险、终身寿险这样的保险产品,保险公司是百分之百要赔付的,有的杠杆率还很高,我交 10 万元,最后保险公司要赔付

100万元。这多出来的90万元，保险公司是从哪儿来的？肯定就是从新投保人交的保费里来的。这不就是用新交的保费，支付之前保单的保险金吗？如果有一天，新保费会不够支付老保单需要赔付的保险金，保险公司就会破产。所以，得此"保险就是庞氏骗局"的结论。

应该说，有这种想法的人，对庞氏骗局的敏感性，对金融诈骗的警惕性，还是值得赞赏的。他们的错误在于不了解保险，不明白保险赔付的钱是怎么来的，没搞清楚保险产品为什么可以有高杠杆。下面我们主要从三个角度来谈谈，为什么保险不是庞氏骗局：

第一，保险公司的利润来源是"三差益"，即死差益（事故差异）、费差异和利差益，其中占大头的是利差益。这一点我们在第9节已经详细介绍过。庞氏骗局支付给老投资者的钱，纯粹来自新投资者交的钱，老投资者的钱本身没有产生任何收益，或收益很低。保险公司不一样，保险公司收到投保人的保费后，会对保费进行投资理财以获得收益，时间越久，收益越多，并用这些收益来支付老保单的保险金。

第二，保险公司推出一个产品，保费多少、在什么条件下赔付保险金、保额是多少等，都是经过精算师的严格计算的，在第10节我们就聊过这个话题。庞氏骗局的实施者，在承诺给予投资人高额回报时，首先想到的是如何吸引投资人，而不是确保投资收益高于给投资人承诺的收益。保险公司在推出一个保险产品时，并不是盲目确定的，依据的是大量的信息和复杂的计算，其首先要考虑的，就是保证不会出现将来"赔不起"的情况。

第三，就算保险公司的精算出错了，实际获得的收益不足以赔付保单，保险消费者也不用太过担心。这是因为，国家还设置了一道道防火墙，通过责任准备金、保险资金的运用、偿付能力充足率核查等方式，尽可能保证保险公司不会出现经营危机。退一万步说，即便保险公司破产了，国家法律法规明确规定，保险消费者的利益依旧能得到最大限度的保护。有关这一点，我们在第 11 节已经说过了。然而，庞氏骗局就不同了，实施庞氏骗局的人，会被认定为"非法吸收公众存款罪""集资诈骗罪"，会受到国家的严厉打击，庞氏骗局的被骗者，也大都只能自认倒霉。

通过这几点，我们可以明确得出结论：保险和庞氏骗局完全不是一回事，所以不能混为一谈。

保险和庞氏骗局的区别

保险	庞氏骗局
赔付的保险金主要来自保险公司的收益	给老投资人的钱主要来自新投资人交的钱
有严格的产品设计机制，保证安全性	许诺的超高收益主要是为了吸引投资人
国家保护并支持	国家严厉打击

▶▶▶ 延伸阅读

庞氏骗局一般与非法集资形影不离。银保监会在 2020 年 8 月 7 日发布了《关于防范非法集资和金融诈骗的风险提示》，其中说道：

警惕高利诱惑。不法分子往往利用人的逐利心理，以许诺超高收益率，尤其是超高"静态""动态"收益为诱饵，通过虚构投资或理财项目、虚假宣传造势引诱客户参与，达到其非法集资目的。非法集资不可持续，犯罪分子通过欺骗手段聚集资金后，往往用于挥霍、浪费、转移或者非法占用，参与者很难收回资金。根据我国相关法律法规规定，非法集资不受法律保护，参与非法集资风险自担。消费者应当通过正规渠道购买金融产品，及时通过各银行保险机构网点公示的金融产品目录、利率、期限、收益率等指标，综合判断合理收益水平，对明显超出正常收益水平的金融产品务必提高警惕。

93 买保险和参与赌博有什么区别?

无意间听到这样一段对话:

"买这份意外险有什么好处?"

"您只需要交很少的保费,出了事,就能得到一大笔赔偿金。"

"是肯定能赔吗?"

"不一定,但只要发生了保险合同规定的意外,就肯定能赔。"

"那不就和赌博一样吗?上了赌桌,只要我赢了,坐庄的也肯定赔给我,关键是不一定能赢啊。"

▶▶▶ **专业解析**

保险和赌博表面上的确存在一些相似之处,尤其是一些消费型保险,如消费型的定期寿险。

从直观来看,两者的相似之处有两点:

第一,两种行为看上去都是"以小博大"。赌博的参与者,都是希望把小钱变大钱。带有杠杆功能的人身保险,最常被人描述的优点就是:现在花很少的钱,将来的赔偿金会是好几倍乃至十几倍。

第二,两者都具有偶然性。参加赌博,要么输,要么赢,除非出老千,否则没有谁能确定自己肯定会赢。保险合同是一种射幸合同,投保人买了保险,有可能出现保险事故得到高额赔付,也有可能什么事故都没出,什么都拿不到(严格来说也不是什么都拿不到,投保人投保后,会因为有所保障而安心,这也是一种收获)。

实际上,在人身保险出现的早期,的确有人把它当成赌博的工具。在 18 世纪的英格兰,保险与赌博结伴而行:"保单被公开地投之于所有公众人物的生命之上。当乔治二世在德廷根征战的时候，有 25% 的人认为他不会平安归来。在 1745 年，当王位觊觎者被击溃的时候，有关他是否被俘虏、死亡，甚至他的下落，都被投注了成千上万的英镑……"[①]

当然，经过几百年的发展，保险已经与赌博划清了界限。如今的保险，和赌博已经有了本质的区别。两者的区别有很多，比如，一个是合法的，一个是非法的；一个是为了转移风险，一个是为了投机，等等。

我们认为，赌博和保险最根本的区别在于：赌博的风险是投机风险，是人为创造出来的风险；保险所保的风险是纯粹风险，是客观存在的风险。

要想规避赌博带来的风险，很简单，不参与赌博就行了。但是，保险所保的那些风险，如生病、意外、死亡等，不是我们个体可以控制的，无论我们是否购买保险，这些风险都是客观存在的。

现实中，为了将两者严格区分开来，整个行业形成了很多规范。其中核心的有两条：第一，保险利益原则；第二，损失补偿原则。

保险利益原则，指的是投保人在购买保险时，必须对被保险人有保险利益，不是你想给谁投保就能给谁投保的。这在很大程度上避免了投保人将保险当成赌博工具。关于保险利益原则，我们在第 43 节有详细介绍。

损失补偿原则，指的是保险公司赔的钱，不能超过被保险人实际遭受的损失。这项原则的宗旨在于，明确了被保险人可以实现风险转移、经济保障，但不能通过保险牟利。财产保险和人身保险中

---

① 维维安娜·泽利泽. 道德与市场 [M]. 姚泽麟，译. 上海：华东师范大学出版社，2019: 108.

的补偿型人身险，如健康险、意外伤害险等，都遵循这一原则。

　　由于人的生命和健康无法用金钱衡量，所以人身保险中有很大一部分遵循给付性原则。为了规避人身保险的道德风险（为了牟利而投保），各国保险法都设置了很多限制性条款，如自杀不赔条款、故意伤害不赔条款等，以最大限度地保证保险是风险转移工具，而非赌博工具。

保险和赌博的主要区别

内容	保险	赌博
针对的风险不同	纯粹风险	投机风险
目的不同	获得保障，转移风险	获得投机收益
法律规定不同	受到法律保护	法律明令禁止

▶▶▶ 延伸阅读

　　保险合同的射幸性，指的是保险合同履行的结果，以可能发生也可能不发生的某个事故为基础。射幸，就是碰运气、赶机会的意思。在合同规定的保障期限内，要是发生了某个事故，被保险人或受益人就可以获得高于保费的赔付；要是没有发生，被保险人或受益人就得不到任何赔付。保险合同的射幸特点，来源于保险事故本身的偶然性。

　　在财产保险中，射幸特点表现得比较明显。大部分人身保险的给付是确定的（如终身寿险、年金保险），只是给付时间具有不确定性，所以这部分人身保险具有储蓄性，射幸特点相对较弱。

94 保险合同的条款又多又难懂，还不能改，是不是霸王条款？

鲁先生从小就是"学霸"，毕业于名校，对自己的学习能力极为自信。最近他要为家人配置保险，因信不过保险顾问，就决定自己研究保险合同。鲁先生下载并打印了几家保险公司的保险条款后，埋头研究起来。几天后，他有点崩溃：这些保险条款这么难读、难懂，保险公司是故意为难客户的吧？

▶▶▶ **专业解析**

购买保险的客户中，认真读过保险条款的恐怕只有少数。这固然与人的一种隐晦心理有关（不愿意看到疾病、伤害、死亡之类的字眼与自己产生关系），同时还因为保险条款固有的特点：内容又多又难懂，而且就算看了，即便自己有不同意见也没用，条款也改不了[①]。

保险公司为什么要把合同弄成这样呢？我们一点一点来看。

首先，合同的内容为什么那么多？这是因为，保险合同约定的是将来可能出现的状况，保险产品是一种无形商品，这就要求合同内容必须把各种可能出现的状况都考虑到、讲清楚，在合同中约定下来，以避免将来可能出现的理赔纠纷。既然要把方方面面的情况都写到，内容势必就很多。

---

① 实践中，有的保险合同内容可以通过附加条款或附加保单的形式进行修改，但附加的条款和保单也是保险公司给定的制式文件，可修改的幅度有限。

其次，为什么保险合同那么难懂？同样是为了避免将来出现理赔纠纷。从语言学的角度来说，一种语言所要表达的意思越精确，就离日常语言越远，换句话说，就越难懂。想一想医学术语、法律术语、哲学术语就不难明白了。合同本身就属于法律文本，比较难懂，而保险合同对内容精确性的要求更高，就不得不使用严格的术语，很多时候还要加上各种限定性的描述，这就使得保险合同的内容分外难懂。

最后，保险合同为什么改不了？保险合同是一种具有附和性的合同。附和合同又叫定式合同，即"由当事人的一方提出合同的主要内容，另一方只是做出取或舍的决定，一般没有商议变更的余地"[1]。通俗来讲就是，一方开出条件，另一方只有同意或拒绝的权利，而没有修改条件的权利。比如我们买机票，与航空公司签订的就是附和合同，你只能选择买或者不买，却不能让航空公司为了你改变航线。

保险合同的附和性，主要是由三个方面的原因导致的：

第一，保险合同要体现专业性。保险合同大量涉及专业内容，如风险的评估、伤残等级的确定、疾病状况的描述等，这些内容，一般人不懂，即便知道一些，也不太可能自己拟出一份符合规范的保险合同。换句话说，保险消费者没有能力自己出一份保险合同，合同就只能由保险公司的专业人士事先拟好。

第二，保险合同要体现公平性。同一份保险产品，保障的是具有相似风险的一群人，而不单单针对哪一个人。我们可以设想，假如保险合同可以随便改，每个消费者的议价能力是不一样的，势必导致有的人能争取到更好的条件，有的人不会讨价还价，只能吃亏

---

① 孙祁祥. 保险学 [M]. 7 版. 北京：北京大学出版社，2021: 46.

了。所以，为了保证公平，这就要求同一个保险产品给每个消费者出具的保险合同是统一的，不能随便更改。

第三，降低成本。一个保险产品肯定不会只卖给一个人，而是要卖给成千上万的人。如果每卖一份保险，保险公司或者销售人员都要和投保人反复地讨价还价，保险公司要付出的人员成本该有多高？尤其是保险合同的内容非常专业，一旦开启这个"讨价还价"的过程，周期就会非常长，耗费的人员成本将难以想象。人员成本的提高，很可能会导致运营成本的激增，最终这些成本又会体现在保费上。

保险合同具有这些特点，那万一保险公司成心使坏，在保险合同上做手脚，岂不是对消费者很不公平？为了充分保障消费者的权益，国家对保险合同有相应的要求。

首先，保险合同的内容，不是保险公司想怎么写就怎么写，每一份保险合同要想上市销售，都得先经过银保监会的审批。也就是说，监管机构会帮我们审查保险合同是不是合理，有没有故意坑害消费者的内容，从源头上扼杀保险公司在合同上使坏的可能。

其次，对于合同中的很多条款，尤其是保险公司的免责条款，保险公司有如实告知、提醒的义务，如果保险公司对这些内容没有提醒，或者没有证据证明自己提醒过，这份合同就不能生效。

最后，如果保险公司和客户就保险合同的内容发生分歧，根据《保险法》第三十条的规定，"人民法院或者仲裁机构应当作出有利于被保险人和受益人的解释"。

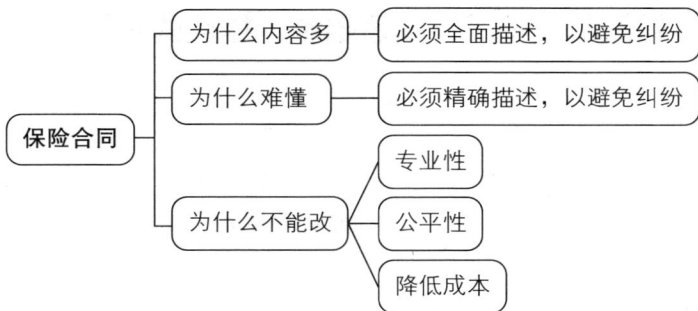

保险合同
- 为什么内容多 — 必须全面描述，以避免纠纷
- 为什么难懂 — 必须精确描述，以避免纠纷
- 为什么不能改 — 专业性 / 公平性 / 降低成本

▶▶▶ **延伸阅读**

保险合同的精确性、专业性要求，使得保险合同比较难懂，对此，《保险学》（第四版）也有"吐槽"，并给出了相关建议：

绝大多数投保人并不是专业人士，所以保险单的语言直白、简练、规范、准确非常重要，它能保证投保人正确地理解保险单所载明的内容。直白、准确的语言，不仅有利于保险单的销售，也有利于减少合同生效后的法律纠纷。

保险单作为合同文本，很多时候沿袭了法律语言中的习惯做法，过分追求严谨，造成用词晦涩。目前，国际上很多保险公司纷纷采取应对措施，推出直白语言保单（plain language policy）替代或补充传统保单。[①]

这种直白语言保单，在目前我们国家的保险行业中还比较少见。在这种情况下，保险销售人员的作用就分外重要：能否用通俗、直白的语言，把保险合同的内容"翻译"给客户，就成了保险销售人员专业能力的一个标志。

① 魏华林，林宝清. 保险学 [M]. 4 版. 北京：高等教育出版社，2017: 240.

95 买保险，投保容易理赔难，是真的吗？

其实，我们说保险理赔难，担忧的无非就是三个方面：第一，保险能不能赔；第二，保险能不能及时赔；第三，保险理赔的过程是不是特别麻烦。那么，就这三个方面来看，保险理赔真的很难吗？

▶▶▶ 专业解析

先看拒赔。在第 9 节我们说过，保险公司的利润来自三差益，尤其是利差益，即保险公司通过投资获得的收益。我们可以站在保险公司的角度想一想，如果我们是保险公司的经营者，怎么看待拒赔这件事。拒赔的话，会产生两个后果：第一，保险公司省下了本应赔付的钱，少赔付的就是"赚"的，但是，这个"赚"的钱，只占保险公司收益的很小一部分；第二，保险公司的口碑变差，大家都知道这家公司经常拒赔，不仅消费者不会再购买这家的保险产品，就连银保监会等监管机构也会对其进行关注、调查。这种风险大、收益小的事，保险公司不会干。

实际上，每家保险公司都希望自己的获赔率更高。获赔率高，意味着保险公司获得的服务评分就越高，[①] 公司也可以拿这项漂亮的数据做营销宣传。接下来，我们就看看实际的获赔率数据。《中国银行保险报》记者调查了近 80 家人身保险公司 2021 年的理赔报告

---

① 根据保监会发布的《保险公司服务评价管理办法（试行）》，人身保险公司服务评价定量指标中，理赔获赔率的分数占比为 15%。

（截至 2021 年年底，我国人身保险公司的数量一共才 90 多家），保险公司的获赔率几乎都在 98% 以上，大部分保险公司的获赔率超过 99%。拒赔的案件，大都是因为没有如实告知、不属于合同规定的承保范围等。[①] 只要我们买保险的时候做到了如实告知，并且根据合同规定申请理赔，被拒赔的概率就可以忽略不计了。

再来看理赔时效。出了事，我们当然希望能更快拿到钱，这样既感觉安心，又能及时获得经济补偿。理赔时效也是保险公司服务评价指标的重要组成部分。因此，保险公司也希望能快速地实现理赔，既然要赔付，拖拖拉拉好几天，既影响公司形象和评分，又占用公司的资源，干吗不早点赔付呢？

但是，我们需要说的是，理赔快不快，也不是保险公司自己能完全做主的。一般来说，理赔时效与案件复杂程度、理赔材料的完整程度、保险金额的大小有关。保险公司理赔，是需要对保险事故进行调查的，调查清楚了才能理赔，否则就是"滥赔"了，这不仅不符合最大诚信原则，对其他的投保人也不公平。一般来说，案情简单、材料齐全、保额较小的理赔，比如小的意外险、健康险，一般在当天乃至提交材料后几分钟后就能理赔，比如有的保险公司就曾做到过"4 秒钟到账"；像涉及重疾、身故、残疾等保险责任，金额较大的理赔，一般需要 10 天以上的周期。但就算再长，也不能超过 40 天，对此，《保险法》第二十三条有明确规定。

最后看理赔过程麻不麻烦。在第 75 节，我们介绍过保险理赔的一般流程。有的人觉得理赔麻烦，是因为在申请理赔时，保险公司需要提交各种材料，有的还需要补充材料。但是，我相信没有人遇

---

① 朱艳霞. 透视人身险公司理赔年报，重疾险保额缺口较大 [N]. 中国银行保险报，2022–02–22.

到过保险公司在同一理赔案件中，这次说要这个材料，下次又提出要另一个材料，因为《保险法》第二十二条明确规定了，保险公司认为材料不完整，需要投保人、被保险人或受益人提供补充的，必须"一次性通知"。

理赔过程麻不麻烦，事实上更多地取决于报案人提供的材料是否齐全、合规。只要提交的理赔材料没问题，可以肯定地说，理赔过程一点都不麻烦。此外，报案是否及时，也会影响理赔时效。如果报案不及时，保险公司可能就需要更长时间进行核赔。

事实上，为了提高理赔时效，保险公司也在不断努力，不断创新，比如线上理赔的改进、医疗险的理赔直付等。

那么，为什么"投保容易理赔难"这句话还会广为流传呢？我们觉得有两个原因：一个原因是部分保险营销员不够专业，在客户投保时，没有详细介绍保险的保障内容，乃至存在虚假宣传、夸大保障内容的行为，客户原本以为能赔付，结果却被拒赔，自然会产生"投保容易理赔难"的感觉。另一个原因是客户方面的，比如投保时没有做到如实告知，对自己所购保险的保障内容不清楚，没有及时保留相关的理赔材料，等等。

"保险理赔难"虽属于个别现象，却是一种相对普遍的印象。要消除它，需要保险消费者和保险从业者共同努力。作为保险消费者，我们要想理赔时不难，就需要在投保时做到如实告知，了解一些保险常识和自己保险合同的关键信息，在出现保险事故时有保留理赔材料的意识。作为保险从业者，则应该规范销售行为，普及保险知识，尽心尽力地为客户提供服务。

最后我们再说一下"投保容易"。在很多人的印象中，投保是件很容易的事，掏钱就行。但是，在亚健康状态普遍存在、老龄化程度逐渐提高、保险公司的运作越来越规范的现在，投保也不一定是件很容易的事。我们觉得，保险消费者面临的更大风险其实不是遭到拒赔，而是遭到拒保。

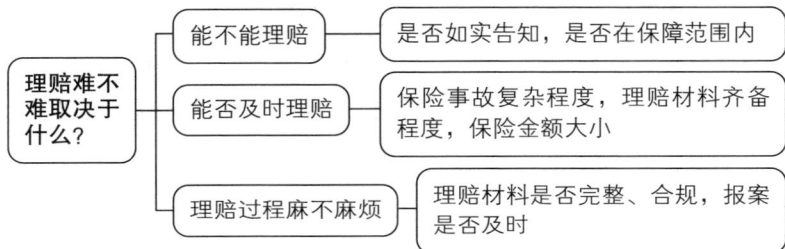

理赔难不难取决于什么？
- 能不能理赔 → 是否如实告知，是否在保障范围内
- 能否及时理赔 → 保险事故复杂程度，理赔材料齐备程度，保险金额大小
- 理赔过程麻不麻烦 → 理赔材料是否完整、合规，报案是否及时

▶▶▶ 延伸阅读

《保险法》

第二十二条　保险事故发生后，按照保险合同请求保险人赔偿或者给付保险金时，投保人、被保险人或者受益人应当向保险人提供其所能提供的与确认保险事故的性质、原因、损失程度等有关的证明和资料。

保险人按照合同的约定，认为有关的证明和资料不完整的，应当及时一次性通知投保人、被保险人或者受益人补充提供。

第二十三条　保险人收到被保险人或者受益人的赔偿或者给付保险金的请求后，应当及时作出核定；情形复杂的，应当在三十日内作出核定，但合同另有约定的除外。保险人应当将核定结果通知被保险人或者受益人；对属于保险责任的，在与被保险人或者受益人达成赔偿或者给付保险金的协议后十日内，履行赔偿或者给付保险金义务。保险合同对赔偿或者给付保险金的期限有约定的，保险人应当按照约定履行赔偿或者给付保险金义务。

96 保险营销员专门"杀熟",是这样的吗?

行业中一般把保险销售的方式分为五类:缘故、陌生拜访、转介绍、随缘、网络拓客。所谓缘故,就是从自己既有的熟人圈子中寻找客户,推销保单。这就是很多人觉得保险营销员喜欢"杀熟"的原因。

▶▶▶ 专业解析

很多新入行的保险营销员,职业生涯的第一步就是从"缘故"开始的,也就是向自己的亲戚、朋友、前同事、老乡、同学等推销保险产品。保险公司往往也鼓励这种行为,并手把手地教导新人如何开发自己的缘故客户。

这是因为,保险作为一种未觅求商品(消费者目前尚未知道或已经知道但仍未产生兴趣购买的商品)、无形的服务性商品、价值兑现滞后性商品,实现销售的一个重要前提,就是客户对保险营销员的信任,没有这个信任基础,成交难度就很大。再加上新人在销售技巧方面还不够成熟,向有信任基础的熟人推荐保险,成交概率会更高。

其实,不只是保险营销员如此,其他行业的销售人员,也都倾向于从熟人开始开启自己的职业生涯。最典型的可能就是微商群体了,他们瞄准的都是朋友圈内的熟人。如果说向熟人推销商品就是"杀熟",那么它是几乎所有行业的销售员都会采取的策略,不应该由保险营销员独担"杀熟"之名。事实上,有的保险营销员反而会刻意规避熟人,他们觉得不好意思向熟人推销保险产品,开不了口。

大家之所以对保险营销员"杀熟"的印象特别根深蒂固，我们以为有两方面原因：一方面是由于保险公司对代理人的激励制度特别有效，保险营销员急于成交，在向熟人推销保险时显得过于强势，三句话不离保险，让人觉得厌烦；另一方面是由于保险营销员的流动性特别高，新人进来之后，往往干不了几个月就离职，之前他签下的熟人保单，就成了"孤儿保单"，那些熟人当然会觉得"被杀熟"了。

说到这里，其实我们需要梳理一下"杀熟"这个概念：什么是杀熟？《现代汉语词典》（第 7 版）给它的定义是："做生意时，利用熟人对自己的信任，采取不正当手段赚取其钱财，也泛指为了私利损害熟人的利益。"这个定义告诉我们，并不是所有向熟人推销产品的行为都是杀熟。

保险营销员向熟人推销保单，分为两种情况：一种情况是只想着自己能卖出保单、赚取佣金，也不管对方是否需要、是否适合，这就是"杀熟"；另一种情况是根据对方的情况提供保单配置建议，通过购买保险让对方拥有更多的保障，而不是只盯着自己的利益，这种行为，就不能称为"杀熟"了。

我们经常听到这样的事：某人碍于朋友的面子，从朋友那里买了一份保险，没过多久，出险了，顺利拿到保险金，因此对这个朋友（保险营销员）感恩戴德。这种情况，还能说保险营销员是在"杀熟"吗？明明就是"帮熟""救熟"。

作为保险消费者，对于亲朋好友中的保险营销员，既无须畏之如虎、退避三舍，也不用纯粹为了交情购买保单。是否购买保单，唯一的考量因素，应该是自己需不需要。我们建议，如果对方用人情绑架你，对你说"你不在我这儿买保险，我们就不是哥们"，那这样的哥们不要也罢。

对于保险营销员来说，应该清晰地认识到，熟人只是帮我们节省了信任成本、增加了信任基础。这样的信任，不能滥用，也不容辜负。我们只有用自己的专业，用自己周到的服务来回馈这份信任，才能在这个行业做得更好，做得更久。我们从来没听说过哪个保险营销员仅仅依靠缘故客户就能做得非常好。专业，才是核心竞争力。

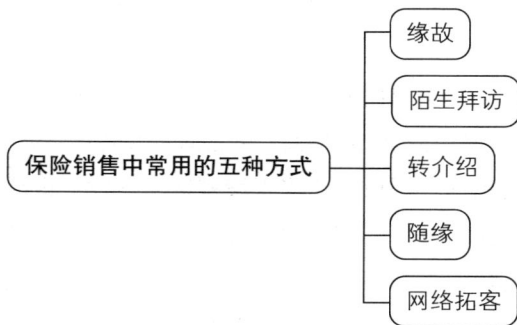

```
                                    ┌─── 缘故
                                    │
                                    ├─── 陌生拜访
                                    │
         保险销售中常用的五种方式 ────┼─── 转介绍
                                    │
                                    ├─── 随缘
                                    │
                                    └─── 网络拓客
```

▶▶▶ **延伸阅读**

中国保险市场的逐渐成熟，对保险营销员提出了越来越高的要求。在《保险精准营销》这本书中，作者提出的"服务原则"和"保险后置原则"，可能比传统的保险销售技巧更为重要：

在跟客户沟通的过程中，我会时刻牢记两大原则：服务原则、保险后置原则。

所谓的"服务原则"，就是在跟高净值客户沟通的时候，请忘记自己是做"销售"的，而要时刻提醒自己是做"服务"的。一定要体现服务，而且是有专业水准的服务。只有专业的服务才能赢得高净值客户的认可。

所谓的"保险后置原则"，实际上强调的也是沟通顺序。我们要知道，我们最想卖的东西，往往是客户最不关心的东西。如果你跟客户刚见面没谈几句就抛出保险方案，客户会觉得你太功利。在销售实践中，我与客户沟通的时长一般是 2 小时，我会用至少 1 小时的时间跟客户沟通与保险无关的东西，先聊企业资产存在的风险及解决方案，再聊不动产存在的风险及解决方案，最后才切入金融资产及保险话题。[①]

————————

① 沃晟学苑. 保险精准营销 [M]. 北京：电子工业出版社，2022: 129.

97 保险顾问的佣金为什么那么高?

　　许女士与保险顾问陶女士是闺密,最近许女士从陶女士那里买了一份年金保险,交费期 10 年,年交保费 1 万元。交了保费之后,许女士知道闺密陶女士从这张保单中拿到了 30%,也就是 3000 元的佣金,心里很不是滋味,终于有一次忍不住酸溜溜地对陶女士说了句:"你们卖保险的,佣金还真是高啊!"

▶▶▶ 专业解析

　　目前国内的人身保险市场上,保险顾问销售一份保险,大都能拿到首年保费的 20%~50% 作为自己的佣金。在有的地方,这个比例可能更高,比如我国香港地区,很多保险顾问能拿到首年保费的 100% 作为自己的佣金。

　　有人就觉得,保险顾问凭什么拿这么高的佣金?他们不就是给客户讲讲保单内容、送送保单吗?那么我们先来聊一聊,保险顾问该不该拿佣金?

　　如果你碰上一个法律问题,找一位律师咨询,律师向你收咨询费,你觉得是否应该呢?绝大多数人都会觉得,为此付费是应该的。一来人家给你提供了专业服务,帮你解答了问题,二来人家就是靠这个生活的,不给钱,难道你让人家喝西北风?对于律师我们会这么看,对于医生、老师、咨询顾问等,我们也会这么看。

　　同理,对于保险顾问,我们也应该这么看。一个称职的保险顾问,在刚开始的保单配置阶段,就会根据投保人的情况给出专业的建议,到后面的保单保全变更、理赔等环节,都会提供持续的服务。

在这个过程中，他们付出了时间，体现了自己的专业价值，当然有权利也应该获得相应的报酬。而目前的保险市场上，普遍实行的是代理销售制度，保险顾问没有底薪，或只有责任底薪，收入完全来自销售佣金。

不少人对保险顾问拿佣金有意见，主要是因为他们碰到的保险营销员没有给他们提供专业的服务，往往卖了几张保单就很快离职了。随着保险营销进入专业化的时代，我们相信这样的情况会越来越少。同时，我们也建议大家在选择保险顾问时，要对其进行一定的考察。关于怎么选择靠谱的保险顾问，我们在第 58 节已经说过，大家可以参看。

可能有的人会说："我同意保险顾问拿佣金，可是，他们拿的佣金也太高了吧？"保险顾问拿的佣金真的很高吗？我们觉得这恐怕是一种误解。

不同公司、不同保险产品、不同交费方式以及保费的多少，都会影响保险顾问的佣金比例。一般而言，趸交的保单佣金会低一些，大都不到 5%；期交的保单，首年佣金会比较高，一般在 20%~50%，之后每年递减，一般能拿 3 年，多的能拿 5 年。你觉得保险顾问的佣金高，实际上只是期交保单的首年佣金比例比较高，如果把保险顾问拿到的佣金与投保人交的总保费放在一起对比，你就会发现这个比例并不高，大概不到 10%。

总的来说，保险顾问能拿到的佣金，实际上不到投保人所交保费的 10%。这个比例算高吗？我们可以做个对比。我们自己在线上分销一个商品，比如通过微信朋友圈或抖音进行分销，厂家直接发货并提供后续服务，我们只需要挂上一个链接或二维码，无须做其他任何工作，能拿到的提成是多少？大都在 10% 以上，实际上如果低于 10%，很可能我们就没有动力了。

保险顾问为我们提供专业的、持续整个保单周期的服务，只获得不到总保费 10% 的佣金提成，算很高吗?

我们知道，即便了解了这一切，还是有人会像案例中的许女士一样，对保险顾问拿佣金这事感觉不舒服。这种不舒服的感觉，不是来自理性分析，更多的是出于一种感性认知：你既然是我的朋友，就不该从我身上赚钱。而由于保险销售的特殊性，大多数保险顾问与客户都是朋友或亲属关系。

对于这种感觉，我们只想说两点：第一，保险顾问不是从客户身上赚钱，而是从保险公司那里拿钱，拿多拿少都是保险公司定的，和我们投保人无关；第二，找设计师朋友做张图，找外语好的朋友翻译一段话，找文笔好的朋友写段文案……这种事偶一为之还可以，长期这么干就不合适了。保险顾问是给我们提供长期服务的，作为朋友，我们更应该尊重他们的服务，看到他们的价值。另外，从保险顾问的角度来说，努力提高自己的专业技能，提升自己服务的质量，是消除朋友兼客户的这种不舒服感的最好办法。

某增额终身寿险产品代理人销售佣金比例

保单年度	交费期限					
	趸交	3年交	6年交	12年交	18年交	25年交
1	2.0%	8.0%	20.0%	30.0%	35.0%	40.0%
2		3.0%	3.0%	3.0%	6.0%	12.0%
3		2.0%	3.0%	3.0%	5.0%	5.0%
4			2.0%	3.0%	2.0%	2.0%
5			2.0%	2.0%	2.0%	2.0%

《保险法》明确了保险顾问收取佣金的正当权利：

第一百一十七条　保险代理人是根据保险人的委托，向保险人收取佣金，并在保险人授权的范围内代为办理保险业务的机构或者个人。

第一百一十八条　保险经纪人是基于投保人的利益，为投保人与保险人订立保险合同提供中介服务，并依法收取佣金的机构。

98 保险跑不赢通货膨胀，为什么还要买?

　　高女士今年 38 岁，也不准备结婚要孩子。她的朋友就建议她配置一份养老年金险，可以为自己提供一些补充养老金。高女士算了算，总觉得保险合同上约定的确定利率太低，"跑不赢通胀"，几番犹豫，终究还是没有买。

▶▶▶ **专业解析**

　　20 世纪八九十年代流行过"万元户"这个名词，指的是那些家里的储蓄超过 1 万元的家庭，这些家庭就是那个时代的"高净值家庭"。当下，高净值家庭的标准已经提升到了"家庭可投资资产在 1000 万元人民币及以上"[①]，很多家庭的储蓄远远超过 1 万元。这主要是因为这些年经济飞速发展，人民更加富裕，也有一部分是因为通货膨胀，钱变得越来越"不值钱"了。

　　为了刺激经济发展、促进就业，目前世界上大多数经济体都在推行通货膨胀的货币政策。而随着我国经济发展进入"新常态"，高储蓄率的时代也将一去不返，低储蓄率的时代已经到来。在此背景下，如何实现财富的增值，让财富不因通货膨胀而缩水，就成为当代人必须面对的理财课题。

　　让我们感到奇怪的是，在诸多的金融工具中，人们格外关注保险能不能跑赢通胀，仿佛只要跑不赢通胀，保险就没有了价值。可是据我们所知，银行存款也跑不赢通胀，却没有人抱怨；投资股票、

---

① 也有机构认为高净值家庭的可投资资产门槛为 600 万元人民币。

基金的散户，不仅跑不赢通胀，很多还以亏损或被彻底套牢而收场，人们却乐此不疲。

所以，当我们说"保险跑不赢通货膨胀，所以买保险划不来"的时候，同时要想一想：这些钱如果不买保险，你有什么办法可以让它跑赢通货膨胀？在目前的经济形势和投资环境下，恐怕没有几个人敢夸这个海口。

此外，我们还要明白：保险的核心功能不是跑赢通胀，而是风险转移，是获得确定的现金流。当风险发生时，保险可以弥补一部分经济损失，比如重疾险；当确定的事件来临时（如到了 60 周岁），保险可以给我们提供一笔确定的现金流，比如养老年金险。在家庭的资产配置中，既要有"进攻型资产"，主要用来实现财富的增值，如股票、基金等；也要有"防守型资产"，主要是为了在风险发生时，守住我们的财务安全底线。保险就是典型的防守型资产，我们应该更多关注它的保障功能，而非能不能跑赢通胀。

话说回来，即便是从财富保值增值的角度看，保险也是有可能跑赢通胀的。最典型的就是还在交费期间就出现保险事故，保险公司给付保险金后，保险合同终止，剩下的保费不用交了。这种情况下，算一算已经支付的保费和到手的保险金，我们会发现，保险跑赢的何止是通胀？还有一种情况就是终身年金保险。这种保险的特点是活得越久，拿到的保险金就越多。所以，就这类年金保险来说，能不能跑赢通胀，要看被保险人活得是不是足够久。哪怕是纯粹从投资理财的角度来看，一些复利增值的理财类保险产品，比如增额终身寿险，只要持有的时间足够长，完全可以跑赢通胀。

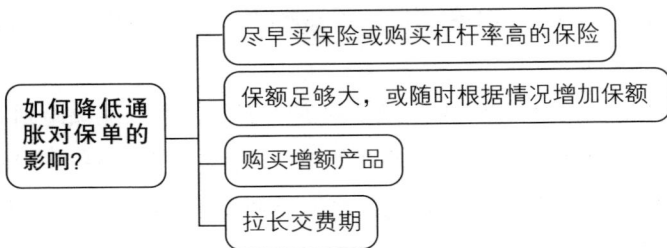

如何降低通
胀对保单的
影响？
- 尽早买保险或购买杠杆率高的保险
- 保额足够大，或随时根据情况增加保额
- 购买增额产品
- 拉长交费期

▶▶▶ 延伸阅读

通货膨胀是指物价的持续增长。这里的"物价"指的不是某种商品的价格，而是一般的物价总水平。通货膨胀的概念有两个关键点：第一，它指的是总的物价水平；第二，是持续的增长，不是暂时的增长。

衡量通货膨胀的指标有很多，其中一个常见的叫"消费者物价指数"（Consumer Price Index，CPI）。在美国，这个指数是每个月由劳动统计局（U.S. Bureau of Labor Statistics）公布的。[1]

---

[1] 薛兆丰. 薛兆丰经济学讲义 [M]. 北京：中信出版社，2018: 453.

99 如果没出事，我交的保费不就打水漂了吗?

　　周先生之前购买了一份百万医疗险，一年下来，无病无灾，他也差点忘了自己曾买过这份保险。前几天，保险顾问提醒周先生续保交费，周先生说："去年我买的保险都没用上，交的钱都打水漂了。今年就算了吧，我可不想再花这个冤枉钱。"不少人和周先生有同样的想法，觉得要是没出事，买保险的钱就白白"便宜"了保险公司。这种想法对不对呢?

▶▶▶ **专业解析**

　　所谓"保费打水漂了"，指的是最后没有从保险公司那里拿到钱。我们先来看看，究竟哪些保险有可能"打水漂"。

　　如果合同约定的保险事故肯定会发生，也就意味着保险公司肯定会理赔，这样的保险就不存在"打水漂"的可能。最典型的就是终身寿险，只要是人，都会有走向死亡的一天，所以这张保单只要不失效，就肯定能得到理赔。

　　返还型的保险，保险期间如果没有发生保险事故，保险期满后，保险公司会按照合同的约定，给被保险人一笔满期保险金。被保险人能见到"回头钱"，也不能说是"打水漂"了。返还型的定期重疾险就是这类保险产品。

　　还有一种保险，存在"打水漂"的可能，但这种可能性比较低。比如终身重疾险，从概率上来说，一个正常人罹患重疾的概率是很高的，年龄越大，概率越高。这类保险产品，也大概率不会"打水漂"。

最容易出现"打水漂"情况的，就是消费型的定期或短期保险产品，如定期寿险，以及案例中说的一年期百万医疗险。

保险公司明明知道客户见不到"回头钱"会心里不爽，为什么还要设计这种"打水漂"型的保险呢？因为这类保险的保费便宜，杠杆率高，实际上最能体现保险风险转移的特性。

那么，购买了这类保险，要是没有发生保险事故，真的像案例中的周先生说的那样，保费就"打水漂"了吗？我们可以从这几个角度来看这个问题：

第一，"不怕一万，就怕万一"，保险防的就是"万一"。有一个差不多已经被保险从业者说滥的例子，但确实很经典：我们在家里和办公室放一个灭火器，绝大多数情况下，这些灭火器都没有使用过就失效了，我们会说这些灭火器没用吗？车上的安全气囊，绝大部分等到车子报废，也没有机会触发，我们能说这些安全气囊没用吗？保险就是我们生活中的"灭火器"和"安全气囊"，没出事的时候好像一点用都没有，真到出事了，却能发挥决定性的作用。如果你能确定自己百分之百不会患病或发生意外，的确没有必要购买医疗险和意外险，但谁又能这么确定呢？

第二，如果没有保险，我们是不是得准备一笔应急的钱，以防生病或出现意外时急用？这笔钱的数额还不能太小，因为太小没有意义，肯定会大大多于我们购买保险所需的花费（注意，可能"打水漂"的保险都是消费型的，杠杆率都很高）。如果我们选择购买保险，这笔钱的一大部分就可以用在别的地方，比如投资理财以获得更高的回报，而可能发生的风险则转嫁给保险公司。这种保险加投资的理财方式，与存一笔应急资金相比较，哪种更划算呢？

第三，我们花钱出去旅游，回来之后肯定不会说用在旅游上的钱"打水漂"了，因为旅游让我们开阔了视野、放松了心情，这种收获虽然是看不见、摸不着的，但是我们能实实在在地感觉到。拥有了保险，我们可以更踏实地生活和工作，因为我们的身体和生命有了一份更可靠的保障，这种内心的宁静，不也是一种收获吗？

第四，我们所交的保费，虽然没有用在我们身上，但总会有人出险，这笔保费的大部分，实际上是用在了那些出险的被保险人身上。将来万一我们自己出险，保险公司赔付的保险金，同样来自那些没有出险的人所交的保费。这就是保险"人人为我，我为人人"制度设计的初衷。所以，从这个角度来说，保险给那些身处困境的人提供帮助，是一种慈善行为。我们没有出险的人，不就相当于在做慈善吗？

保障可能会出现的风险，实现更科学的投资理财组合，获得内心的宁静，为遭遇不幸的人提供一份帮助，从任何一个角度来看，我们所交的保费都不是"打水漂"了。更何况，就市面上大部分的保险品种而言，我们（或被保险人、受益人）最终是能够获得保险金的。

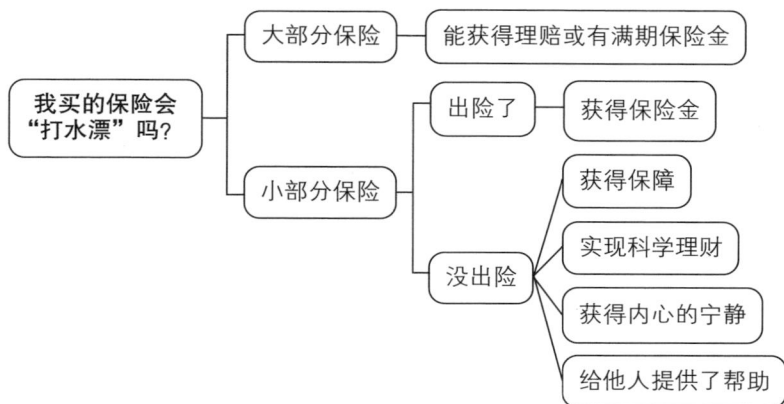

这个小故事很多人都听说过。有一位老太太，她有两个女儿，大女儿卖伞，小女儿卖鞋。老太太每天愁眉不展，因为要是下雨，她就担心小女儿的鞋卖不出去；要是晴天，她就担心大女儿的伞卖不出去。后来有个人告诉她：其实你应该每天高高兴兴才是，因为要是下雨，大女儿的伞就会卖得很好；要是晴天，小女儿的鞋就会卖得很好。老太太一听，的确如此啊，从此后每天都笑呵呵的。

对待消费型保险，很多人就像这个愁眉不展的老太太：没出险，觉得钱白交了；出险了，又觉得自己运气不好。这些人也应该换一换思路：出险了，能拿到保险公司赔付的钱，挺好；没出险，说明自己健康平安，更好。

100 客户感觉买保险不吉利，该怎么办?

赵先生从保险顾问方女士那儿买了好几份保险，但都是像年金保险、增额终身寿险等这类偏重投资理财功能的保险产品。方女士好几次给赵先生推荐重疾险等保障型的保险，赵先生总是拒绝，也不说是什么原因。最近一次，赵先生终于说出了自己的顾虑："也没什么别的原因，就是觉得这些保险和生病、死亡什么的连在一起，不吉利。"有赵先生这样想法的人，虽然现在已经不多了，但依然存在。面对这种状况，保险顾问应该怎么办呢?

▶▶▶ **专业解析**

有些事情，从表面上看挺神秘，似乎无解；如果绕到它的背后，或许就能"别开生面"。就像有的人感觉"买保险不吉利"，面对这种本就没有道理可讲的非理性印象，我们可以尝试先回答一个问题：为什么会有这种感觉?

在《艺术的故事》(*The Story of Art*)这本书中，作者贡布里希为了让我们理解原始民族对待图画的心理，举了这么一个例子："假设我们从今天的报纸上得到一张自己心爱的夺标者的照片，我们愿意拿一根针戳去他的眼睛吗? 我们能像在报纸上别的地方戳个窟窿一样无动于衷吗? 我看不会。无论我那清醒的头脑是怎样明了我对照片的所作所为无伤于我的朋友或英雄人物，我还是对损坏照片隐然感到心有抵触。"①

贡布里希描述的这种状况，是不是和"买保险不吉利"的心理十分相似？损坏照片，会让我们感觉好像伤到了照片中的人；买有关重疾、死亡的保险，会让我们感觉重疾、死亡向我们靠近了。贡布里希没有解释这种感觉产生的原因，人类学家列维－布留尔在其《土著如何思考》（How Natives Think）一书中，把这种思维方式命名为"互渗律"，这种思维方式会在事物与人的心灵之间建立一种神秘的联系，而无视事物与现象之间的客观因果关系。比如，在木偶上写某人的名字，然后用针扎、火烧的方式诅咒对方，就是在这种思维支配下的典型行为。

感觉买保险不吉利，就是在"互渗律"支配下的原始思维方式产生的结果。实际上，用科学、理性的思维看待保险，探究事物之间的客观联系，我们会发现，买保险不仅不会不吉利，还会让人更长寿。

史蒂芬·列维特和史蒂芬·都伯纳在其著作《魔鬼经济学 2》（Super Freakonomics）中有这样的表述："你可以去买一份养老保险——确保你退休后每年可以领取固定数额的收入，直到你去世。调查结果表明，购买养老保险的群体，比没买的人活得更长久……"作者没有给出调查资料的来源，但我们可以从另一个角度证明这个结论。

对比保监会发布的《中国人身保险业经验生命表（2010—2013）》（以下简称《生命表》）和 2010 年中国第六次人口普查的结果，我们会发现：《生命表》中非养老 I 类男性平均寿命为 76.4 岁，

---

① E. H. 贡布里希. 艺术的故事 [M]. 范景中，译. 北京：生活·读书·新知三联书店，1999: 40.

女性平均寿命为 81.7 岁；《生命表》中非养老 II 类男性平均寿命为 80.4 岁，女性平均寿命为 85.4 岁；《生命表》中养老类男性平均寿命为 83.1 岁，女性平均寿命为 88.1 岁。三组数据，均高于第六次人口普查显示的人均寿命男性 72.38 岁和女性 77.37 岁。总结一句话就是：买保险的人，比不买保险的人，平均寿命更长。

当然，产生这个结果的原因并不神秘：购买了保险的群体，平均经济状况好于国民人均水平，且因为有保险，可以得到更好的医疗和养老资源；购买保险的核保这一流程，把年龄过大、身体状况很差的人已经筛选出去了。所以，能拥有一份保险，说明你有更大的概率活得比其他人更久、更长寿。从这个角度来说，保险不仅不会不吉利，还可以说是你的"幸运符"呢。

买保险的人与国民平均寿命对比

性别	中国第六次人口普查人口平均寿命	《生命表》中非养老 I 类平均寿命	《生命表》中非养老 II 类平均寿命	《生命表》中养老类平均寿命
男	72.38岁	76.4岁	80.4岁	83.1岁
女	77.37岁	81.7岁	85.4岁	88.1岁

▶▶▶ **延伸阅读**

表面上，保险谈论的大都是有关疾病、衰老、死亡、意外等让人悲伤的事，而本质上，保险却能帮助我们守护人生的美好与幸福。在这里，我们给大家分享保险业销售巨人梅第的几句话：

保险是一份责任和爱，保险创造并提升人们的生命价值。你的生命价值有多少呢？与你拥有的保险保障成正比。保险的功能与意义，在于借由保险的保障，使人人都能在安全完整的保障下，让生活更美好，人生更圆满。[①]

① 吴锦珠，王鼎琪. 无惧与坚持：销售巨人梅第传[M]. 北京：电子工业出版社，2021: 46.